जिये हुए से ज़्यादा

कुँवर नारायण के साथ संवाद

जिये हुए से ज़्यादा

कुँवर नारायण

के साथ

संवाद

राजकमल प्रकाशन

ISBN : 978-81-19159-43-7

मूल्य : ₹595

पहला संस्करण : 2023

प्रकाशक : राजकमल प्रकाशन प्रा. लि.
1-बी, नेताजी सुभाष मार्ग, दरियागंज
नई दिल्ली-110 002
शाखाएँ : अशोक राजपथ, साइंस कॉलेज के सामने, पटना-800 006
पहली मंजिल, दरबारी बिल्डिंग, महात्मा गांधी मार्ग, प्रयागराज-211 001

वेबसाइट : www.rajkamalprakashan.com
ई-मेल : info@rajkamalprakashan.com

मुद्रक : यश प्रिंटोग्राफ़िक्स
नोएडा-201 301

JIYE HUE SE ZYAADAA
KUNWAR NARAIN KE SAATH SAMVAAD

प्राक्कथन

कुँवर नारायण के लेखन में वैचारिक गरिमा रहती है। इन संवादों में भी उनके स्वयं के लेखन जैसी गहराई है—उनके जीवन और लेखन के बीच, अपने और दूसरों के बीच, एक बुनियादी सच्चाई और सामंजस्य का रिश्ता है, जो यहाँ भी परिलक्षित होता है। आशा है कि इन संवादों से उनके विचारों और संसारों को बेहतर समझा जा सकेगा।

जिये हुए से ज़्यादा कुँवर नारायण से भेंटवार्ताओं की तीसरी पुस्तक है। इसके पहले 1999 में *मेरे साक्षात्कार* और 2010 में *तट पर हूँ पर तटस्थ नहीं* आ चुकी हैं, दोनों विनोद भारद्वाज द्वारा सम्पादित। कुछ पुराने साक्षात्कार बाद में फ़ाइलों और पत्रिकाओं से प्राप्त हुए, कुछ रेकॉर्डिंग्स को ट्रान्स्क्राइब करके मिले—इन्हें 2010 के बाद के संवादों के साथ इस पुस्तक में लिया गया है। जहाँ तक सम्भव हुआ है, इन साक्षात्कारों को तिथिक्रमानुसार रखा गया है। इनके अलावा, कुछ अंग्रेज़ी और अंग्रेज़ी-हिन्दी संवाद भी मूल रूप में पुस्तक के अन्त में शामिल किए गए हैं। यहाँ वही भेंटवार्ताएँ हैं जो अब तक पुस्तक-रूप में अप्रकाशित हैं।

एकाध जगह कुँवर जी के जवाब, सवालों से परोक्ष रूप से थोड़ा अलग लगते हैं। यह सोचना प्रलोभित करता है कि शायद यह उनका संवाद का एक तरीक़ा भी है—अपने स्वभाव के अनुकूल—कि वे जिसे महत्त्वपूर्ण समझते हैं, जो कहना चाहते हैं, वह कहते हैं; बाक़ी को नज़रअन्दाज़ कर देते हैं। विभिन्न समयों के संवादों और प्रश्नों में दुहराव की समस्या से भी बचा नहीं जा सकता; हर संवाद की अपनी समग्रता होती है। फिर भी, जहाँ सम्भव हुआ वहाँ कुछ जगह इस

दुहराव को कम किया गया है और कुछ अंशों या शीर्षकों में संशोधन किए गए हैं ताकि पूरी किताब का भी अपना एक स्वतंत्र स्वरूप बन सके। इसलिए पत्रिकाओं में प्रकाशित संवादों से मामूली अन्तर हो सकता है। इस पुस्तक के लिए शुरू में संजय राय और बाद में पंकज बोस का सम्पादकीय सहयोग मिला। उनका हृदय से आभार। राजकमल प्रकाशन, तथा विशेष रूप से आर. चेतनक्रांति और गणेश चन्द का बहुत आभार, जिन्होंने इस किताब को तैयार करने में मदद की।

भारती नारायण
अपूर्व नारायण

क्रम

जिये हुए से ज़्यादा

मिट्टी से निकलकर आकाश की ओर बढ़ते हुए फूल की तरह

एक प्रश्नोत्तर

आज के समय और समाज को आप किस रूप में देखते हैं?

व्यक्ति के सोच-विचार और आचरण उसके समय और समाज को बनाते हैं। हमारे समय में यदि युद्धों की भूमिका पहले से कहीं ज़्यादा विकराल हो गई है, तो इस बात पर एक गहरा प्रश्नचिह्न लगता है कि हम किन मानों में बहुत आगे हैं। आज हमारी जीवन-शैली और प्रौद्योगिक प्रगति के कारण उसी पर्यावरण के लिए सबसे बड़ा ख़तरा उत्पन्न हो गया है जिस पर हमारा जीवन निर्भर है। दुनिया बदल गई है। हमारा रहन-सहन बदल गया है। लेकिन अगर हमारी बुनियादी इच्छाएँ और आवेग अभी भी बहुत कुछ वैसे ही हैं जैसे पहले थे तो धीरज से सोचना होगा कि यह अन्धाधुन्ध बदलाव हमें क्या दे रहा है। असली सुख-शान्ति बाज़ारों में बिक रही है, या उसका स्रोत कहीं और है? क्या हम उस दिशा में भी बदल रहे हैं, या सिर्फ़ बाज़ारों की दिशा में?

समाज का अर्थ कई मानों में स्थानिक होता है। इस स्थानिकता से ही उसकी सांस्कृतिक पहचान बनती है। सहज विश्वास छोटे समाजों को स्थिरता देता है। सन्देह और प्रश्नाकुलता इस स्थिरता को विचलित करते हैं। आपसी मेल-मिलाप, रीति-रिवाज़ जिस तरह छोटे समाजों में सफल रहते हैं, बड़े शहरी समाजों में टूट-फूट जाते हैं। उनकी जगह एक औपचारिक शिष्टाचार ले लेता है। सार्वजनिक अवसरों पर उत्सव भी आडम्बर में बदल जाते हैं। बड़े शहरों में सामाजिक जीवन नहीं होता। सार्वजनिक जीवन होता है, और निजी लघु

पारिवारिक जीवन होता है। और छोटे शहरों, क़स्बों और गाँवों वाला जो छोटा घनिष्ठ समाज हममें से बहुत की यादों में है, वह अब उन छोटी जगहों में भी छिन्न-भिन्न हो रहा है। वहाँ के आपसी रिश्तों में भी अब बड़े शहरों वाली दूरियाँ और अजनबीपन आ गया है। पास-पड़ोस के सौहार्द जैसा बहुत कम बचा है। उसकी जगह एक दूसरे से अनभिज्ञ पड़ोसियों के 'फ़्लैट्स' आ गए हैं। समाज की पुरानी परिभाषाएँ बदल गई हैं; उसकी जगह अब हम पूर्णतः एक व्यावसायिक और/या नौकरीपेशा भीड़ का हिस्सा हो चुके हैं। व्यक्ति का अस्तित्व तभी तक है जब तक वह कामकाजी और उपयोगी है, अन्यथा वह कबाड़ का माल है। जो कभी समाज के समादृत पितामह और बड़े-बूढ़े हुआ करते थे, अब साधारण तौर पर बुढ़भस (senile) की कोठरी में डाल दिए गए हैं। उन्हें जो देना था दे चुके, अब वे एक बोझ हैं।

आज साहित्य और जीवन में भावना की क्या जगह बनती है—ख़ास कर कविता में?

व्यावहारिकता की झोंक में भावनात्मक जीवन को क्षति पहुँच रही है। भावनाएँ भी मधुर और मैत्रीपूर्ण जीवन का एक गहरा सामाजिक और वैयक्तिक आधार हैं। प्रेम और करुणा जैसे मूल्य इन्हीं आधारों से जुड़े हैं। नितान्त शारीरिक ढंग से इन मूल्यों का विश्लेषण और खोजबीन असम्भव है। सोच-विचार कर इन्हें जीवन के मूल सन्दर्भ में इस तरह बचाकर रखना होगा जैसे प्राण-रक्षक तत्त्वों को पहचान कर बचाना होता है। उदात्त भावनाओं की जीवन में अकाट्य उपयोगिता है। इस बात को पहले बिल्कुल जैविक ढंग से ग्रहण और आत्मसात करना होगा। तभी हम न्यायिक, तार्किक और मीमांसक ढंग से भी उसकी अनिवार्यता को समझ सकेंगे। इच्छाएँ, भावनाएँ वग़ैरह जीवन से अलग नहीं की जा सकतीं : प्रमुख चिन्ता यह होनी चाहिए कि उन्हें किस तरह बरता जाए—जीवन में और साहित्य में भी—कि वे दोनों को समृद्ध करें, दुर्बल नहीं।

कविता और राजनीति पर आप क्या कहना चाहेंगे?

कविता की नज़र से राजनीति को सोचता हूँ। उस नज़र का मतलब है मानवीय और नैतिक दृष्टि से, जिससे राजनीति अकसर ख़ुद को न तो देख पाती है, न

सोच पाती है। जहाँ यह सम्भव हुआ—जैसे गाँधी की दृष्टि में—वहाँ राजनीति न केवल अद्‌भुत रूप से मानवीय हुई, बल्कि शक्ति-सम्पन्न भी। अन्यथा, राजनीति और उसके प्रभाव से सारा जीवन निष्ठुर और अमानवीय होता चला जाता है।

राजनीति और अर्थशास्त्र के साहित्य से सम्बन्धों पर?

मैं राजनीति और अर्थशास्त्र को साहित्य का विरोधी नहीं मानता; उन्हें भी ज़रूरी समझता हूँ। मेरी आशंका उस दृष्टिकोण को लेकर है जो यथार्थ को केवल आर्थिक और राजनीतिक ढंग से ही सोचना-समझना चाहता है। कलात्मक और साहित्यिक संवेदनाओं को किनारे रख कर हम राजनीति और अर्थशास्त्र के भी अर्थों के मूल मानवीय आशयों तक नहीं पहुँच पाएँगे। व्यावहारिकता केवल वस्तुगत नहीं होती। उसका एक बड़ा हिस्सा हमारी उन मानवीय संवेदनाओं से बनता है जिनसे साहित्य और कलाओं की रचना होती है। ये संवेदनाएँ यदि अपुष्ट रहती हैं तो राजनीति और अर्थशास्त्र भी पूरी तरह विकसित नहीं हो पाते।

आपकी राजनीतिक प्रतिबद्धता?

जैसा मैंने कहा, जीवन और साहित्य के पक्ष से राजनीति को देखता हूँ, राजनीति की ओर से जीवन और साहित्य को नहीं। इन्हें परस्पर विरोधी पक्षों में नहीं होना चाहिए, लेकिन ऐसी स्थिति आ ही जाए तो साहित्य विपक्ष की भूमिका निभा सके—इसे ही मैं साहित्य की राजनीतिक प्रतिबद्धता मानता हूँ; यानी मानव जीवन की ओर से एक स्वतन्त्र आवाज़ बन सकने की क्षमता।

आपकी कविताओं में समय और शब्द अकसर आते हैं, कुछ बताएँगे?

समय-चिन्तन और शब्द-चिन्तन का शुरू से ही मेरी कविताओं पर अतिरिक्त दबाव रहा है। इसी से जुड़ी है इतिहास, मिथकों, स्मृति आदि में मेरी रुचि, जिन्हें मैं न केवल आदमी की भाषा बल्कि उसके आचरण में भी भरपूर 'वर्तमान' पाता हूँ। उसका भी उत्खनन मुझे ज़रूरी लगता है। एक शब्द के ऊपरी अर्थ के नीचे भी तमाम छिपे अर्थों और अभिप्रायों की तहें होती हैं जो चिरकाल से उनमें संचित होती रही हैं। ये विलुप्त अर्थ शब्दों में सोये पड़े रहते हैं, लेकिन भाषा में

शब्दों को इस तरह भी रचा जा सकता है कि वे जाग जाएँ। रचनात्मकता का दबाव या गहरे चिन्तन का दबाव—या जैसे किसी हादसे का दबाव—शब्द के अवचेतन में पड़े अर्थों को सतह पर उछाल दे सकता है। वे हमारे तात्कालिक अर्थों, इरादों, आकांक्षाओं से घुल-मिल कर इस तरह बोलने लग सकते हैं कि बोलने वाले को ख़ुद भी पता न चले कि उसकी मंशा क्या है। वस्तुनिष्ठ भाषा किसी हद तक शब्दों के इस 'चौथे आयाम' को ढकती है—ठोस और प्रत्यक्ष के पर्दे से। यथार्थ केवल अपारदर्शी प्रतीत होता है, जबकि है वह पारदर्शी भी।

मैं कोशिश करता हूँ कि कविता में केवल उसका ऊपरी अर्थ नहीं, उसका मन भी रहे। यह अवचेतन मन हर शब्द में उसी तरह बसा है जैसे हमारे जीवाश्मों में : उसे तत्काल से आदिकाल तक फैलाकर इस तरह भी पढ़ा जा सकता है कि उसका हमारी चेतना में एक अटूट 'दीर्घकाल' बने। यानी उसे बड़ा (magnify) करके पढ़ना चाहता हूँ ताकि हम अपने निजी और सामाजिक जीवन को, उत्प्रेरणाओं को, बेहतर सोच-समझ सकें।

विज्ञान से, तर्कों से, स्थूल जीवन के तथ्यों को जाना जा सकता है; लेकिन मूल जीवन-तत्त्व (being) के प्रेरक आग्रहों (imperatives) को जानने के लिए मनुष्य को बुद्धि से परे की भी अनेक संज्ञानात्मक शक्तियाँ (cognitive faculties) दी गई हैं : उन्हें बुद्धि से नीचे या परे रखकर नहीं, बुद्धि के साथ रखकर सम्पूर्ण जीवन-वस्तु को सोचना आवश्यक है। सामाजिक चेतना के भी कई आयाम हैं जिनसे कई तरह संवाद करना सम्भव है, और ज़रूरी भी। ऐसा मानना मुझे ठीक नहीं लगता कि सामाजिक चेतना वस्तु की तरह केवल दो या तीन आयामी ही है। अकसर वे गुण जिन्हें हम सबसे अधिक मानवीय या मनुष्योचित मानते हैं, उनका आधार बिल्कुल तर्कातीत और अभौतिक होता है। इसे नाम हम भले ही कुछ भी दें।

साधारणतया अतीत पर काफ़ी कुछ लिखा जाता रहा है। हिन्दी का शायद ही ऐसा कोई साहित्यकार हो जिसे अतीत ने आकृष्ट न किया हो। अतीत, इतिहास और मिथकों को लेकर आपकी अप्रोच किस मानी में अलग है?

मनुष्य के इतिहास को जानना ख़ुद को ज़्यादा विस्तार और गहराई से जानना है। अतीत को मैंने इस तरह पढ़ने, जानने और 'विज़ुअलाइज़' करने की कोशिश

की है कि उसका एक वैश्विक और बहुआयामी आकार-प्रकार उभरे। मैं 'टेक्स्ट बुक्स' पर कम निर्भर रहा हूँ। कई रास्तों से इतिहास में प्रवेश किया जा सकता है। ऐतिहासिक जानकारियों के मूल स्रोत मुझे हमेशा अधिक जानदार लगे। जैसे यात्रियों, अनुवादकों, व्यापारियों, सैलानियों, कलाकारों, विचारकों, साहित्यकारों, पत्रों, डायरी आदि के आपबीती और जगबीती के वृत्तांत। पाठ्यक्रमों वाला इतिहास आमतौर पर या तो राष्ट्रीय दृष्टिकोण से लिखा जाता रहा है या मूलत: राजनीतिक दृष्टिकोण से। औपनिवेशिक वक़्तों में जो शैक्षणिक पाठ्यक्रम बने उनमें यूरोप-केन्द्रित दृष्टिकोण की प्रमुखता रही। पिछले तीस-चालीस वर्षों में इतिहास को देखने और सोचने के तरीक़ों में गहरा परिवर्तन आया है। हमलावरों और शाही वंशावली के इतिहासों की अपेक्षा अब सामाजिक, सांस्कृतिक, वैचारिक, कलाओं आदि के इतिहास पर ज़्यादा ध्यान केन्द्रित हुआ है। इतिहास का यह मानवतावादी और रचनाशील पक्ष मुझे अधिक आकृष्ट करता रहा है। लड़ाकों और हमलावरों के उग्र और हिंसक इतिहास के समानान्तर एक अहिंसक और विनम्र इतिहास भी बनता रहा है—विचारों, कलाओं, साहित्यों, संतों और सामान्य जन का जो कम शक्तिशाली और तेजस्वी नहीं। मैंने अपनी कविताओं में इसी रचनात्मक ऊर्जा को स्पर्श करना चाहा है।

बीसवीं सदी में, दो महायुद्धों की विभीषिका से विचलित बुद्धिजीवियों ने इतिहास-दर्शन पर गहन चिन्तन किया है। स्पेंगलर, फ़ूको, ब्रोदेल आदि विचारकों ने इतिहास पर चिन्तन को नया मोड़ दिया है। ए.एल. बाशम का *The Wonder That Was India* प्राचीन भारत के इतिहास को मुख्यत: सांस्कृतिक दृष्टि से पेश करता है, इस तरह कि वह इतिहास के हिंसक पक्ष को लगभग हाशिए में डालता-सा लगता है। उसे पढ़ते हुए जाने-अनजाने 'वसुधैव कुटुम्बकम्' की अवधारणा पुष्ट होती है। लिखते समय मेरे मन में यह आकांक्षा रहती है कि कलाओं, साहित्यों और विचारों के ऐसे उदात्त संसार का आभास दे सकूँ जो विभिन्नताओं के योग से बनता है, उनके पृथकत्व से नहीं; जो राजनीतिक और जातीय सीमाओं से ऊपर होता है। सार्वभौमिक और सार्वकालिक मानसिकता से उत्प्रेरित इतिहासबोध जो आदमी की दृष्टि को विस्तृत और उदार करे, उसे संकीर्ण नहीं। इतिहास का एक मतलब अगर याद करना और याद रखना है तो जीवन को याद करना चाहूँगा : उसकी

विकराल फ़ौजी टकराहटों में नहीं, प्यार की मधुर आत्मीय सुधियों, आहटों और फुसफुसाहटों में! इतिहास में बहुत कुछ याद करने को है, सिर्फ़ लड़ाइयाँ नहीं।

आज जबकि आदमी का सांसारिक जीवन एक संकट के दौर से गुज़र रहा है, ऐसे में आत्मिक जीवन की ओर उसका ध्यान खींचना सही है?

आत्मिक जीवन भी एक वास्तविकता है। हम उसकी आंतरिक (जैविक) शक्ति को भूले हुए हैं। वह हमें टूटने से बचाती है—निजी और सामाजिक दोनों स्तरों पर। वही हमारी मानवता और नैतिक दृढ़ता का भी आधार है। साहित्य और कलाओं की एक बड़ी ज़िम्मेदारी उस आधार को पुष्ट रखना है, उसके बिना भौतिक संकटों का सामना करने की हमारी संकल्प शक्ति कमज़ोर पड़ जाएगी। इस आत्मिक संस्कृति की भी एक महान परम्परा है जो आदमीयत के विकास के इतिहास से बाहर नहीं, उसका सबसे मूल्यवान हिस्सा है।

'आत्मिकता की पहचान' चेतन-तत्त्व (आत्म-चिन्तन) से बनती है उन जड़-पदार्थों से नहीं जिन्हें वह सत्ता देती है। यह चेतना स्वायत्त भी है और चीज़ों से उलझी हुई भी। हम चेतना की स्वायत्तता को जितनी ही प्रखरता से अनुभव कर सकेंगे, चीज़ों पर उसके नियंत्रण की युक्तियों को उतने ही आत्मविश्वास के साथ लागू कर सकेंगे।

ज़िन्दगी के बारे में हमारे सोच-विचार और महसूस करने की भाषा बदल गई है। ज़िन्दगी का ढर्रा (रवैया) धीरे-धीरे वैसा ही रुख़ अख़्तियार कर लेता है जैसी भाषा में हम उसे सोचते-समझते हैं। आज जंगी और सियासती मुहावरे हमारी ज़ुबान पर चढ़ गए हैं। राजनीतिक भाषा और चिन्तन का इस हद तक एक भाषा पर हावी हो जाना उसकी सद्भावनात्मक सामर्थ्य को कमज़ोर करता है। प्रेम की भाषा में बातचीत और व्यवहार को हम भूलते जा रहे हैं। प्यार हमें मध्ययुगों, भक्तिकाल के वक़्तों की बात लगने लगा है। मर्दानगी की भाषा सेक्स, सियासत और जंग की है—ऐसी कुछ अवधारणा हमारे मन में पक्की जड़ पकड़ गई है। हम इन्हें ही आधुनिकता का यथार्थ मानते हैं। प्यार, मैत्री, अध्यात्म, अद्वैत, सूफ़ियाना अंदाज़ आदि की भाषा हमें हवाई और ख़्वाबी लगती है। जीवन की घोर वस्तुवादी व्याख्या से निर्मित यह जीवन-दर्शन भविष्यवादी नहीं, भूतवादी है।

कविता में यथार्थ की क्या जगह है?

कविता जीवन-यथार्थ को आत्मीय और भावात्मक ढंग से अनुभव करने और सोचने का एक संवेदनशील माध्यम है। वह यथार्थ को केवल व्यावहारिक और तार्किक ढंग से सोचने से भिन्न है। काव्य-चिन्तन का तरीक़ा जीवन-सत्य और जीवन-वस्तु में फ़र्क़ करता है। दोनों एक दूसरे पर निर्भर होते हुए भी एक ही नहीं हैं।

साहित्य में प्रयुक्त होनेवाले सन्दर्भ-पद (terms of reference) ग़ैर-साहित्यिक विषयों या क्षेत्रों से लिए गए पदों से अलग क्यों हैं?

जिस तरह से और जितनी तेज़ी से हमारा भौतिक परिवेश बदलता है उस रफ़्तार से हमारी मानसिक प्रतिक्रियाएँ नहीं बदलतीं। इसलिए प्रगति, विकास, नये, पुराने, समकालीन आदि के आशयों की साहित्य में परिणति भिन्न प्रकार से होती है। बहुत कुछ वृत्ताकार ढंग से। बुनियादी जीवन-संरक्षक मूल्यों (survival values) का विलोम नहीं होता, उनका आवागमन, उतार-चढ़ाव होता रहता है। भौतिक प्रगति में जहाँ नये कुछ के आते ही पुराना बेकार हो जाता है (जैसे टेक्नोलॉजी में), वहाँ साहित्य में नए का अर्थ पुराने का नवीनीकरण हो सकता है—जैसे भाषा में। साहित्य उस तरह नया या पुराना नहीं होता जिस तरह अख़बार और मशीनें। साहित्य की 'समकालीनता' में एक बृहत्तर और सार्वकालिक जीवन-विवेक का परिप्रेक्ष्य शामिल होता है। व्यावसायिक चित्त की तरह साहित्य केवल तात्कालिक लाभ को नहीं सोचता, मनुष्य के हित-अहित को दूर-दूर तक देखता है।

कविता और सौन्दर्यबोध को आप किस तरह देखते हैं?

रूप, रंग, रस, गंध, आदि ये सभी 'गुण' आकाशीय हैं। मिट्टी से निकलकर आकाश की ओर बढ़ते हुए फूल की तरह आकाश में ही विलुप्त हो जाने वाले गुण। इनका अस्तित्व गुणात्मक होता है, अतः अमूर्त या निर्मूल। सौन्दर्यबोध दृष्टि, कल्पना, स्मृति और समय में होता है। जो स्पर्श में आता है वह केवल इनका 'स्थूल काया आधार' मात्र है। गुण केवल बोध-गम्य है, स्पर्शगत नहीं।

एक सुन्दर शरीर का शरीर-तत्त्व स्पर्शनीय है, पर उसकी सुन्दरता नहीं। सौन्दर्य प्रकृति की महिमा की तरह है जो स्थूल में अवतार लेती है; और फिर जो मिट्टी है उसे मिट्टी को ही लौटा कर अन्तर्धान हो जाती है। हम इनके रूपाकार की अनुकृतियों, इमिटेशंस (imitations) या सेम्ब्लेंसेस (semblances) की यादों को स्थूल में बचाए रख सकते हैं, पर उनकी सुन्दरता के सार-तत्त्व को केवल अनुभूतियों में ही पा सकते हैं। कमल का फूल कीचड़ से उगता है पर उसकी सुन्दरता की जड़ें कीच में नहीं, हमारे सौन्दर्यबोध और सूर्य की रोशनी में हैं। जब हम कहते हैं कि वह फूल सुन्दर है, तो हमारा मतलब उस सुन्दरता से होता है जो स्थूल के माध्यम से प्रकट होती है और माध्यम के न रहने पर भी हमारी कल्पनाओं और स्मृतियों में बची रह जाती है। एक उदास छवि छोड़ जाती है। कविता इस 'उदासी' की भी उतनी ही कविता होती है जितनी उसके उत्कर्ष और उल्लास की।

एक अज्ञात प्रश्नकर्ता के प्रश्नों के उत्तर; फ़ाइल से

कौन अपना? कौन पराया?

इतिहास, भाषा, धर्म

एक प्रश्नोत्तर

इतिहास के बारे में आप क्या सोचते हैं?

इतिहास का विशेषज्ञ नहीं हूँ, पर उसका सतर्क और शौक़ीन पाठक ज़रूर हूँ। एक साहित्यकार होने के नाते मेरी निगाह उसके सांस्कृतिक पक्ष पर अधिक ठहरती है, जिसे मैं उसका सबसे मानवीय हिस्सा भी मानता हूँ। सांस्कृतिक से मेरा अभिप्राय सिर्फ़ साहित्य और कलाओं के इतिहास और परम्पराओं से नहीं है। विचारों और स्वयं इतिहास पर होते रहने वाले चिन्तनों से भी है, जिसमें ज्ञान-विज्ञान सम्बन्धी खोजें और कोशिशें भी शामिल हैं। कुल मिलाकर हमारी मानसिक और आत्मिक चेष्टाओं की जो एक अलग-सी प्रबुद्ध दुनिया बनती है, मेरे लिए वह इतिहास का सबसे रोचक और दिलचस्प हिस्सा है। उसे किनारे रखकर अगर इतिहास को पढ़ा जाए तो युद्धों और सम्राटों का इतिहास बचता है, वह रोमांचक और नाटकीय भले ही हो, पर उसमें किंचिन्त उबाऊ क़िस्म के दुहराव और पूर्वानुमानित घटनाक्रमों की एकरसता भी है।

सदियों में मनुष्य का स्वभाव और आचरण बहुत नहीं बदले हैं। उसके बुनियादी उद्रेक, पैशंस (passions) आज भी बहुत कुछ वैसे ही हैं जैसे वे सदियों पहले थे। लेकिन आज दुनिया बेहतर सामाजिक संगठनों और अधिक विकसित शैक्षिक और सांस्कृतिक संस्थानों के प्रभावों से निर्देश-संकेत पा रही है। हमारे उच्छृंखल आचरणों को नियंत्रित रखने में इनका दूरगामी असर पड़ता है। युद्ध और आतंकवाद जैसी घटनाएँ भले ही हमें मध्ययुगों की याद

दिलाएँ, पर उनके विश्वव्यापी विरोध में कुछ संस्थानों का गहरा नैतिक दबाव रहा है—जैसे यू.एन.ओ., जिसकी अवहेलना निरंकुश बर्ताव को नंगा कर देती है। इन संस्थानों और संगठनों की कोशिशों को मैं अचूक नहीं मानता। उनके अन्दर भी शक्ति की राजनीति का खेल रहता ही है। फिर भी इनके नैतिक असर का सीधा ताल्लुक़ मनुष्य के सांस्कृतिक और न्याय भावना के विकास से है। अन्याय और युद्धों के रोकथाम में इस तरह के संगठनों की प्रमुख भूमिका न भी हो, पर हस्तक्षेपी भूमिका का कम महत्त्व नहीं रहता। छोटे स्तर पर अनेक ऐसे सामाजिक संगठन ध्यान में आते हैं जिनकी अन्यायपूर्ण कुरीतियाँ अथवा जनविरोधी योजनाओं को रोकने में निर्णायक भूमिका रहती है।

फ़ूको के विचारों ने इतिहास पर पुनर्चिन्तन को एक नया मोड़ दिया। *Madness and Civilisation* पुस्तक में उन्होंने पागलख़ानों के इतिहास को केन्द्र में रखकर 'सभ्यता' का एक अनूठा विश्लेषण किया। पागल को रोगी के बजाए ख़तरनाक अपराधी मानकर जिस तरह के जेलनुमा संस्थानों का निर्माण किया गया; वह कहीं-न-कहीं पूरे सभ्य समाज की सोच-समझ को भी 'ख़तरनाक अपराधी' के कठघरे में खड़ा करता है। नव ऐतिहासिकतावादियों (new historicists) ने अपने मूवमेंट का नाम जब सांस्कृतिक ऐतिहासिकतावाद (cultural historicism) दिया (जैसे ग्रीनब्लाट) तो उसके पीछे कहीं इतिहास को मौलिक घटनाओं की अपेक्षा सांस्कृतिक घटनाओं के रूप में पढ़ना भी था। सुकरात, बुद्ध, ईसा आदि से लेकर डारविन, फ्रायड, मार्क्स, आइन्स्टाइन तक विचारों का जो इतिहास बना : वह सिकन्दर से लेकर हिटलर तक के बनाए इतिहास से न केवल कहीं ज़्यादा महत्त्वपूर्ण है, बल्कि सशक्त भी! यह इतिहास का बिल्कुल अख़बारी ढंग का अवलोकन है कि हमारी निगाह केवल शासकों की राजनीति और अपराधी गतिविधियों पर रहे, मनुष्य के महत्तम प्रयास उपेक्षित या हाशिए में रहें।

भारतीय इतिहास?

भारतीय इतिहास की कुछ अन्दरूनी मजबूरियाँ हैं। उनसे जो लम्बा और जटिल पैटर्न बनता है उसका सरलीकरण असम्भव है। दूसरे शब्दों में, उस ऐतिहासिक सामग्री से पाठ्यक्रम लायक एक सहज, साफ़-सुथरी, दो-आयामी,

ख़ुशनुमा तस्वीर बनाना, बिना उस सामग्री के ख़ासे बड़े हिस्से को झुठलाए और दरगुज़र किए, मुमकिन नहीं। तीन हज़ार साल लम्बे इतिहास में न जाने कितने तरह के लोग, जातियाँ, धर्म, विचार, क़बीले, आक्रमणकारी, कलाएँ, सैलानी, घुमक्कड़ इस देश में आए, बसे और आते-जाते रहे। इस ऊबड़-खाबड़ परिदृश्य को तोड़-मरोड़कर एक समतल और चिकनी-चुपड़ी शक्ल-सूरत देने की माँग अपने आप में ही इतिहास-विरोधी होगी। अगर हम में उस कटु यथार्थ का सामना करने का प्रौढ़ विवेक अब तक विकसित नहीं हुआ है, तो हम इतिहास को बदलकर या उसे काट-छाँटकर उस संतुलित बुद्धि को नहीं पा सकते। यह अपने साथ धोखा होगा। पीढ़ियों के साथ धोखा होगा कि हम इतिहास की जटिल प्रक्रिया को उसकी स्थिरता और समग्रता में स्वीकार करने के बजाए किसी एक या दो नज़रियों से उसे प्रस्तुत करें। इतिहास की एकायामी समझ भी बहुत बड़ा कारण है कि हम अपने आज के बहुआयामी यथार्थ के साथ सही तालमेल नहीं बैठा पा रहे हैं। आमतौर पर हमारे दिमाग़ों में कुछ इस तरह की उलट तस्वीर बनती है कि भारतीय इतिहास हज़ारों साल लम्बी सुरंग की तरह है, जिसके उस छोर पर वेदों की रोशनी चमक रही है। लेकिन जिस समय यहाँ के पंडित-पुरोहित यज्ञ, हवन आदि में व्यस्त थे—उसी समय दुनिया में और भी बहुत कुछ हो रहा था और हमारा वह वैदिक काल उस सबसे बिल्कुल अलग नहीं, उसी का हिस्सा और उसी का नतीजा भी था। दर्जनों सभ्यताएँ—कुछ हमारी सभ्यता से भी पुरानी—फल-फूल रही थीं। जब हम अपने ऐतिहासिक परिप्रेक्ष्य को बड़ा करके उसे वैश्विक सन्दर्भ में देखते हैं, तो एक नया इतिहास-बोध बनता है, जो इतिहास की स्थैतिक (static) और राष्ट्रवादी अवधारणा को विचलित करता है। हम कैसे थे—काले, गोरे, भूरे या किसी और रंग के? हमारे नाक-नक्श कैसे थे—उभरी, चपटी या बीच की नाक? लम्बी, गोल या बीच की शक्ल? हमारी भाषा, धर्म, रहन-सहन, रीति-रिवाज़ में इतनी विभिन्नता कहाँ से आई? हम कौन हैं? एक ही या कई जगह के? यहीं के या बाहरी? या मिली-जुली नस्ल वाले? कहीं ऐसा तो नहीं कि जिन्हें हम ठेठ और प्राचीनतम भारतीय समझ रहे, वे भी बाहर के थे? ऐसे तमाम प्रत्यक्ष साक्ष्य हैं जो हमारी सभ्यता के एकायामी होने की धारणा को खंडित करते हैं।

आज के भारतीय जीवन में उसकी लम्बी परम्पराओं की क्या जगह बनती है?

मुश्किल होता है कटु यथार्थ को ज्यों-का-त्यों स्वीकार कर लेना। भारतीयता एक ऐसा वर्तमान है, जिसमें तमाम विकृतियाँ और कुरीतियाँ भी घर कर गई हैं। हम उन्हें बदलना चाहते हैं क्योंकि उनके साथ सहज होकर जीना दुश्वार जान पड़ता है। अपनी विविधता और विभिन्नता को भले ही हम सकारात्मक ढंग से परिभाषित करने की कोशिश करें, पर उसके प्रतिदिन के यथार्थ को जीना, झेलना, उसे स्वीकार करना अकसर हमें बुरी तरह बेचैन, उद्विग्न, कष्टप्रद और अव्यवस्थित करता रहता है।

एक संगठित, न्यायिक और सौहार्दपूर्ण समाज बनाने के रास्ते में अनेक ऐसी कुप्रथाएँ और कुरीतियाँ हैं, जो बाधक सिद्ध होती हैं। जातिवाद, आदि की समस्याओं को हम भारतीयता अथवा विविधता के नाम पर बर्दाश्त नहीं कर सकते; न उस धार्मिकता को मान सकते हैं, जिनसे इन्हें बढ़ावा मिले। हम इतिहास की ओर जाते हैं, परम्पराओं को जाँचते-परखते हैं कि शायद वहाँ से कोई हल निकले। कुछ रोशनी मिलती भी है शायद कभी-कभी, लेकिन अँधेरा ज़्यादा। वह एक बीती हुई टूटी-फूटी दुनिया है : स्मृतियों, अवशेषों और व्याख्याओं का संग्रहालय है। उसे हम पार करके यहाँ तक आए हैं। आगे मार्गदर्शन के लिए हम वापस उसकी तरफ़ नहीं जा सकते। वहाँ से हमें बहुत ग़लत संकेत भी मिल सकते हैं, अगर हम उनका ग़लत पाठ करते हैं। उनके ग़लत पाठ की सम्भावना अधिक है क्योंकि उनमें वर्तमान की तत्क्षणता और तीव्रता नहीं, जो विरोध और विवाद कर सके : 'सबकुछ हो चुके' का ठंडा दीर्घ अतीत है। उसमें धोखे भी हैं—अकसर मृत को जीवित समझ लेने के धोखे! जो मर चुका, उसके उत्पाती भूत को ज़िन्दा कर लेने के धोखे! बोतल में बन्द जिन्न को बोतल से बाहर लाकर अपने लिए एक आफ़त बना लेने के ख़तरे! वह भूत फिर चाहे काल्पनिक ही क्यों न हो; एक रहने लायक घर को रहने लायक नहीं छोड़ता। वर्तमान के यथार्थ से एक भूत का भय ज़्यादा बड़ा यथार्थ बन जाता है और वह अगर हज़ारों साल पुराना हो, तो उससे छुटकारा भी उतना ही मुश्किल होता है। नए-नए रूपों और अवतारों में प्रकट होकर वह हमारे वर्तमान को तहस-नहस करता रहता है। आज का भारतीय जीवन बहुत

कुछ इस भूत बाधा से आक्रांत है। यह इतिहास से साक्षात्कार नहीं है, किसी अतीत का अंध पूजा-पाठ है। इतिहास को लेकर हमें ओझाई नहीं चाहिए, एक अध्ययनशील, बेलौस और सुशिक्षित दृष्टि चाहिए। उन मानवीय तत्त्वों पर हमारी निगाह होनी चाहिए, जो आज भी हमारे काम के हैं। अधिकांश जो हमारे काम का नहीं है, उसे निर्भयता से त्याग देना चाहिए। उसे अपने घरों में नहीं, अजाएबघरों में रखना चाहिए।

धर्म की ऐतिहासिकता को कैसे देखें?

मानवता का तक़ाज़ा धर्म-विरोधी हो सकता है, अगर धर्म का तक़ाज़ा जीवन-विरोधी हो या हो जाए...? मध्य युग में ऐसा ही कुछ हुआ। तब मानवतावाद और 'विज्ञानवाद' जैसे आन्दोलन हरकत में आए और सक्रिय हुए। धर्म को लेकर और उसके भीतर भी एक ज़्यादा उदार, सहिष्णु और समावेशी दृष्टि का उदय हुआ। एक सुशिक्षित व्यक्ति के लिए धर्म का मतलब वही नहीं होता, जो एक अशिक्षित के लिए। वह धर्म में कट्टरता और अंधविश्वास नहीं देखता, नैतिक और मानवीय आचरण के आग्रहों को मनुष्य की चेतना में पहचानता और उनके लिए जगह बनाता है।

जातिवाद, स्त्री का शोषण, दलितों से जुड़ी अनेक समस्याएँ हैं जिनकी जड़ें धर्म में हैं—इनका निराकरण कैसे हो?

पहली बात तो ये कुरीतियाँ और अंधविश्वास हैं, जो धर्म के नाम पर पनपाए जा रहे हैं। ये न तो धर्म का आत्मिक और उदात्त रूप हैं, न उसका वास्तविक रूप। हम इस बात को अच्छी तरह समझें कि ये कभी तो धर्म का राजनैतिक, कभी व्यावसायिक-आर्थिक, कभी सत्ता-साधन, कभी शोषण का विकृत हथियार है। इसे जान-बूझकर हवा दी जाती है अपने स्वार्थों को साधने के लिए। इस शोषण को अशिक्षा सम्भव बनाती है। हर समाज का अपना कोई न कोई धर्म तो होता ही है, पर एक सही मानों में जागरूक, शिक्षित समाज में उसके माध्यम से उस तरह शोषण सम्भव नहीं हो पाता जैसा अर्धशिक्षित समाजों में।

आन्दोलनों आदि के द्वारा इनका जो व्यापक विरोध इन दिनों उभरकर सामने आ रहा है, क्या उससे कोई फ़र्क़ पड़ रहा है या पड़ सकता है?

कुरीतियों और अन्यायों के विरुद्ध एक ज़रूरी जनमत बनाने में अवश्य इनकी कारगर भूमिका बनती है। पर आन्दोलन आदि को बहुत जल्दी ही भ्रष्ट, पथभ्रष्ट और निरुत्साह हो जाने में भी देर नहीं लगती। आन्दोलनों का आधार आमतौर पर जज़्बाती और जोश-खरोश वाला होता है, उफानों की तरह उठता और बैठ जाता या उबलकर बिखर जाता है। परिवर्तन का स्रोत भीतरी बुनियाद में कहीं होना चाहिए। यह धीमा मगर पुख़्ता परिवर्तन होगा जो सही शिक्षा द्वारा ही सम्भव है। आरक्षण वग़ैरह ऊपरी इलाज ज़रूर हैं, उनसे कुछ राहत भी मिलती है। पर जब तक शरीर अपनी अवरोधक शक्ति नहीं विकसित करता, ऊपरी इलाज भी दूर तक उसका साथ नहीं देते। सामाजिक संरचना भी कुछ-कुछ शरीर की तरह नज़र आती है। आन्दोलन, प्रदर्शन, जुलूस, नारे वग़ैरह तेज बुख़ार की तरह चढ़ते-उतरते रहते हैं। ज़रूरी है कि समाज को विचारों की वह स्वस्थ ख़ुराक मिलती रहे ताकि उसके शरीर में वह प्रतिरोधक शक्ति बढ़े जो विषैले प्रभावों को स्वतः ख़ारिज और निरस्त करती रहे।

रोग अगर असाध्य हो, तो ऐसा धीरज क्या घातक सिद्ध नहीं हो सकता?

रोग अगर असाध्य हो, तो उसमें अ-धीरज तो और भी घातक सिद्ध हो सकता है। हम कुशल और जानकार डॉक्टरों की मदद लेते हैं, न कि नीम-हकीमों की। अच्छे-से-अच्छे आन्दोलनों को इनके हाथों में जाते देर नहीं लगती। हमेशा इसके पीछे बदनीयत ही नहीं होती, ज़्यादातर नासमझी या फिर धूर्तता होती है।

भाषा के बारे में आप क्या सोचते हैं?

भाषा का विकास लगभग जेनेटिक ढंग से होता है। विकास और विकृतियों के बीच सीधा नहीं, थोड़ा अटपटा सम्बन्ध बनता है। यह सम्भव नहीं कि एक-दूसरे के निकट सम्पर्क से जीवन में तो परिवर्तन हो, पर भाषाओं में परिवर्तन न हो। आज की हिन्दी स्वयं ऐसे ही परिवर्तनों का नतीजा है। ये

परिवर्तन सिर्फ़ हिन्दी को ही बदल रहे हों, ऐसा नहीं है। विभिन्न भाषाओं के प्रभावों से अंग्रेज़ी भी बदल रही है। दुनिया-भर में अंग्रेज़ी स्थानीय भाषाओं और बोलियों से घुल-मिल रही है। उनसे मिलकर नई तरह की भाषा-छवियाँ उत्पन्न हो रही हैं। इन्हें शुद्ध भाषाओं की अशुद्ध संतानें मानना ग़लत होगा। आदमी के मन में शुद्धता की चिन्ता सिर्फ़ भाषा को लेकर ही नहीं रही; अपने वर्ण, रंग-रूप, नस्ल, जाति आदि को लेकर भी रही है। इस चिन्ता को अगर बहुत दूर तक ले जाएँ तो विकास रुक जाता है। पुरानी और शास्त्रीय भाषाओं के साथ ऐसा ही हुआ। अपनी शुद्धता की रक्षा के लिए व्याकरण के कठोर नियम बनाकर इन भाषाओं ने मानो बाहरी प्रभावों, बाहरी आक्रमणों से अपने को सील या क़िलाबन्द कर लिया। कालांतर में इनकी संवर्द्धन की क्षमता क्षीण पड़ती चली गई क्योंकि नए प्रभावों को ग्रहण करने में ये संकोची रहीं। छोटे-छोटे क़बीलों की तरह ये बची तो रहीं, लेकिन विकास-क्रम प्राकृतिक ढंग से भाषाओं के व्यावहारिक क्षेत्रों में चलता रहा। जिन्हें हम 'विकृतियाँ' मान रहे, हो सकता है वे ऐसे ही परिवर्तनों के 'म्यूटेशनल' नियम हों, जिनसे एक भाषा की कोई नई नस्ल पैदा हो।

दूसरी बात, हर भाषा में स्तर-भेद हमेशा रहा है और आज भी है। श्रेष्ठ-अश्रेष्ठ, आभिजात्य-साधारण, शिक्षित-अशिक्षित, शास्त्रीय-अशास्त्रीय ऐसे भेद हैं जिनका मूल केवल आर्थिक नहीं है, स्वरक्षा की उन नैतिक उत्कंठाओं में है, जिनके कारण सामाजिक-आर्थिक वर्ग-भेद बनते हैं। एक भाषा भी अपनी रक्षा के लिए, जीवित रहने के लिए हर सम्भव उपाय खोजती है, हर तरह के समझौतों का सहारा लेती है। ऐतिहासिक उथल-पुथल के हर दौर में जीवित रहने के लिए आदमी की तरह भाषा को भी समय के साथ नए समीकरण बनाने पड़ते हैं। जिस भाषा में आज हमारे बच्चे तुतला रहे, हो सकता है कल वही उनके ज़माने की मानक भाषा हो! उसका नया व्याकरण, नई शब्दावली, नया कोश बने। जिसकी वंशावली में तब भी हज़ारों साल पहले की प्राचीन संस्कृत हो या ग्रीक हो, लैटिन हो। मन में इस सन्देह का उठना भी वाजिब है कि आज जो भाषा जन्म ले रही, कहीं वह विकलांग तो नहीं? भ्रष्ट उच्चारण, बेतुके, जुड़वाँ शब्द और मुहावरे, न अंग्रेज़ी न हिन्दी, ऊलजलूल बोलियाँ, ध्वनियाँ...। यह एक नई भाषा की शुरुआत है या केवल एक अच्छी-भली भाषा का बर्बर विध्वंस?

इस सबसे ख़तरनाक 'बर्बर' शब्द पर रुकता हूँ। भारत ने बर्बरों के आक्रमणों को तब से जाना है, जब से उसका इतिहास शुरू हुआ। कौन थे ये बर्बर, क्या थीं उनकी भाषाएँ जिन्होंने हमारे जीवन, हमारी भाषाओं को तहस-नहस कर डाला? शक, हूण, मंगोल, अरब, तुर्क, अंग्रेज़ या वेदों के रचयिता आर्य? बौद्ध धर्म के प्रवर्तक शाक्यमुनि गौतम? कौन थे वे हूण, कुशाण, मिहिरकुल? कौन था वह यूनानी मिलिन्द? क्या थी उनकी भाषाएँ? संस्कृत, ग्रीक, पाली, प्राकृत, अपभ्रंश? क्या थी हिन्दी अपने शैशव काल में? अवधी, ब्रज, खड़ी बोली, उर्दू या हिन्दी...? इनमें कौन अपना? कौन पराया?

मौजूदा सन्दर्भ में जो हिन्दी आ रही है, उसमें दो तरह की प्रवृत्तियाँ देखी जा सकती हैं। जीवन में आने वाले बदलावों के साथ भाषा में भी बदलाव आना स्वाभाविक है और ज़रूरी भी। लेकिन सौदागरी के लिए भाषा में ज़बरदस्ती जो तोड़-मरोड़ लाई जा रही है, वह विकृति है। इससे जीवन में भी विकृति का वापसी असर पड़ता है। यह 'जंक' भाषा है। किसी भी भाषा को ज़बरदस्ती तोड़-मरोड़कर विकलांग बनाना और फिर उससे मनोरंजन का व्यापार चलाना बर्बर और घटिया दिमाग़ का द्योतक है। यह चेष्टा समाज में प्रचलित अनेक अ-सामाजिक चेष्टाओं से तुलनीय है। इससे भाषा अपमानित होती है, पर वह भाषा के गम्भीर और सर्वांगीण विकास को कोई गहरी क्षति पहुँचा सकती है, ऐसा नहीं लगता। वह हाशिए में होने वाली एक कुचेष्टा है। सभ्यता और संस्कृति की दृष्टि से एक भाषा की औक़ात इससे कहीं बड़ी होती है। उसे मसख़रे और मूर्ख प्रदूषित नहीं कर सकते।

विश्लेषण की उपयोगिता?

कुछ पदों की विशिष्टता और वैधता उनके संयुक्त और सुनहरे संश्लिष्ट रूपों में ही मान्य होती है। उन्हें फोड़कर जब हम वैकल्पिक द्वंद्वात्मक प्रतिद्वंद्वी प्रस्तावों में रखते हैं, तो अकसर वे अपने मूल अभिप्राय से विचलित हो जाते हैं, दूर पड़ जाते हैं या ओझल हो जाते हैं। विश्लेषण का भी एक सहज सौन्दर्य और आकर्षण होता है, जैसे तर्क का। लेकिन काव्य-वस्तु या किसी भी सुन्दर कलाकृति को हम केवल तर्क द्वारा नहीं ग्रहण करते। तर्क और विश्लेषण द्वारा हम उसकी भिन्न प्रकार की प्रकृति की तह तक पहुँचना

चाहते हैं। पर धीरे-धीरे यह सरलीकरण की प्रवृत्ति स्वभाव बनने लगती है। हम वस्तुओं को उनकी जटिल स्वाभाविकता में स्वीकार नहीं कर पाते, उनका आसान बयान चाहने लगते हैं। अपनी तरह उनका सरलीकरण करते हैं और उनके रचनात्मक और काल्पनिक जादू से वंचित रह जाते हैं। यह बड़ी क्षति होगी कि जीवन का घोर यथार्थ तो हाथ लगे, पर धीरे-धीरे हमारा सौन्दर्यबोध कुन्द होता जाए।

संगीत एवं साहित्य के सम्बन्ध पर कुछ बताइए।

साहित्य मेरी ख़ास दुनिया है, लेकिन वही अकेली दुनिया नहीं। उसमें दूसरी कलाओं और विषयों के साथ, पास या दूर के रिश्ते हैं। फ़िल्म और संगीत के साथ ज़्यादा नज़दीकी सम्बन्ध महसूस कर पाता हूँ। ऐसा ही कुछ और विषयों के लिए भी कह सकता हूँ। इतिहास, दर्शन, जीवशास्त्र, भाषाशास्त्र, मनोविज्ञान विशेष रूप से आकृष्ट करते हैं। जिस तरह वे मेरी साहित्यिक अभिरुचियों, चेष्टाओं का भीतरी परिधि में ख़याल रखते हैं, शायद अन्य विषयों से वैसी निकटता नहीं बनती।

संगीत में भी शास्त्रीय गायन को प्राथमिकता देता हूँ, तथा ख़याल, ध्रुपद और कर्नाटक तीनों शैलियों को पसन्द करता हूँ। अर्धशास्त्रीय में ठुमरी, दादरा, टप्पा और कजरी पसन्द हैं, पर ठेठ शास्त्रीय गायन के मुक़ाबले में कम। पाश्चात्य संगीत में भी रुचि है, पर थोड़ी-बहुत ही। उनका भी क्लासिकल संगीत पसन्द है, लेकिन उसमें गहरी पैठ नहीं है कि उसमें रमकर उसका आनन्द ले सकूँ। आधुनिक पाश्चात्य और भारतीय संगीत भी कम ही पसन्द आते हैं। जैज़ कभी-कभी तो अच्छा लगता है, पर उसकी तीव्रता मेरी संवेदनाओं के बहुत अनुकूल नहीं पड़ती।

संगीत का रसज्ञ ज़रूर हूँ पर उसका विशेषज्ञ, पंडित या मर्मज्ञ जानकार नहीं हूँ। जो भी कह रहा हूँ उसे बिल्कुल मेरी निजी अभिरुचि माना जाए। मनुष्य के सौन्दर्यबोध के कुछ ऐसे सामान्य घटक या सिद्धान्त ज़रूर मेरे दिमाग़ में हैं, जो कमोबेश किसी भी कला पर लागू हो सकते हैं। कविता और गायन का निकट सम्बन्ध रहा है, पर उनके आधार अलग-अलग रहे हैं। ध्वनि का यद्यपि शब्द और संगीत दोनों में महत्त्व है, पर एक-सा नहीं। संगीत केवल ध्वनि

के आश्रय पर भी पनप सकता है, पर कविता बिना अर्थ के अनर्गल ध्वनियों का शोर होकर जीवित नहीं रह सकती। उसका क्रमशः अर्थ-प्रधान होते जाना शायद एक बड़ा फ़र्क़ है जो आज की छन्दमुक्त कविता को अगेय बनाता है।

एक दूसरी बात पर भी ध्यान दें! स्वरों और लयों का व्याकरण छन्दों के व्याकरण से भिन्न है। कविता को गाते समय बहुधा उसके छन्दों का हुलिया बिगड़ जाता है। अब्दुल क़रीम ख़ाँ साहब 'जमुना के तीर...' गाते हैं, तो छन्द क्या, भाषा और शब्दों तक का हुलिया बिगड़ जाता है। तीनों पर उनका संगीत हावी हो जाता है। ठेठ शास्त्रीय संगीत और श्रेष्ठ कविता के बीच मुश्किल से तालमेल बैठ पाता है। 'अष्टछाप' के भक्त कवि श्रेष्ठ गायक और कवि दोनों थे, पर उन्हें रागों के मुताबिक़ कविता को गीत (गेय) बनाना पड़ा। ध्रुपद ने संस्कृत काव्य (जिसकी छन्द योजना गद्य की तरह लचीली है) के अनुकूल अपनी गायन पद्धति को ढाला सामवेदी परम्परा में। मुक्त छन्द में निराला की प्रसिद्ध रचना ख़याल पद्धति में लगभग अगेय है। ध्रुपद शैली में उसकी गेयता को आज़माना शायद अधिक सार्थक हो। निराला की बहुधा गाई जाने वाली रचनाओं में 'वर दे, वीणावादिनि वर दे' जैसे गीत हैं, जिनमें अर्थों की अपेक्षा ध्वनियों की प्रधानता है—वही गुण जो भक्ति काव्य को गेय बनाता है।

जयदेव का *गीत गोविंद* आज तक संगीत और नृत्य में समान रूप से सफल है। वह एक छन्दबद्ध काव्य के रूप में भी अत्यन्त सफल है। आपका मंतव्य उस पर कैसे लागू होता है?

ठीक उसी तरह जैसे वह भक्ति काव्य पर लागू होता है। *गीत गोविंद* एक लम्बा गीत या कई गीतों का एक समुच्चय है। वह नृत्य और गायन के लिए ही रची गई कृति है। उसकी भी विषय-वस्तु राधा-कृष्ण का प्रेम है। उसकी परम्परा को हम रीतिकाल और उसके बाद भी चली आती देखते हैं। भारती की *कनुप्रिया,* रमाकान्त रथ की *श्रीराधा,* आदि उसी परम्परा के नए संस्करण हैं, पर वे न तो छन्दबद्ध हैं न ही गीत। संक्षेप में, वे राधाकृष्ण आलम्बन के बावजूद संगीत और नृत्य की तरह पारंपरिक न होकर आधुनिक हैं। इसलिए पारंपरिक शैली में वे गेय भी नहीं हैं। संगीत या नृत्य में उनकी प्रस्तुति में वैसा ही किसी प्रकार

का समझौता ज़रूरी होगा, जैसा कभी ख़याल गायकी के लिए नए प्रकार के 'बोल' यानी 'शब्द रचना' की ज़रूरत पड़ी। ध्यान दें कि अकबर के सुप्रसिद्ध दरबारी गायक तानसेन भी ध्रुपद गायक थे। यद्यपि ख़याल शैली का सूत्रपात भारत में अमीर ख़ुसरो तीन सौ साल पहले ही कर चुके थे।

गायक और श्रोता की अन्तरंग उपस्थिति से संगीत पर क्या असर पड़ता है?

हमारे घर पर जो संगीत-सभाएँ होती थीं, उनमें मित्रों की सहभागिता की भी एक ख़ास जगह बनती थी; केवल स्मृति के अर्थों में ही नहीं, आमने-सामने की निकटता (close encounters) के अर्थों में भी। संगीत का आनन्द या किसी भी कला का आनन्द अकेले भी लिया जा सकता है। लेकिन जानकारों और घनिष्ठों के समूह में बैठकर सुनना उसके उत्सवी पक्ष को बढ़ाता है। साथ ही सामाजिक दृष्टि से यह सौन्दर्यानुभूति का विस्तार भी है। उस अनुभव का दूसरों के साथ मूक या मुखर विनिमय। संगीत जैसी कला में गायक अथवा वादक की साक्षात् उपस्थिति उसके संगीत को यांत्रिक माध्यम से सुनने से बिल्कुल भिन्न प्रकार का अनुभव है। गायक के लिए भी जानकार श्रोता की उपस्थिति प्रेरक हो सकती है—ख़ास कर जब उसके लिए समय का बन्धन न हो; जैसा कि निजी बैठकों में तो सम्भव हो पाता है, पर सार्वजनिक प्रस्तुतियों में कम ही।

कॉन्फ्रेंसों में मूर्धन्य गायकों को अन्त में रखने का चलन शायद इसीलिए पड़ा ताकि उनके सामने समय की बन्दिश न रहे। घर की बैठकों में एक शाम एक ही गायकी होती थी, और उसके श्रोताओं के साथ जो एक निकटता सहज ही बन जाती थी, वह बड़ी संगीत सभाओं में दुर्लभ है। एक छोटी-सी घटना का उल्लेख करूँगा। एक अविस्मरणीय शाम का जो उस्ताद निसार हुसैन ख़ाँ साहब के गायन से शुरू हुई। उनसे यह मेरी पहली मुलाक़ात थी। दुविधा में था कि उनके गायन को रेकॉर्ड करूँ या न करूँ। संकोचवश रेकॉर्ड नहीं किया। लगभग तीन घंटे चला ख़ाँ साहब का गायन। एक अद्भुत अनुभव था हम सबके लिए। ख़ास कर उनका तराना चाँदनी केदार राग में, अगर भूल नहीं रहा हूँ। ख़ाँ साहब के चेहरे पर भी सन्तोष की एक अनोखी चमक थी। मुझसे

पूछा, "यह रेकॉर्ड तो कर लिया है न?" मैंने अपराधी की तरह कहा, "नहीं, संकोच था कि बिना आपकी इजाज़त के यह ज़ुर्रत कैसे करूँ।" "अरे!" इतना कहते हुए चुप हो गए, "हमेशा इस तरह का गायन नहीं बन पड़ता...।" उस चूक का मुझे आज तक मलाल है।

मौजूदा सन्दर्भ में जो बात ध्यान देने की है, वह गायक और श्रोता के बीच उस सीधे और निकट सम्बन्ध की है; जिसे व्यापक स्तर पर हम सम्प्रेषण और ग्रहण के जटिल अन्तर्सम्बन्धों की भाषा में समझ सकते हैं कि कैसे श्रोता की अन्तरंग उपस्थिति का एक कला पर गुणात्मक असर पड़ सकता है।

एक अज्ञात प्रश्नकर्ता के प्रश्नों के उत्तर; फ़ाइल से

विचार भी एक अनुभव है

वंदना मिश्र

समीक्षकों ने आपके कवि रूप को ही ज़्यादा उभारा है जबकि आपका कथा-लेखन भी बहुत सशक्त है। इधर एक प्रवृत्ति देखने को मिलती है कि कवि के कथा-लेखन की उपेक्षा की जाती है। उसे कथा के क्षेत्र में बाहरी आदमी या अनधिकृत चेष्टा करने वाले व्यक्ति के रूप में ट्रीट किया जाता है।

यह ठीक है कि कवियों की कहानियों की कम चर्चा हुई है। एक कारण तो यह भी हो सकता है कि कवियों ने कविताओं की ओर ज़्यादा ध्यान दिया इसलिए इनकी कहानियों को लोगों ने दूसरे दर्जे की चीज़ माना। लेकिन ऐसा नहीं है। मैं समझता हूँ श्रीकान्त, रघुवीर, मुक्तिबोध—अगर ये तीन नाम भी लूँ तो इन लोगों का कहानी-लेखन बहुत अच्छा है।

कहानी आन्दोलन में जो विशुद्ध रूप से कहानीकार रहे हैं उन्होंने शायद इसको ज़्यादा अच्छा समझा कि कहानीकारों की ही चर्चा हो, कवि-कहानीकारों की ओर उनका ध्यान ज़्यादा नहीं गया या उन्हें शायद पूरी तरह कहानीकार नहीं माना। उनकी कहानियों को उनका आनुषंगिक लेखन ही समझा गया। हालाँकि मैं समझता हूँ हर जगह ऐसा नहीं है। अगर बोर्हेस का नाम लूँ तो वह उतने ही सिद्ध कवि हैं, जितने सिद्ध कहानीकार हैं। हालाँकि उन्होंने कोई बड़ा फ़िक्शन नहीं लिखा, उपन्यास नहीं लिखा लेकिन उनकी कहानियाँ बहुत ही सुन्दर कहानियाँ हैं और बड़ी प्रेरक हैं। हर कहानी अपने आप में एक सम्पूर्ण अनुभव देती है। अधिकतर मेटाफ़िज़िकल स्टोरीज़ हैं और इसकी अपेक्षा उनकी जो कविताएँ हैं

वो बहुत यथार्थवादी हैं। इधर के उपन्यासों में आप देखेंगी मार्केज़ के उपन्यासों में भी या तो लीजेंड या लोकोक्तियों वग़ैरह को आधार बनाकर उन्होंने उपन्यास लिखे हैं और ये बहुत ज़्यादा काल्पनिक हैं। तो यह एक अजीब बात है कि कविता काफ़ी कुछ यथार्थ के नज़दीक गई है और जो बड़े उपन्यास हैं वे अधिक मिथ की ओर, लीजेंड की ओर या कविता के उपकरणों की ओर। दोनों का ही, मैं समझता हूँ डाइमेंशन बढ़ा है। कविता बहुत ज़्यादा काल्पनिक हो गई तो उसने यथार्थ की ओर बढ़कर अपने दायरे को बढ़ाया, उपन्यास बहुत ज़्यादा यथार्थवादी हो गया तो उसने थोड़ा कल्पना की ओर जाकर अपने दायरे को बढ़ाया। यह क्रिया-प्रतिक्रिया विभिन्न विधाओं में चलती रहती है।

कवि-कहानीकार का फ़र्क़ शायद हमारे यहाँ भी पहले नहीं था जैसे भारतेन्दु हरिश्चन्द्र, प्रसाद...

हाँ, पहले ऐसा नहीं था। इधर मेरे ख़याल में कहानी का जो मूवमेंट था, वह मूवमेंट कुछ इस तरह चला...

जिसे युद्ध की तरह लड़ा गया...

मैं तो हँसी में कहता भी था कि ये प्राइवेट लिमिटेड कंपनी बना ली है।

हिन्दी आलोचना काफ़ी विवादित रही है। अलग-अलग ख़ेमे हैं, अलग-अलग पैमाने और सबसे बढ़कर यह कि एक ख़ेमे से प्रशंसित होने का अर्थ दूसरे ख़ेमे से निष्कासित हो जाने जैसा हो गया है।

मैंने कम से कम यह कोशिश की है कि समीक्षा के मामले में इस तरह की कट्टर रेखाएँ या दल नहीं बनें और ध्यान कृति पर रहे। हर कृति ख़ुद बताती है कि उसे किस तरह देखा जाए, और उन्हीं शर्तों पर उसका आकलन होना चाहिए। जहाँ तक विचारधाराओं का सवाल है या पूर्वग्रहों का सवाल है, वह ज़रूर रहते हैं लेकिन उनको इतना आक्रामक नहीं होना चाहिए कि वह दूसरी तरह के लेखक को बिलकुल स्वीकार ही न कर सकें। अच्छा लेखन हमेशा समझ में आता है चाहे इसके पीछे कोई भी विचारधारा हो, वहाँ कोई घपला

नहीं होने पाता। घपला तब होता है जब घटिया लेखन को हम विचारधारा के बल पर स्थापित करना चाहते हैं। इससे फ़ॉल्स वैल्यूज़ या मिथ्या मूल्य पनपते हैं, जिससे सावधानी की ज़रूरत है।

जहाँ तक कहानी की बात है, नामवर जी ने तो बराबर कवि-कथाकारों का नाम लिया है अपने भाषणों में। वे हमेशा सचेत रहे हैं इस बात की ओर कि उनको इग्नोर नहीं किया जाना चाहिए। यहाँ शायद कुछ विवाद भी हुआ था, जब उन्होंने विनोद कुमार शुक्ल का नाम लिया था, जिनको मैं समझता हूँ बहुत अच्छे उपन्यासकार हैं। कहानीकार भी हैं और कवि भी उतने ही अच्छे हैं। इसलिए मैं समझता हूँ, अच्छे आलोचक, अच्छे क्रिटिक बराबर सचेत रहते हैं कि अच्छा लेखन ही प्रकाश में आए।

कभी-कभी समान विचारधारा होते हुए भी व्याख्या में अन्तर होता है, जैसे मुक्तिबोध की *अँधेरे में*...

व्याख्या का अन्तर तो होगा ही। विचारधारा एक होते हुए भी यह फ़र्क़ रहेगा कि किस दृष्टि से देखते हैं दोनों। रामविलास जी और नामवर जी की व्याख्या में अन्तर है क्योंकि साहित्य को लेकर उनकी जो संवेदनशीलता है वह थोड़ी अलग तरह की है, उनकी विचारधारा की समानता के बावजूद।

इस समय समीक्षा और साहित्य का अन्तःसम्बन्ध कैसा है? क्या समीक्षा साहित्य पर कोई असर डाल पा रही है या दोनों एक दूसरे से बेपरवाह अपनी राह चल रहे हैं?

मुझे लगता है 1990-91 के बाद से, जब से रूसी मार्क्सवाद का थोड़ा विघटन हुआ है, तब से समीक्षा विचारधारा को लेकर थोड़ा ज़्यादा सहज हुई है और लेफ़्टिस्ट आग्रह भी अब उतना कट्टर नहीं रह गया है। इस तरह से जो एकेडेमिक, शास्त्रीय समीक्षा है वह फिर से सामने आई है और एक यह आग्रह है कि कृतियों को एक दूसरी तरह से ज़्यादा व्यापक परिदृश्य में समझा जाए। अब एक ज़्यादा खुलापन आया है। इसका क्या नतीजा होगा अभी यह कहना बहुत जल्दी है लेकिन मैं समझता हूँ समीक्षा का क्षेत्र ज़्यादा व्यापक होगा जो पहले संकुचित हो गया था, ख़ेमों में बँट गया था।

हिन्दी को संस्कृत से अत्यन्त समृद्ध साहित्य परम्परा मिली जिसमें कालिदास, भवभूति जैसे कवि थे, वैदिक ऋचाओं की प्रकृति को सम्बोधित रचनाएँ थीं, संगीत था। हिन्दीभाषी क्षेत्र ने अनेक विदेशी संस्कृतियों को आत्मसात किया, वह अनेक सामाजिक-राजनीतिक आन्दोलनों में भागीदार रहा, सामाजिक उथल-पुथल और विसंगतियों का केन्द्र रहा, फिर क्या कारण है कि छोटे-छोटे देशों के साहित्य ने तो अंग्रेज़ी के माध्यम से अन्तर्राष्ट्रीय स्तर पर अपनी पहचान बनाई किन्तु हिन्दी साहित्य न तो विश्व परिदृश्य पर अपनी कोई छाप छोड़ पाया, अन्य भारतीय भाषाओं के साहित्य के सन्दर्भ में भी वह किसी विशिष्टता का दावा नहीं कर पा रहा?

हाल में मैंने थोड़ा अध्ययन किया मध्यकालीन साहित्य का। मेरा ख़याल है कि जब भारतीयता की अपनी पहचान की बात उठी तो हमने अपने को सीधे संस्कृत साहित्य से जोड़ा, पाश्चात्य साहित्य से जोड़ा, उनके सिद्धान्तों से जोड़ा, लेकिन यह जो डेढ़ हज़ार साल का मध्यकालीन साहित्य था उससे हमने कभी अपने को गम्भीरता से नहीं जोड़ा। हम हमेशा उसे भक्तिकालीन, ऑर्थोडॉक्स मूवमेंट कहकर अस्वीकार करते रहे, अगर अस्वीकार नहीं किया तो उससे बचते रहे।

एकेडेमिक अध्ययन बहुत से हुए, अब भी हो रहे हैं लेकिन उसको इस तरह रखा जाता है जैसे वह हमारे पूरे इतिहास में एक खंड था जिसका आज से कोई सम्बन्ध नहीं। और सच पूछिए तो हमारी भाषा, हमारी संवेदना और हमारी काव्य-दृष्टि, ये तीनों कहीं ज़्यादा घनिष्ट रूप से हमारे मध्यकालीन साहित्य से जुड़े हैं बजाए संस्कृत या पाश्चात्य के। हिन्दी जो हमारी भाषा आज है, अपभ्रंश से भी आई है और अपभ्रंश का साहित्य भक्तिकालीन साहित्य है। इसको मैं बहुत बड़ी निधि भी समझता हूँ। आप कभी इस बात पर ध्यान दीजिएगा कि इतना बड़ा सामाजिक मूवमेंट, राजनीतिक मूवमेंट इसी साहित्य और कविता के बल पर एक रख सका इतने बड़े देश को। कविता का ऐसा उदाहरण दुनिया में कहीं नहीं मिलेगा।

राजनीति में हम दसों टुकड़े हो जाते हैं लेकिन जब आप इमोशनली सोचती हैं, उर्दू शायरी हो चाहे हिन्दी कविता, तो अलग करना मुश्किल हो जाता है। चाहे सूफ़ी धर्म भावना हो, भक्ति धर्म भावना हो, ऐसे एक दूसरे में घुले-मिले हैं

कि हम चाहकर भी उनको अलग नहीं कर सकते। आप केवल काव्य-सम्पदा को लीजिए। दोहे की यात्रा लीजिए। आलवारों से, नयनारों से, दक्षिण से लेकर उत्तर भारत तक केवल दोहे की यात्रा... बिहारी और आज तक में चले आइए। इतना बड़ा मूवमेंट ख़ाली दो लाइन के एक कपलेट के ऊपर चला। हम कंटेंट की बात नहीं कर रहें हैं, राम या कृष्ण भक्ति की बात नहीं कर रहे हैं, हम सिर्फ़ कविता की बात कर रहे हैं। दुनिया में कहीं ऐसा उदाहरण है कि कविता का सामाजिक जीवन में इतना बड़ा रोल रहा हो? वह हमारे संगीत में व्याप्त है, हमारे नृत्य में व्याप्त है, हमारी कविता में व्याप्त है और हमारी भाषा में व्याप्त है। आज भी आप संगीत सुनती हैं, वही राधा-कृष्ण आलम्बन पर हैं लेकिन आप भावविभोर हो उठते हैं। हमने मान लिया ये 'डार्क एजेज़' थे जैसा कि पश्चिम में कहा जाता है, लेकिन हमारे यहाँ का मध्य युग डार्क एज नहीं था।

इतनी जातियाँ हमारे यहाँ आईं, हम उनके कॉन्ट्रिब्यूशन को ही भूल गए। आप कभी केरल के माप्पिला गीतों को सुनिए। ये अरब की देन है। अब भी अरब ट्राइब्स वहाँ वैसे ही रह रही हैं। अरब के लोग केवल उत्तर भारत से नहीं आए थे, सी-रूट से भी आए थे। उनका समुद्री परिवहन, नेवल हिस्ट्री बहुत विकसित रही है। लोग व्यापार के लिए आते थे। वे भारत के दक्षिण में रहे, वहाँ की भाषा उन्होंने ली। उसको अपने विचार दिए। अरब में भी सूफ़ी विचारधारा आ चुकी थी जो अद्वैत के साथ मिल गई यहाँ, क्योंकि दोनों में भाव-वैभिन्य नहीं है बहुत ज़्यादा। तो इन सब चीज़ों को बहुत गम्भीरता से हमारी आधुनिकता के साथ नहीं जोड़ा गया।

संस्कृत की प्रकृति बहुत भिन्न है। हमारी हिन्दी की प्रकृति उससे बहुत मेल नहीं खाती। वह बहुत 'सेंशुअस' पोएट्री है और बड़ी प्रेसाइज़ भाषा है। हमने जो भाषा पाई है, वह ज़्यादा मध्यकाल से पाई है। हम अपने को संस्कृत से तो जोड़ते रहे क्योंकि वह 'ग्लोरिफ़ाइड लैंग्वेज' थी लेकिन प्राकृत, अपभ्रंश वग़ैरह उसकी अपेक्षा लोकभाषाएँ थीं, उनसे जुड़ने में परहेज़ करते रहे।

शायद इस पीरियड के रीइंटरप्रेटेशन (re-interpretation) से कुछ बात बने।

इस पीरियड पर बहुत लिखा गया है। विश्वविद्यालयों में जितनी रिसर्च हुई

है अधिक इन्हीं पीरियड्स पर हुई है। मैं कह रहा हूँ कि इसको कनेक्ट नहीं किया गया है।

अन्य भारतीय भाषाओं, जैसे मलयालम, बांग्ला वग़ैरह की तुलना में हमारी स्थिति बेहतर नहीं।

इसके दो कारण हैं। हमारे यहाँ शिक्षा इनकी अपेक्षा कम है। जैसे केरल में सेंट-पर्सेंट शिक्षा है। तुलनात्मक रूप से बंगाल में भी शिक्षा ज़्यादा है। महाराष्ट्र वग़ैरह में आप जाइए तो वहाँ पढ़े-लिखे लोग सामान्य तौर पर पत्रिकाएँ पढ़ते दिखते हैं। अपेक्षाकृत जितना बड़ा हिन्दी का क्षेत्र है, उतनी शिक्षा यहाँ नहीं है। एक तो यह बड़ा कारण है और दूसरा मुझे लगता है जैसा कि मैं आपसे पहले कह चुका हूँ, जिस तरह बांग्ला, मराठी, मलयालम साहित्य अपनी परम्परा से लगातार जुड़े रहे उस तरह से हम नहीं जुड़े रहे। हमारे यहाँ बीच-बीच में जो गैप्स आए उनको हमने ठीक से आत्मसात नहीं किया। आज की खड़ी बोली हिन्दी को आप देखिए तो यह मुश्किल से सौ साल पुरानी है। जबकि बांग्ला आसानी से कम से कम चार सौ, तीन सौ या पाँच सौ साल पुरानी है। तो इससे भी बड़ा फ़र्क़ पड़ा। हमारी भाषा हमें बनानी पड़ी। आज़ादी के समय मुझे, रघुवीर को... हमें एक ही चिन्ता थी कि कैसे एक्सपेरीमेंट्स करें कि हिन्दी कविता दुनिया की किसी भी कविता के बराबर हो। एक कारण एक्सपेरीमेंट्स का यह भी था कि हम वह सब कर सकें जो कोई और भाषा कर सकती है। इसमें दिक़्क़तें भी आती थीं।

मैं मानता हूँ केवल भाषा से इतना फ़र्क़ नहीं पड़ता। जैसे शेक्सपियर ने जब लिखना शुरू किया था, तब अंग्रेज़ी बहुत विकसित भाषा नहीं थी। यूरोप में कम से कम चार-पाँच भाषाएँ ऐसी थीं जो अंग्रेज़ी से ज़्यादा विकसित थीं। एक बड़ी प्रतिभा जब आती है तो वह भाषा को भी समृद्ध करती है। भाषा से लेती भी है और उससे कहीं ज़्यादा देती है। इस दृष्टि से देखें तो हिन्दी का जितना विकास इधर पचास वर्षों में हुआ है उतना पहले नहीं हुआ था। इतने लोग काम कर रहे हैं और अच्छा काम कर रहे हैं। जैसे हिन्दी कविता। इसे आप मेरी प्रेजुडिस मान सकती हैं मगर आज जो हिन्दी कविता लिखी जा रही है वह दुनिया की किसी भी भाषा में लिखी जा रही कविता से कमज़ोर नहीं है, यह मैं निश्चित मानता हूँ।

कथा साहित्य?

कथा साहित्य भी बहुत अच्छा लिखा जा रहा है। लेकिन हाँ, उपन्यास में मुझे ऐसा नहीं लगता कि वह गहराई है जो इधर के कई ग़ैर-अंग्रेज़ी उपन्यासकारों में हमको मिल सकती है। इसका भी एक कारण मुझे यह लगता है कि हम लोगों ने कभी अपने कथा साहित्य को ठीक से समझने की कोशिश नहीं की; जैसे *कथासरितसागर, बृहत्कथामंजरी*। लेकिन हमारे यहाँ जो पहला उदाहरण मैं सोच पाता हूँ वह हजारी प्रसाद द्विवेदी का ही सोच पाता हूँ। अभी एक उपन्यास आया है सलमान रुश्दी का, लगता है तकनीक उन्होंने *कथासरितसागर* से ली है। आपने *कथासरितसागर* पढ़ा है? ख़ाली इसका क्राफ़्ट देखिए। जो बात मैं भक्ति साहित्य के बारे में कह रहा था वही मैं इसके लिए भी कहना चाहता हूँ कि हम कंटेंट पर चले जाते हैं कि ये तो कहानियाँ हैं, परी की, तोता मैना की। आप केवल क्राफ़्ट देखिए। 'डॉगमैटिक' नहीं होना चाहिए। हमें जहाँ छन्द की ज़रूरत होगी वहाँ हम छन्द ले लेंगे। जहाँ मुक्त छन्द में अपनी बात कह सकेंगे वहाँ मुक्त छन्द में कहेंगे। मुक्त छन्द में भी लिखें लेकिन यदि आपकी छन्द की बैकग्राउंड है तो आपके मुक्त छन्द में दूसरी आभा आएगी।

आप बहुत अध्ययनशील हैं, विद्वान हैं। क्या आपका बहुपठित होना किसी तरह से आपकी सर्जना को बाधित करता है?

मुझे ऐसा नहीं लगता। एक तो वह सीधे मेरे लेखन में आता नहीं है, प्रच्छन्न रूप से कहीं मौजूद रहता है हमारे पूरे सोच-विचार में, और जब मैं लिखने बैठता हूँ तो यह एक नियंत्रक के रूप में तो काम करता है लेकिन नियामक नहीं बन जाता। जैसा मैंने अभी कहा, इससे चीज़ों के बारे में सोचने-विचारने में मदद मिलती है। फिर, जब मुझे मालूम रहता है कि और लोगों ने इस विषय पर क्या लिखा, कैसा लिखा तो इस ओर से थोड़ी सावधानी रहती है कि हम उनकी बात को दोहराएँ नहीं। अगर कुछ नया कहना है तो कहूँ वरना मान लूँ कि उन्होंने हमसे बेहतर कहा है! मेरे मामले में तो ऐसा नहीं है कि पढ़ा-सुना बाधक होता है, वह सहायक ही होता है। पढ़ने को मैं जीवन में विशेष महत्त्व देता हूँ। इससे अनुभवों में गहराई और दूरदर्शिता आती है। पढ़ने की दुनिया और लिखने की दुनिया एक दूसरे के सहायक हैं, विरोधी नहीं।

आपके काव्य-संग्रहों के बीच लम्बे अन्तराल का कारण?

कई साल कोई चीज़ नहीं आती तो इसका एक कारण है कि मैं तुरन्त नहीं छपाता, चाहे पत्रिका में हो चाहे पुस्तक में। दूसरे, बराबर पढ़ता-लिखता रहता हूँ। कोशिश यही करता हूँ कि जो भी लिखूँ या कहूँ सोच-विचार कर ही लिखूँ-कहूँ। लेखन के साथ जो एक भावनात्मक जुड़ाव होता है वह तुरन्त होता है। तो मैं थोड़ा समय देता हूँ कि वह भावनात्मक जुड़ाव जजमेंट पर हावी नहीं रहे, थोड़े समय बाद हम अलग होकर उस चीज़ को देख सकें।

लेकिन जैसे कोई तात्कालिक उत्प्रेरक हो, कोई घटना जिससे आप उद्वेलित हों और कुछ लिखें...

ऐसे में हो सकता है नोट्स लिखकर डाल दूँ, कुछ लाइनें। जैसे अयोध्या पर मेरी कविता। घटना 1991-92 में हुई थी। कविता थोड़े बाद में छपी लेकिन मैंने उसके कुछ अंश तभी लिख लिये थे। फिर दुबारा जब उसे उठाया शायद चार-पाँच महीने बाद तब वह कविता पूरी हुई।

या आपकी इराक़ सम्बन्धी कविता...

वह भी इराक़ की लड़ाई ख़त्म होने के कुछ बाद लिखी गई। टी.वी. में तेल में डूबी हुई एक चिड़िया की तस्वीर थी। उससे उस कविता की पूरी ज़मीन मुझे मिली कि इतनी बड़ी घटना हो गई, इतने लोग मारे गए और उसको ऐसा दिखाया जा रहा है कि जैसे सिर्फ़ इतनी कैज़ुअल्टी हुई कि तेल में डूबी हुई एक चिड़िया है और वह भी बचा ली गई। मीडिया का किस तरह भयानक रूप से इस्तेमाल हो सकता है, इसका यह एक उदाहरण था।

भारतीय मूल के अंग्रेज़ी लेखकों की रचनाएँ आपको कैसी लगती हैं? उनकी लोकप्रियता का आधार, मूल्यांकन?

अच्छी लगती हैं। ये उपन्यासकार प्रतिभासम्पन्न हैं, इसमें कोई सन्देह नहीं है लेकिन ज़रूर उनके पीछे कहीं यह मानसिकता रहती है कि ये पाश्चात्य पाठकों के लिए लिखे जा रहे हैं...

मार्केट समझ कर...

कुछ न कुछ बाज़ार दृष्टि में रहता हो लेकिन पूरी तरह से उतना ही कारण नहीं होता। बाज़ार को दृष्टि में रखकर लिखें तो भी प्रतिभासम्पन्न तो होना ही होता है। मैं समझता हूँ सलमान रुश्दी में, विक्रम सेठ में, अरुंधती राय में कुछ तो प्रतिभा है।

इनकी लोकप्रियता का कारण?

एक कारण तो यह लगता है कि ये एक बिल्कुल फ़र्क़ तरह की ज़िंदगी उपन्यासों में पेश करते हैं जिससे पाश्चात्य पाठक पूरी तरह से परिचित नहीं हैं। उसका यह अजूबापन उन्हें अच्छा लगता है। फिर एक ऐसी ज़िन्दगी, जो कहना चाहिए उनकी कल्पना से परे है, वह आती है इन उपन्यासों में। वहाँ के उपन्यासों में ऐसी बहुत सी चीजें कोई मायने नहीं रखतीं। आज वो समस्याएँ ही नहीं रह गई हैं उनकी। भारत में अगर हैं तो उस ओर उनकी रुचि जाती है।

अंग्रेज़ी में लिखने वाले भारतीयों की पुरानी पीढ़ी जैसे नीरद सी. चौधरी और नई पीढ़ी में आप क्या फ़र्क़ महसूस करते हैं?

देखिए, एक फ़र्क़ तो यह है कि नई पीढ़ी भारतीय जीवन को लेकर अधिक सहानुभूतिपूर्ण ढंग से लिखती है, देखती है। जबकि जैसे नीरद चौधरी को अगर आप लें तो उनका पूरा दृष्टिकोण अलग है। वह अंग्रेज़ी दृष्टिकोण से भारत को देखते हैं। या जैसे नायपॉल का लेखन है। उन्होंने भारत का एक बहुत अँधेरा पक्ष चित्रित किया है, लेकिन उनके इधर के लेखन में भारत को लेकर एक फ़र्क़ दिखलाई पड़ता है, यह अधिक सहिष्णु एटीट्यूड है।

किन विदेशी साहित्यकारों का प्रभाव आप हिन्दी साहित्य पर देखते हैं?

एक-दो नाम लेना मुश्किल है लेकिन मुझे लगता है कि कविता में ईस्ट यूरोपियन कवि, जैसे पोलैंड के रुज़ेविच, हेर्बेर्त वग़ैरह; या कॉन्टिनेंटल पोएट्री में रिल्के; ऐसे ही लैटिन अमेरिकन कवि, जैसे बोर्हेस... इन्होंने शायद भारत की कविता

को ज़्यादा प्रभावित किया है। ठेठ अंग्रेज़ी कवियों के काव्य-सिद्धान्तों ने ज़रूर असर डाला है हमारे सोचने के ढंग पर लेकिन कविता पर शायद ईस्ट यूरोपियन और लैटिन अमेरिकन पोएट्री का असर पिछले दशकों में ज़्यादा साफ़ दिखाई देता है।

हिन्दी साहित्य पर रुश्दी की टिप्पणी...

ज़ाहिर है रुश्दी उस सारे लेखन से परिचित नहीं हैं जिसका वह कोई ज़िक्र नहीं करते। जितने से परिचित हैं उसका किया, जैसे मंटो का ज़िक्र किया। रुश्दी का लेख ही इस बात का सबसे बड़ा साक्ष्य है कि उन्हें हिन्दी या दूसरी भारतीय भाषाओं के साहित्य का ज्ञान नहीं है।

रुश्दी को भारत आने का वीज़ा दिए जाने को लेकर काफ़ी हंगामा हुआ।

मैं इसको ग़लत समझता हूँ कि धार्मिक या इस तरह के अन्य कारणों से किसी व्यक्ति का किसी देश में प्रवेश रोका जाए।

मिलान कुंदेरा और मार्केज़ के उपन्यास...

मुझे दोनों ही लेखक बहुत पसन्द हैं। मार्केज़ को मैं इस सदी के बहुत ही उत्कृष्ट उपन्यासकारों में मानता हूँ और *Love in the Time of Cholera* तो एक अद्‌भुत उपन्यास है, हालाँकि उनके *One Hundred Years of Solitude* का बहुत ज़िक्र हुआ। यह भी एक बड़ी बात है कि एक उपन्यासकार आम तौर पर एक या दो से अधिक अच्छे उपन्यास नहीं दे पाता लेकिन मार्केज़ के कई उपन्यास मुझे बहुत अच्छे लगे। कहानियाँ भी उतनी ही उत्कृष्ट हैं। वे निश्चित रूप से फ़िक्शन के क्षेत्र में बड़े लेखक माने जाएँगे। मिलान कुंदेरा शायद इतना नहीं। लेकिन वे भी बहुत अच्छे उपन्यासकारों में हैं; ख़ास तौर पर *The Joke* मुझे बहुत पसन्द आयी थी। *Life Is Elsewhere* भी। आपको शायद यह बात थोड़ा चौंकाए लेकिन मुझे *The Art of the Novel* भी बहुत पसन्द आई थी।

क्या मार्केज़ के मुक़ाबले कुंदेरा ज़्यादा आसान नहीं? क्या इसीलिए कुंदेरा मार्केज़ के मुक़ाबले ज़्यादा पठनीय बन जाते हैं?

नहीं, ऐसा तो नहीं लगा मुझे। मार्केज़ बहुत पठनीय हैं। ऐसा कम ही हुआ है मेरे साथ कि एक उपन्यास शुरू करूँ और फिर बिना ख़त्म किए रख सकूँ। शायद मार्केज़ में यह गुण है। कहानी कहने का उनका अन्दाज़ अद्‌भुत है।

कई बार ऐसा होता है कि कविता पर कवि और समीक्षकों की राय फ़र्क़ हो जाती है। कवि की कुछ रचनाएँ जो उसे काफ़ी पसन्द होती हैं समीक्षक से उपेक्षित रह जाती हैं। क्या आपकी किसी कविता के साथ ऐसा हुआ?

उदाहरण के तौर पर, मेरी एक कविता जिस पर लोगों का ध्यान नहीं गया, वह है 'मुश्किल से शुरू हुई दुनिया'। वह मुझे अपनी बहुत अच्छी कविताओं में से लगती है लेकिन उसकी चर्चा कम हुई। शायद उसका क्राफ़्ट ऐसा है कि समझने में मुश्किल होती है। अयोध्या पर मेरी कविता की चर्चा हुई लेकिन जिस तरह से अयोध्या उस कविता में आया है उसकी ओर लोगों का ध्यान ज़्यादा नहीं गया।

आप उर्दू नज़्म भी लिखते हैं, लेकिन छपवाई नहीं?

वह शायरी नहीं, डायरी है। सिर्फ़ अभ्यास के लिए लिखता हूँ। उर्दू के छन्द का अगर अभ्यास होता रहे तो अच्छा रहता है। छन्द में अगर अच्छी गति है तो मुक्त छन्द भी बेहतर होता है। उर्दू शायरी मुख्य रूप से मेरी ज़मीन नहीं।

हिन्दी-उर्दू विवाद का मूल कारण आपकी नज़र में...

मैं समझता हूँ थोड़ा-बहुत तो ये दोनों भाषाएँ एक ही हैं, लिपि अलग-अलग ज़रूर है। इनका विकास का क्रम भी थोड़ा-बहुत एक ही है। अगर हम पुरानी हिन्दी, अपभ्रंश और अब तक देखें तो वही क्रम है। उर्दू-ए-मुअल्ला शाहजहाँ के वक़्त से मानते हैं। पर और पीछे जाइए तो एक ट्रेंड है संत कवियों का जिसका एक उदाहरण कबीर हैं। वह जहाँ भी जाते थे वहाँ की भाषा के शब्दों को लेकर अपनी भाषा में मिलाकर बोलते थे ताकि लोगों की समझ में आ

सके। ठीक यही हिन्दी के साथ भी हुआ। इसे लश्करी ज़ुबान ज़रूर कह देते हैं लेकिन यह बाज़ार की जो हिन्दी प्रचलित थी उसमें यहाँ आने वाले विदेशी अपने शब्द मिलाकर कामचलाऊ भाषा बना लेते थे। तो यह जो क्रम है इसका लम्बा इतिहास है कम से कम हज़ार डेढ़ हज़ार साल का, जबसे मुसलमान भारत में आए। भारत में आर्य और दूसरी जातियाँ इसी तरह से अपना काम चलाती थीं और धीरे-धीरे यही भाषा स्थापित होती चली जाती थी। उसी कड़ी में लेटेस्ट है हिन्दी-उर्दू का विकास। मुझे लगता है हिन्दी-उर्दू विवाद सिर्फ़ एक जातीय और राजनैतिक ढंग से उठाया गया विवाद है लेकिन भाषा उस विवाद को स्वीकार नहीं करती। हम हिन्दी बोलने-लिखने वाले आसानी से उर्दू को भी लिख-बोल और समझ सकते हैं। फिर भी यदि वे ऐसा चाहते हैं तो मान लेने में क्या हर्ज़ है।

आप संगीत के अनुरागी-पारखी हैं। संगीत की बैठकें आपके घर पर होती रही हैं। आपको विशेष रूप से कैसा संगीत पसन्द है?

पारखी तो मैं अपने को नहीं कहूँगा, हाँ सुनने का शौक़ है। मुख्य रूप से संगीत में मुझे ख़याल और ध्रुपद पसन्द हैं। ध्रुपद गायकी अभी इधर हाल में फिर से सामने आई है। बीच में तो बिल्कुल बैकग्राउंड में चली गई थी लेकिन अब डागर बन्धुओं की वजह से और बिहार की मलिक फ़ैमिली, सीताराम जी ने काफ़ी काम किया है।

ख़याल गायकी में कुछ लोगों ने जैसे फ़ैयाज़ ख़ाँ साहब ने धमार का पुट दिया तो मुझे ये प्रयोग अच्छे लगते हैं। आजकल गुंदेचा बन्धु बहुत अच्छा ध्रुपद गा रहे हैं। ख़याल गायकी तो ख़ैर इस्टैब्लिशड गायकी है ही। इसमें मुझे इन्दौर घराने के अमीर ख़ाँ साहब बहुत पसन्द हैं। आजकल एक गायिका हैं जिनका नाम नहीं लेते लोग—मालिनी राजुरकर, लेकिन मैं समझता हूँ इतनी शुद्ध गायकी हमको कम सुनने को मिली है। आप ध्यान से कभी मालिनी जी को सुनिए, बहुत ही सुन्दर गायिका हैं। और नए लोगों में अश्विनी भिडे बहुत अच्छा गा रही हैं। जसराज जी तो ख़ैर प्रिय गायकों में से हैं। निसार हुसैन ख़ाँ साहब मुझे बहुत पसन्द थे। इनके जैसा तराना गाने वाला—वो या अमीर ख़ाँ साहब। फ़ैयाज़ ख़ाँ साहब बहुत पसन्द हैं मुझे मगर उनके बाद उनका घराना, आगरा घराना, कुछ कमज़ोर पड़ गया।

परवीन सुल्ताना और किशोरी अमोनकर?

किशोरी अमोनकर निश्चित रूप से बहुत अच्छा गाती हैं। परवीन सुल्ताना में कुछ कारीगरी ज़्यादा है।

लेकिन उनका पंचम पर अधिकार?

हाँ, यह बात है। लेकिन पाकिस्तानी गायक जैसे आबिदा परवीन। ये लोग कितना ख़ूबसूरत गा रहे हैं या फ़तेह अली बहुत अच्छे गायक थे। वैसे ठीक कह रही हैं आप, पंचम का काम परवीन सुल्ताना का बहुत अच्छा है लेकिन लगता है एक लेवल के बाद जाकर उनमें इंस्पायर्ड संगीत वाला मज़ा नहीं आता। जैसे अमीर ख़ाँ साहब जब गाते हैं तो आप देखिए जैसे लहरों पर कोई किश्ती डोल रही हो। नीचे से नीचे सप्तकों पर निकल जाएँगे, आ जाएँगे, ऐसे सहज भाव से कि आपको कहीं झटका नहीं लगेगा।

पंडित ओंकार नाथ ठाकुर?

हाँ, पंडित जी बहुत अच्छा गाते थे। उनसे मैं थोड़ा परिचित था। आते भी थे वह हमारे यहाँ। पंडित मल्लिकार्जुन मंसूर मुझे बहुत पसन्द हैं।

आपने ख़याल में फ़ैयाज़ ख़ाँ साहब के प्रयोग की चर्चा की थी...

प्रयोग फ़ैयाज़ साहब ने तो किए ही। ध्रुपद के अंग उसमें लगाए... धमार वग़ैरह और ये प्रयोग काफ़ी सफल रहे। और लोगों ने भी प्रयोग किए। प्रयोग की गुंजाइश तो हमेशा रहती है। इसका एक एक्सट्रीम उदाहरण है रागमाला। उसमें तमाम रागों को मिक्स करते हैं।

उपशास्त्रीय संगीत?

उपशास्त्रीय संगीत भी पसन्द है। मुझे बेग़म अख़्तर पसन्द हैं। ठुमरी में बड़े ग़ुलाम अली ख़ाँ साहब बहुत पसन्द हैं।

कौन-से राग आपको विशेष रूप से पसन्द हैं?

मुझे कई राग पसन्द हैं जैसे हंसध्वनि और मारू विहाग। सारंग के भेद, मल्हार के भेद, रामदासी और मेघ दोनों ही पसन्द हैं। मुझे लगता है कि ऋतु के साथ जितना अच्छा सामंजस्य मल्हार रागों का बैठता है शायद उतना अच्छा बसंत का भी नहीं बैठता। भीमसेन जी बहुत अच्छा गाते हैं। उन्होंने छायानट और मल्हार को जैसे मिक्स किया है छाया मल्हार में, वह बहुत सुन्दर है। तो यह भी एक प्रयोग है। और उनकी पूरी गायकी में अभंग गायकी का जो एक आभास-सा मिलता रहता है, वह भी है। फिर आप प्रयोगों में कुमार गंधर्व के प्रयोगों को याद कीजिए। उन्होंने तमाम लोकधुनों को लेकर गाया और कबीर के निर्गुण की तो जैसी सुन्दर अवतारणा उन्होंने की है वह बहुत मुश्किल है।

उन्होंने तो तुलसीदास के पद भी गाए...

हाँ, लेकिन इनका तुलसीदास मुझे कम पसन्द आया है। जहाँ तक मुझे याद है एक बार जितेंद्र अभिषेकी ने तुलसीदास को गाया था, वह बड़ा अच्छा लगा था।

संयुक्ता पाणिग्रही के पति रघुनाथ जी ने भी तो तुलसीदास को बहुत अच्छा गाया है।

हाँ, उन्हें मैंने सुना है। यहाँ हमारे घर पर भी गाया है उन्होंने। बहुत अच्छा गाते हैं।

लेकिन क्या वह कुछ उपेक्षित नहीं रहे?

देखिए, इन लोगों की गायकी पूरी जयदेव के *गीत गोविंद* के साथ, नृत्य के साथ इस तरह जुड़ी है कि लोगों का ध्यान नहीं जाता कि वह अपने आप में अच्छे, सफल गायक भी हैं। आप ठीक कह रही हैं, रघुनाथ पाणिग्रही की गायकी की ओर लोगों का ध्यान जाना चाहिए।

गायकी का कौन-सा घराना आपको पसन्द है?

ग्वालियर घराने की गायकी मुझे प्रिय है। अमीर ख़ाँ साहब और मालिनी राजुरकर दोनों का इस घराने से सम्बन्ध रहा है। लेकिन लोगों के दिमाग़ में केवल कृष्णराव पंडित और लक्ष्मण राव पंडित की गायकी रहती थी, जो बहुत 'टर्स' गायक हैं—ग्रामर गाते हैं, लेकिन हैं बहुत ही कुशल गायक।

ग्वालियर घराना तो वास्तव में लखनऊ की ख़याल गायकी का घराना है। हद्दू ख़ाँ-हस्सू ख़ाँ यहीं लखनऊ के रहने वाले थे। जब यहाँ नवाबों के ज़माने में दादरा-ठुमरी, लाइट क्लासिकल का ज़ोर बढ़ा तो वे सब ग्वालियर चले गए थे। यहाँ के जो अन्तिम बड़े ख़याल गायक थे—ग़ुलाम रसूल, वह यहाँ से चले गए थे और फिर यही घराना बाद में ग्वालियर घराना हो गया और लखनऊ की गायकी वहाँ पनपी। यहाँ ठुमरी वग़ैरह पनपी।

आप फ़िल्मों के शौक़ीन हैं। आपको हर तरह की देशी-विदेशी फ़िल्में देखने का मौक़ा मिलता रहा है। आपको किस तरह की फ़िल्में पसन्द हैं?

पॉपुलर हॉलीवुड फ़िल्में आदि तो मैं बहुत देखता नहीं हूँ। ये ज़्यादा पसन्द नहीं हैं। वैसे थ्रिलर के रूप में बैठकर देख लूँ, वह और बात है। अगर कैटेगराइज़ करना हो तो इनमें कुछ बड़े, बहुत अच्छे आर्टिस्ट हैं; जैसे स्पीलबर्ग। पॉपुलर होते हुए भी इनके पास एक आर्ट है, जेनुइन आर्ट। लेकिन वो मेरे ढंग की फ़िल्में नहीं हैं। फ्रान्स के न्यू वेव सिनेमा पर सहित्य का काफ़ी असर रहा है। मुझे पोलिश डायरेक्टर किश्लोव्स्की पसन्द हैं। आंद्रे वायदा बहुत पसन्द हैं। फ्रेंच न्यू वेव फ़िल्मकारों में गोदार हैं। बर्गमन, शाब्रोल पसन्द हैं। क्यूब्रिक की फ़िल्में बहुत ख़ूबसूरत हैं। किस-किस का नाम लूँ? चार्ली चैप्लिन। आपको लगेगा मैं किस ह्यूमरिस्ट का नाम ले रहा हूँ, लेकिन वह जीनियस है। उस पर तो जितना लिखा जाए कम है। भारतीय फ़िल्मकारों में सत्यजित राय, मृणाल सेन, अडूर गोपालकृष्णन बहुत ही कुशल हैं। श्याम बेनेगल की फ़िल्में पसन्द हैं।

और मणि कौल?

मणि कौल ने साहित्यिक विषयों पर फ़िल्में बनाई हैं। उनको लेकर लोगों में

दो तरह की राय है। कुछ लोगों को पसन्द आईं और कुछ को लगता है कि वह साहित्यिक विषयों से ठीक से जुड़ नहीं पाते हैं। जैसे उनकी मुक्तिबोध पर फ़िल्म—*सतह से उठता आदमी*। मुझे अच्छी लगी, फ़िल्म अपने आप में अच्छी है। अगर सोचें कि मुक्तिबोध पर फ़िल्म है तो शायद कमियाँ दिखाई देती हैं। लेकिन मेरा ख़याल है कि उनकी डाक्यूमेंट्रीज़ बहुत अच्छी हैं, जैसे ध्रुपद पर। बहुत बढ़िया है। डाक्यूमेंट्री के मामले में मणि कौल का मुक़ाबला नहीं है। वह बहुत सेंसिटिव फ़िल्ममेकर हैं।

ऋत्विक घटक...?

ऋत्विक घटक तो जीनियस हैं। बहुत ही अच्छे फ़िल्ममेकर्स में से हैं। वह मुझे कितने पसन्द हैं इसका अंदाज़ा आप इसी से लगा सकती हैं कि उनकी लगभग सारी फ़िल्में मेरे पास हैं।

फ़िल्मों की भी सुना है आपके पास अच्छी-ख़ासी लाइब्रेरी है...

हाँ, फ़िल्मों की अच्छी लाइब्रेरी है। जब लंदन जाता था तो मेरा पहला काम होता था क्लासिक फ़िल्में लाना।

और कौन निर्देशक आपको पसन्द हैं?

फ़ेलीनी का नाम मैंने नहीं लिया था। फ़ेलीनी मुझे बहुत पसन्द हैं। तारकोव्स्की तो अद्‌भुत है। मैंने तारकोव्स्की पर काफ़ी लिखा भी है और उसको तो लोग 'पोएट अमंग फ़िल्ममेकर्स' मानते हैं। एक बार फ़िल्म फ़ेस्टिवल से सत्यजित राय का फ़ोन आया कि उनके लिए तारकोव्स्की की *सैक्रिफ़ाइस* का स्पेशल शो किया जा रहा है। मुझको बुलाया कि आओ साथ ही देखेंगे। राय और मेरा काफ़ी साथ रहता था। *शतरंज के खिलाड़ी* बना रहे थे, तब से परिचय हुआ। फ़िल्म फ़ेस्टिवल में अकसर मिल जाते थे। वहाँ गए, अगल-बगल बैठे हम लोग, दो-तीन लोग थे। शायद शबाना आज़मी भी थीं। फ़िल्म ख़त्म हुई तो मैंने पूछा, मानिक दा, कैसी लगी फ़िल्म? उन्होंने कहा "रादर हेवी" (rather heavy)! कम बोलते थे। इसका मतलब यह नहीं कि उनको तारकोव्स्की

पसन्द नहीं थे। फिर बात की तो उन्होंने कहा बहुत अच्छे फ़िल्म मेकर हैं, बहुत सेंसिटिव।

जापानी में कुरोसावा, ओज़ु पसन्द हैं। कुछ तुर्की फ़िल्में भी मुझे बहुत पसन्द आईं। इल्माज़ गुने, वह बहुत प्रतिभासम्पन्न फ़िल्म-मेकर है। वोंग कार-वाई मुझे पसन्द हैं। यह विषय तो बेहद लम्बा है। लगभग एक पुस्तक बराबर तो लिख ही चुका हूँ इस पर।

आपने नाटक क्यों नहीं लिखे?

मैंने दो नाटक लिखे थे। पर मुझे बहुत पसन्द नहीं थे ये। अनेक मंचन हुए थे एक नाटक के, सूचना विभाग ने किए थे। मैंने इसकी एक भी प्रस्तुति नहीं देखी, इसी से समझ लीजिए ।

आप प्रस्तुति से नाख़ुश थे? इन नाटकों के नाम क्या थे?

नहीं-नहीं, कुछ ऐसा हुआ कि मैं देख नहीं पाया। एक नाटक की प्रस्तुति इलाहाबाद में सत्यव्रत सिन्हा ने की थी। एक था *शर्त* और दूसरा *ख़ाली जगह*। इन नाटकों की स्क्रिप्ट शायद छपी भी है *छायानट* में। पर मैं आज भी समझता हूँ कि वे बहुत सफल नाटक नहीं थे।

***आत्मजयी* का नाट्य-रूपान्तरण?**

हाँ, शायद इसके कुछ पोर्शंस नेशनल स्कूल ऑफ़ ड्रामा में रामगोपाल बजाज ने किए। कुछ सत्यदेव दुबे ने भी किए थे। शायद एन.एस.डी. में इसके कुछ अंशों का पाठ विद्यार्थियों को कराया जाता है। उसके कुछ अंश बजाज जी करना चाहते थे। उन्होंने कहा भी था कि इसको नाटक रूप में कर दीजिए लेकिन रह गया। अब लिखे हुए पर काम करना मुश्किल हो जाता है।

वक़्त गुज़ारने का सबसे अच्छा ज़रिया क्या लगता है आपको?

मुझे फ़िल्म देखना बहुत अच्छा लगता है, संगीत सुनना अच्छा लगता है। अभी

आप जब आईं तो मैं मालिनी राजुरकर को, और उससे पहले रविशंकर का सितार सुन रहा था। कभी-कभी तो मैं काम करते वक़्त भी हल्का-सा संगीत लगा देता हूँ। मगर गायन नहीं, इंस्ट्रुमेंटल बजता रहता है तो अच्छा लगता है।

उत्तर प्रदेश संगीत नाटक अकादमी के उपाध्यक्ष के रूप में आपका अनुभव कैसा रहा?

पुरानी बात हो गई। मैं जिस समय वहाँ था तो यह तो नहीं कह सकता कि बहुत संतुष्ट था। मैंने इस्तीफ़ा दे दिया था टर्म ख़त्म होने से पहले ही। जिस तरह से मैं चाहता था कि काम होता वह सम्भव नहीं हो पा रहा था। कुछ तो मुझे लगता है कि जिनकी काम में रुचि हो, ऐसे डिवोटेड लोग कम थे। कुछ सरकारी अड़चनें भी होती हैं। आज़ादी से इन संस्थाओं में काम नहीं हो पाता। लोकल राजनीति और इस तरह की चीज़ें भी परेशानी पैदा करती हैं।

बाहर के लोगों की वहाँ क्या भूमिका थी?

ज़्यादातर तो वो लोग आते नहीं थे। कभी मीटिंग में आए, अपनी राय प्रकट कर दी, चले गए तो उसका कुछ ज़्यादा प्रभाव नहीं पड़ पाता था। कर्ता-धर्ता तो वे ही हैं जो स्थायी कर्मचारी हैं। आप काम सौंप भी दीजिए। सब काग़ज़ों पर हो गया लेकिन जो कर रहा है, उसमें अगर निष्ठा की कमी है तो काम अधूरा होगा या पूरी तरह सन्तोष नहीं दे पाएगा। मैंने डॉक्यूमेंटेशन का काम इंट्रोड्यूस किया था अपने समय में। जो भी यहाँ की लोक कलाएँ हैं, लोक फ़ॉर्म्स हैं, उन पर थोड़ा-बहुत काम हुआ भी। उस समय विजय नरेश थीं, और लोग भी थे। उन्होंने मेहनत से काम किया। लेकिन वह काम फिर ज़्यादा आगे नहीं बढ़ पाया क्योंकि लोगों के बीच जाकर रहना होता था। यह रिसर्च नेचर का काम था और उसमें ख़र्चे की भी बात आती थी तो वो हुआ थोड़ा-बहुत लेकिन मेरे मन लायक नहीं हो पाया। लेकिन एक शुरुआत पर ध्यान गया तो शायद उसका 'फ़ॉलआउट' यह था कि नौटंकी वग़ैरह की विधाएँ फिर से रिवाइव हुईं। तो इस माने में कह सकते हैं कि थोड़ा काम तो हुआ।

महिला लेखन और दलित लेखन के बारे में आप क्या कहेंगे?

लेखन को इस तरह का लेबल देना मुझे बहुत ठीक नहीं लगता। लेखन, लेखन है और महिलाओं का लेखन किसी भी लेखन के मुक़ाबले में कम नहीं है। दुनिया की अनेक महिलाएँ हैं जो उच्च कोटि का साहित्य लिख रही हैं। ग्रीक कवयित्री सैफ़ो की कविताएँ आज भी प्रसिद्ध हैं। वर्जिनिया वुल्फ़ के उपन्यास आप देखिए। शिम्बोर्स्का, आख़्मतोवा, स्वेताईवा, गोर्डिमर, टोनी मॉरिसन जैसी अनेक लेखिकाएँ हैं जिन्हें हम किसी भी तरह महिला लेखिकाएँ कहकर वर्गीकृत नहीं कर सकते। भारतीय लेखिकाएँ भी बहुत अच्छा लिख रहीं हैं—कृष्णा सोबती, महाश्वेता देवी, अनेक हैं। इस तरह का लेबल लगता है तो लगता है किसी तरह की रियायत माँग रहे हैं, और रियायती मूल्यांकन सही नहीं होता।

हाँ, स्त्री-विमर्श एक भिन्न बात है। बहुत ज़रूरी है कि महिलाओं को बराबरी की हिस्सेदारी और ऑपर्चुनिटी मिले। पर ज़रूरी नहीं है कि इस पर महिलाएँ ही बात करें। आज अनेक तरह से इस बात को उठाया जा रहा है। अनेक लेखिकाएँ लिख कर, सक्रिय हो कर इस समस्या को बहुत अच्छी तरह उठा रही हैं। अनेक महिलाएँ उच्च पदों पर काम कर रही हैं।

और दलित लेखन?

दलित लेखन के बारे में भी यही बात कही जा सकती है। आज भी हमारे यहाँ दलित समस्या विकट रूप से मौजूद है। अनेक साहित्यकारों ने इसके विरोध में लेखन किया है। दलित लेखक आपबीती को उसकी पूरी कटुता और तीक्ष्णता में अभिव्यक्ति दे पाते हैं। सहानुभूति और अनुभूति में थोड़ा अन्तर तो हो ही जाता है। कई दलित लेखक बहुत अच्छा लिख रहे हैं। विशेष रूप से महाराष्ट्र और दक्षिण में। पता नहीं जाति-प्रथा की शर्मनाक स्थिति हमारे देश से कब जाएगी। इस विकट समस्या को देश से आमूल हटाना बहुत ज़रूरी है।

कविता को आप मूलतः क्या मानते हैं, सहज आत्माभिव्यक्ति, शब्दों का खेल?

शब्द और अभिव्यक्ति दोनों हैं कविता में। मेरी दृष्टि में यह बड़ा सिंथेटिक फ़ॉर्म

है। कविता आत्माभिव्यक्ति के साथ शब्दों का कुशल संयोजन भी है। शब्द-रचना को शब्दों का खेल कहना उचित नहीं जान पड़ता। शब्दों का ऐतिहासिक अर्थ भी होता है, और कविता उसे उद्घाटित करने का एक सूक्ष्म प्रयास है। कविता अपनी अनुभूतियों की अभिव्यक्ति है। इसका स्व के माध्यम से सर्व में साधारणीकरण होता है। इस अर्थ में कविता आत्मिक भी है और सार्विक भी। हम जो अनुभव करते हैं, उसे आत्मसात करके व्यक्त करते हैं। इसी तरह अन्य के अनुभवों का माध्यम भी बनते रहते हैं। जिस तरह निजी अनुभवों का साधारणीकरण होता है उसी तरह दूसरों के अनुभवों का निजीकरण। इस अर्थ में वह आत्म में संकुचित हो जाना नहीं है बल्कि आत्म का सर्व में विस्तार है। दोनों बातों को उदारता से समझने की ज़रूरत है।

आत्म या सेल्फ़ को ले कर फ़ूको की किताब *Technologies of the Self* याद आती है जिसमें फ़ूको ने विभिन्न संस्कृतियों में प्रचलित सेल्फ़ में अर्थ वैभिन्नय पर गहराई से विचार किया है।

आपके कई आलेखों में लखनऊ की साहित्यिक गोष्ठियों का ज़िक्र है जिनमें आपने राहुल सांकृत्यायन, यशपाल जी, नागर जी, सज्जाद ज़हीर, रज़िया सज्जाद ज़हीर, राजीव सक्सेना आदि की उपस्थिति का भावुक होकर स्मरण किया है। आज जब आप दिल्ली से लौट कर यहाँ आते हैं तो यहाँ का माहौल कैसा लगता है?

सब समय की अपनी-अपनी तरह की सक्रियता होती है। फिर भी मुझे लखनऊ में पहले जैसा माहौल नहीं लगता। काफ़ी समय से लगता रहा है कि स्थानीय राजनीति साहित्य और संस्कृति पर ज़्यादा हावी है।

आपको लो प्रोफ़ाइल कवि माना जाता है। निराडंबर और चिन्तन प्रमुख।

आपकी आख़िरी बात से शुरू करूँगा। चिन्तन को मैं आदमी की बाक़ी चेष्टाओं से अलग नहीं मानता। एक भावुक आदमी भी चिन्तक हो सकता है। टी.एस. एलियट ने कभी 'फ़ेल्ट थॉट' की बात की थी कि कविता में अनुभूत विचार, विचारानुभूति की भी जगह है। लेखन में चिन्तन को सहजता से आना चाहिए,

आरोपित चेष्टा नहीं। जीवनानुभव की तरह विचार भी एक अनुभव है। विचारों की भी अपनी रागात्मकता होती है। बिना इनके न हम ख़ुद को समझ सकेंगे न दूसरों को। समझने से मेरा मतलब पूरे व्यक्तित्व को समझना है, इमोशंस भी, पैशंस भी, सोच-विचार भी, हमारे एक दूसरे के साथ सम्बन्ध भी। इसलिए इसे तो मैं बहुत इंटीग्रल, संश्लिष्ट मानता हूँ।

आपकी दूसरी बात, लेखन में दृढ़ता और शक्ति को महत्त्व देता हूँ। स्वभाव और व्यवहार में हो सकता है लो प्रोफ़ाइल हूँ। वह मेरा स्वभाव हो सकता है, कोई सायास प्रयत्न नहीं है। हमेशा लो प्रोफ़ाइल में रहना भी कोई अच्छी बात नहीं है। कभी क्रोध और उग्रता भी शायद ज़रूरी हो जाते हों। बिना ज़रूरत आक्रामक और अपने को आगे बढ़ाने की बेतहाशा कोशिश मुझे ठीक नहीं लगती। लेखन में मौलिकता और गुण होंगे तो वह अपने आप आकृष्ट करेगा।

आपकी रचनाओं का पहला पाठक?

मेरी पत्नी भारती। मैं उन्हें ही दिखाता हूँ। इधर उनको शिकायत है कि मैं कभी-कभी बिना उन्हें दिखाए भी भेज देता हूँ।

आप उन गिने-चुने साहित्यकारों में हैं जिनकी लम्बी काव्य-यात्रा में कोई ठहराव नहीं है। अपनी हर नई रचना के साथ आप पाठकों के कुछ और क़रीब आते हैं, वक़्त की चुनौतियों को स्वीकार करते हैं और रचना के ज़रिए उनका जवाब देते हैं।

मेरी हमेशा यही कोशिश रही है कि नया कुछ कहने को हो तभी लिखूँ। वक़्त की चुनौती तो अपने आप लेखन में आ ही जाती है। हर लेखक एक ही तरह से ऐक्टिविस्ट नहीं होता है, उसका प्रतिरोध उसके लेखन में होता है।

1995 ('तद्भव' पत्रिका, जून 2019, में प्रकाशित)

हाशिया भी कविता के लिए बुरी जगह नहीं

विजय कुमार

आज के इस समय में आप कविता की हिस्सेदारी को किस प्रकार से व्याख्यायित करना चाहेंगे? यदि यथार्थ-चेतना, सौन्दर्यबोध, भाषा और अभिव्यक्ति के स्तर पर यह हिस्सेदारी आज ज़्यादा कठिन हो चुकी है तो किस प्रकार?

आज के समय में कविता की हिस्सेदारी को बहुत सुनिश्चित ढंग से नहीं व्याख्यायित किया जा सकता क्योंकि जीवन में उसकी जगह को निर्धारित करना और भी मुश्किल है। कवित्व अपने अमूर्तन में हमारी यथार्थ-चेतना, सौन्दर्यबोध, भाषा और अभिव्यक्ति में अनिवार्यतः व्याप्त है। हम चाहें भी तो उसे अलग नहीं कर सकते। कविता की ज़रूरत और सार्थकता को प्रमुखतः मैं इसी रूप में देखता हूँ कि वह हमारे अन्दर अपनी उपस्थिति की अनुभूति को बराबर जीवित रखे। कई बार ऐसा अवश्य लगता है कि दिनोदिन यह काम अत्यधिक मुश्किल होता जा रहा है, पर इसे असम्भव मान लेना ग़लत होगा। विश्व-कविता के परिदृश्य को ध्यान में रखें : ऐसे कई उदाहरण सामने आएँगे कि असमय या कुसमय में कविता विलुप्त या भूमिगत हो गई—जैसे महायुद्धों के दौरान कई देशों में हुआ—लेकिन फिर भी वह किसी तरह जीवित रही, और समय बदलने पर पता चला कि वह कितने विपरीत समयों में भी, मनुष्य की उद्दाम जिजीविषा की तरह, ज़िन्दा रहने की युक्तियाँ निकाल सकी। मुझे अक्सर ऐसा भी लगता है कि शायद जीवन-शक्ति के उग्र और उद्दंड प्रदर्शन की अपेक्षा उसकी विनम्र और संयत अभिव्यक्तियों में ज़्यादा दम होता है!

क्या कविता जैसी विधा अपने समय और समाज की बदलती हुई परिस्थितियों से सीधे प्रभावित होती है या उसका इस तरह से प्रभावित होना अनिवार्य नहीं है? दूसरे शब्दों में क्या बाह्य यथार्थ के आतंक ने कहीं हमारी कविता को कमज़ोर और एकायामी भी बनाया है?

बाह्य यथार्थ को कविता शब्दों और भाषा के माध्यम से देखने, सोचने और समझने की कोशिश है। यह 'माध्यम' महत्त्वपूर्ण है—अपने आप में भी, और एक साधन के रूप में भी। इसलिए यथार्थ से कविता का रिश्ता सीधा और सरल भी हो सकता है, और उलझा हुआ भी—ख़ासकर उन परिवर्तनों को लेकर जो न केवल हमारे जीवन बल्कि हमारी भाषा को भी तेज़ी से बदल रहे हैं। कविता जब इस दोहरे बदलाव को प्रतिबिम्बित करती है, या उसके साथ तालमेल बैठाने की कोशिश करती है, तब वह एक जोख़िम उठा रही होती है—न समझे जाने का, या ग़लत समझे जाने का जोख़िम, जैसा कि अनेक नए काव्यान्दोलनों के साथ अकसर होता आया है। इसे कविता पर बाह्य यथार्थ का आतंक न मानकर परिवर्तनों के अनुकूल, या उनके बावजूद, रूपान्तरित हो सकने की क्षमता मानना चाहिए—कुछ-कुछ उसी तरह जैसे विकास के क्रम में तमाम जीव-जातियाँ बाह्य परिवर्तनों के अनुरूप परिवर्तित होती रहीं। यह कविता की जीवन-शक्ति का द्योतक है, उसकी कमज़ोरी का नहीं।

आज का बाह्य यथार्थ कविता के पक्ष में नहीं है—शायद कभी नहीं रहा है। कविता के लिए इससे कोई ख़ास फ़र्क़ नहीं पड़ता। उसने हमेशा हाशिए का जीवन ही जिया है। यही वह 'राम झरोखा' (कवि की निजी बैठक या स्पेस) है जहाँ से कबीर ने जग का मुजरा लिया था। कविता गली-कूचों, कुटियों और झोपड़ियों में रह कर भी पनपी है। लेकिन जिस समाज ने कविता को इज़्ज़त दी उसके लिए ज़रूर फ़र्क़ पड़ा है! हज़ार साल से भी अधिक इतने विच्छिन्न भारतीय समाज को भारतीय कविता और कलाओं ने एकजुट रखा और उसे वह विशिष्ट पहचान दी जो आज भी अक्षुण्ण है। भक्तिकालीन राजनीति तो हमेशा ही छिन्न-भिन्न रही पर जिस काव्य और कलाओं ने भारतीय समाज के मानस को रचा वह आज भी टूटने से इनकार करता है। एक समाज अगर अपने को अपनी ही संस्कृति से दूर रखता है तो यह समाज के लिए ख़तरे की बात है, कविता और कलाओं के लिए नहीं, क्योंकि कविता एक नैतिक

चेष्टा है—मनुष्य की रचनाशील प्रवृत्तियों की सब से स्वाभाविक अभिव्यक्ति : वह बुरे समयों में भी अपने को अभिव्यक्त किए बिना रह ही नहीं सकती।

साहित्य को, ख़ासकर कविता को, मैं उन 'ताक़तों' में नहीं गिनता जो दुनिया को बदल सकती हैं। आदमी को थोड़ा-बहुत बदलने में ज़रूर कुछ मदद कर सकती है—लेकिन अधिक नहीं। कविता एक फ़ौजी क़िस्म की कार्रवाई नहीं है, एक विनम्र सांस्कृतिक चेष्टा है जो हमारे निजी और सामाजिक मन को मानवीय भावनाओं के प्रति सजग रख सकती है। यह चेष्टा इतनी सुकुमार और मूल्यवान है कि उसे पूरी कोशिश से बचाए रखना ज़रूरी है, अगर हम सभ्यता और बर्बरता में फ़र्क़ बनाए रखना ज़रूरी समझते हैं। जिजीविषा या जीवन-शक्ति का अर्थ केवल सब से ताक़तवर का अपने को ही बचाए रखना नहीं है, वह विवेक-शक्ति भी है जो सुन्दर और कोमल को भी बचाने में सक्षम हो। एक समाज और संस्कृति की सामर्थ्य को इस रूप में भी देखना और समझना ज़रूरी है कि उसमें कलाएँ और कविता कितना स्वतंत्र और सुरक्षित अनुभव करती हैं।

क्या रचनाकार और पाठक के रिश्ते आज वास्तव में एक ऐसे धरातल पर पहुँच चुके हैं जहाँ कविता अपने समय के बृहत्तर समुदाय से एक बड़ी हद तक कट चुकी है और लगभग हाशिये का जीवन जी रही है? यदि यह सच है तो इसके लिए आज लिखी जा रही कविता की भाषा, शिल्प और बुनावट किस हद तक दोषी है?

ऐसा हो सकता है कि पाठक की मानसिकता हर प्रकार के बदलाव को बहुत आसानी से और तत्परता से स्वीकार न कर पाए। जैसे जीवन में भी हम तेज़ी से हो रहे अनेक परिवर्तनों के दूरगामी अच्छे-बुरे प्रभावों को तत्काल नहीं भाँप पाते। कविता और साहित्य में भी नए-नए प्रयोगों के भविष्य को लेकर द्विविधा की एक स्थिति पैदा होती है। हर परिवर्तन/प्रयोग सफल ही हो यह ज़रूरी नहीं, लेकिन यह ज़रूरी है कि कोई भी जीवन्त विधा ठहराव की स्थिति में न आए। इस दृष्टि से मुझे आज की कविता आश्वस्त करती है। वह अन्य कलाओं की अपेक्षा मनुष्य का सब से ख़ामोश और अन्तरंग जीवन-स्पन्द है जिसका ठहर जाना चिन्ता की बात होगी।

वे कौन-से क्षेत्र हैं जिन्हें अपनी रचनात्मकता में सन्दर्भित करने की आकांक्षा आपके भीतर लगातार बनी रहती है?

कविता के लिए—साहित्य के लिए—कोई भी क्षेत्र वर्जित नहीं है। इस सोच के विस्तार को मैं आधुनिक कविता का सब से बड़ा योगदान मानता हूँ, सैद्धान्तिक स्तर पर भी, और व्यवहार में भी। पारम्परिक कविता का सन्दर्भ-क्षेत्र भी सीमित नहीं था : वह अपने समय के जीवन की एक बहुत बड़ी दुनिया थी। वह दुनिया आज ज़्यादा बड़ी और जटिल हो गई है, जिसने कविता के भी काम को ज़्यादा मुश्किल बना दिया है। कविता जिस सामग्री से आज अपने को रचती है उसके सन्दर्भ अब केवल देशी नहीं बचे हैं, वे वैश्विक होते जा रहे हैं। यह एक चुनौती भी है, और एक अवसर भी। मैं इस अवसर में विश्वास करता हूँ, उससे घबराने में नहीं!

एक कविता आपके भीतर किस तरह शुरू होती है?

कविता के शुरू होने का कोई ख़ास नियम नहीं है। कभी-कभी वह बिल्कुल अपने अन्त से भी शुरू हो सकती है अपने प्रारम्भ की ओर बढ़त लेती हुई, या किसी अन्य अन्त को खोजती हुई! इसीलिए एक कविता कभी भी शायद उस तरह पूरी नहीं होती जैसे एक निबन्ध, कहानी, उपन्यास या नाटक। हमेशा एक अधूरेपन का एहसास छोड़ जाती है। कविता के सौन्दर्यशास्त्र का एक आयाम मुझे यह भी लगता है कि वह पूर्ण तृप्ति की नहीं, अधूरी तृप्ति की कला है! कि वह प्यास बुझाए भी और एक नई प्यास जगाए भी।

एक कवि के आत्मसंघर्ष की व्याख्या आप किस तरह से करना चाहेंगे?

कविता का आत्मसंघर्ष बहुत कुछ बाह्य संघर्षों का ही अन्तर्लोक है। 'धर्मक्षेत्रे कुरुक्षेत्रे समवेता युयुत्सव:' वाला रूप या रूपक। शुरू से ही *महाभारत* ने मुझे बहुत आकृष्ट किया। यह दिलचस्प है कि युद्ध से पहले *गीता* और युद्ध के बाद 'शान्ति पर्व' पूरी *महाभारत*—यानी पूरे महाजीवन—के सब से मार्मिक और द्वंद्वपूर्ण प्रसंग हैं। संजय उसका सब से मशीनी माध्यम है जो पूरे संघर्ष को हाशिए से देखता है, और साक्षी-भाव से दिखाता है। मैं कविता में इस

'देखने' को अतिरिक्त महत्त्व देता हूँ। *महाभारत* में भी इस देखने की कई पर्तें और कई स्तर हैं, उसी तरह कविता में भी। वह वेदव्यास की प्रत्यक्ष दृष्टि भी है और इतिहास-दृष्टि भी—जो *महाभारत* को जीती भी है और उसे रचती भी है। इतिहास और मौजूदा यथार्थ के साथ कविता के रिश्तों को भी कुछ-कुछ उसी तरह व्यास-दृष्टि से सोचना-समझना मुझे उत्प्रेरक लगता है। यानी जो सब हो रहा है उसमें होना भी, और उससे बाहर खड़े होकर उसे भी देखना और उस सब को देखनेवाले को भी देखना। एक बहुआयामी परिप्रेक्ष्य बनाने की कोशिश।

एक रचनाकार के रूप में आपके लिए सर्वाधिक आह्लाद के क्षण और सर्वाधिक हताशा की घड़ियाँ क्या हैं?

अपनी बातें जब सही-सही दूसरों तक पहुँचा पाता हूँ तो मुझे सन्तोष होता है। अकसर जो मेरे सब से निकट हैं उन्हीं तक अपनी बात सही-सही पहुँचा पाना सब से मुश्किल होता है क्योंकि तब शब्दों की ध्वनियाँ व्यावहारिकता के शोर में खो जाती हैं!

दुनिया में वह सब कुछ प्रचुरता से है जो हम सब को सुखी बना सकता है। जब मैं इस महान भौतिक, बौद्धिक और आत्मिक सम्पदा को आदमी की मूर्खता, दम्भ और लोलुपता से नष्ट होते देखता हूँ तो क्लेश होता है।

'अन्यथा' पत्रिका में प्रकाशित

नए कुछ का आकर्षण ख़त्म ही नहीं होता

महावीर अग्रवाल

हिन्दी बिरादरी से जो सम्मान आपको मिला है, वह बहुत कम कलमकारों को नसीब होता है। आप अपने सक्रिय और सार्थक जीवन के 75 वर्ष पूरा करने पर कैसा महसूस कर रहे हैं?

जो स्नेह और सम्मान मुझे हिन्दी साहित्य-समाज और मित्रों से मिला है उसके लिए मैं हृदय से हमेशा कृतज्ञ अनुभव करता हूँ। 21-22 वर्ष की आयु में जब मैंने हिन्दी में लिखना शुरू किया तो एक उत्साह था कि हिन्दी साहित्य और भाषा को बहुत आगे ले जाना है—विश्व के किसी भी अच्छे साहित्य के स्तर पर। संयोग से कुछ बहुत प्रबुद्ध पढ़ने-लिखने में रुचि रखने वाले अध्यापकों और मित्रों का संग मिला जिसने मेरे आत्मविश्वास को दृढ़ किया। परिवार की ओर से भी सुविधा मिली जिसके लिए मैं सबका आभारी हूँ। किन्तु उस समय किसी भी प्रकार के पुरस्कार (जो उस समय थे भी इने-गिने ही), यहाँ तक कि छपने की बातें भी दिमाग़ में नहीं थीं। केवल लिखने-पढ़ने का प्रबल शौक़ था।

आज कई प्रकाशक, पत्रिकाएँ और अनेकों छोटे-बड़े सम्मान, पुरस्कार आदि हैं। हालाँकि मैं मानता हूँ कि कोई भी लेखक पुरस्कारों के दबाव में नहीं लिखता। मुझे अक्सर लगता है कि राजनीति, ख़ेमे, दल वग़ैरह की बातों को ज़रूरत से कुछ ज़्यादा ही तूल दिया जाता है। यह दूसरी बात है कि नियमों के चलते कई बार बड़े लेखक भी पुरस्कारों से वंचित रहे। किन्तु इससे उनकी श्रेष्ठता में कोई अन्तर नहीं आया। आज का हिन्दी समाज इतना प्रबुद्ध है कि

वह केवल पुरस्कारों की चकाचौंध से प्रभावित न होकर अच्छे लेखन को परखना जानता है।

पचहत्तर वर्ष का हो गया हूँ; याद दिलाया जाता है तो मैं भी आश्चर्य में पड़ जाता हूँ कि क्या सचमुच हो गया हूँ? सच कहूँ तो मुझे नहीं लगा कि अब बस, बहुत हो गया। बहुत कुछ नया और जो पुराने लिखे हुए को छपवाना है उसे लेकर अभी भी उतना ही उत्साहित अनुभव करता हूँ जैसा पहले। लिखने के प्रति मेरी कोशिश जीवित है। आज पचास वर्ष के लेखन के बाद भी यह तकलीफ़ ज़रूर होती है कि शायद कोई बड़ा बदलाव लेखन के द्वारा समाज में नहीं आ पाया। साहित्य ज़मीनी तौर पर तो कोई बड़ा बदलाव नहीं ला सकता, किन्तु हमारी मानसिकता को दूसरों के प्रति अधिक संवेदनशील और सहिष्णु ज़रूर बनाता है—इसी विश्वास से हम लिखते हैं।

पिछले पाँच दशकों से आप सक्रिय हैं। भारतीय साहित्य में आपने लगातार श्रीवृद्धि की है। कविता, कहानी, आलोचना और ललित कलाओं पर लिखते हुए साहित्य और समाज को अपनी लेखनी द्वारा जो दिया है, उससे आप संतुष्ट हैं?

एक लेखक अपने लेखन से कभी भी पूरी तरह संतुष्ट नहीं होता। मैं वैसे भी अपने लेखन को लेकर शायद ज़रूरत से कुछ ज़्यादा ही संकोची हूँ—इसीलिए लिखने से ज़्यादा उसे छपवाना दुश्वार रहा है। काफ़ी कुछ अभी भी ऐसा लिखा पड़ा है जिसे छपाने का मन नहीं बना पा रहा हूँ। लिखता तो कई विधाओं में हूँ पर मन बार-बार कविता की ही ओर लौटता है। एक गहरा जुड़ाव और परिपूर्णता का अनुभव उस कविता के साथ भी होता है जो आज औरों द्वारा लिखी जा रही है और जो कल मेरे काम की अगली कड़ी की तरह होगी।

गोधरा कांड (गुजरात) और साम्प्रदायिक सद्भाव पर आपके विचार?

मुझको यह दुहराना पर्याप्त नहीं लगता कि गुजरात में जो जघन्य कांड हुआ वह ग़लत था, और हर प्रकार से निंदनीय। व्यक्तिगत रूप से मैं गुजरात में हुए रक्तपात और साम्प्रदायिक द्वेष की शुरुआत केवल गोधरा कांड से नहीं

(हालाँकि वह भी उतना ही जघन्य उन्माद था) बल्कि 1992 में हुए बाबरी मस्जिद के ध्वंस से मानता हूँ। विशेषकर उस घटना के बाद से ही यह उन्माद ज़ोर पकड़ता जा रहा है। इतिहास को, ख़ासकर भारतीय इतिहास को लेकर हमारे सोचने के ढंग में भारी विकृति है। दुनिया के कई ऐसे देश हैं जिनका इतिहास भारत की अपेक्षा कम पुराना और कम जटिल है—वे एक धर्म, एक भाषा, एक जाति, एक संस्कृति के मुहावरों में सोच सकते हैं। हमारा इतिहास तीन हज़ार साल से भी ज़्यादा पुराना है। इस बीच यहाँ अनेक जातियाँ बाहर से आती रहीं, यहाँ बसती रहीं और यहीं की हो गईं। यह एक ऐतिहासिक यथार्थ है जिसे हमें स्वीकार करना पड़ेगा, अन्यथा अलगाववाद को बढ़ावा देकर हम बुरी तरह छिन्न-भिन्न हो जाएँगे। हम ऐसा नहीं कर सकते कि अपने इतिहास के कुछ ही खंडों को चुनकर बाक़ी को ख़ारिज कर दें। यह एक मूर्खता से भरी कुचेष्टा होगी। हमें पूरे इतिहास से समझौता करना पड़ेगा, तभी हम एक राष्ट्र के रूप में बचे रह पाएँगे। विभिन्नताएँ हमेशा विरोधी ही नहीं होती हैं, उनका शांतिपूर्ण सह-अस्तित्व न केवल सम्भव है बल्कि कई मानों में जीवन को समृद्ध करता है। कलाएँ, साहित्य इसका उदाहरण हैं जहाँ जातिभेद, धर्मभेद कोई मानी नहीं रखता। भेदभाव और असहिष्णुता को बढ़ावा देकर हम अपनी एक अमूल्य अस्मिता और धरोहर को नष्ट कर देंगे। यह अधम कोटि की बर्बरता है जिसका शर्मनाक उदाहरण बाबरी मस्जिद का विध्वंस और गुजरात की घटनाएँ हैं। सामाजिक स्तर पर तो इसका विरोध होना ही चाहिए—हमारा संविधान और सरकारें भी देश के विभिन्न वर्गों की सुरक्षा के लिए वचनबद्ध हैं। वहाँ यदि कमी नज़र आती है तो सरकार की नीयत और योग्यता, दोनों पर शक की गुंजाइश बनती है।

'जीवेत शरदः शतम' की मंगलकामना के साथ हमारी जिज्ञासा है कि अपनी आकांक्षा और ऐसे सपनों के बारे में कुछ कहिए जो अभी अधूरे हैं।

आपकी मंगलकामना के लिए बहुत-बहुत धन्यवाद!

कविता जिस मन से लिखी जाती है वह मन कभी बूढ़ा नहीं होता—शायद कुछ उदासीन होता चला जाता है। कविता हमारी आकांक्षाओं और सपनों की भाषा है तथा हमारी हताशाओं और पीड़ाओं की भाषा भी। मैंने जीवन में जो

जाना और अनुभव किया उसे कविताओं में भी जिया—और उसे भी जो मैंने अपने और सबके लिए चाहा। मेरा मानना है कि हम सबके अन्दर एक कवि-मन होता है, अन्यथा कविताओं की दुनिया बेअसर होती। कविता लिखना मेरे लिए दूसरों के इस कवि-मन से एक अन्तरंग संवाद भी है। जहाँ तक आकांक्षाओं के पूरे होने का सवाल है, वे कब पूरी हुई हैं किसी की भी? ग़ालिब का वह शे'र हमेशा याद आ जाता है—*है कहाँ तमन्ना का दूसरा क़दम या रब...*

भविष्य की योजना के बारे में भी कुछ बताइए।

भविष्य की कोई निश्चित योजना नहीं। पुराना जो लिखा पड़ा है उसे समेटने चलता हूँ तो नए कुछ में उलझ जाता हूँ। यह 'नए कुछ' का आकर्षण ख़त्म ही नहीं होता कमबख़्त! फिर भी कोशिश रहेगी कि स्थगित काम जल्दी पूरे हों।

2002

जब तक जीवन है तब तक कविता है

मृणाल पाण्डे

असहमति को अवसर दो। सहिष्णुता को आचरण दो
कि बुद्धि सिर ऊँचा रख सके...
उसे हताश मत करो काइयाँ स्वार्थों से
हरा-हरा कर।
अविनय को स्थापित मत करो,
उपेक्षा से खिन्न न हो जाए कहीं
मनुष्य की साहसिकता।

इन पंक्तियों के लेखक, हिन्दी के बहुत महत्त्वपूर्ण हस्ताक्षर, वरिष्ठ कवि श्री कुँवर नारायण आज हमारे साथ हैं। कुँवर जी, आपका बहुत-बहुत शुक्रिया। आप हमारे वक़्त के उन बहुत कम कवियों में से हैं जिन्होंने बिना शोर-शराबे के, बिना किसी तरह की ऊँची आवाज़ के, अपने लिए एक प्रतिष्ठित जगह बनाई है। ज़ाहिर है कि यह आसान नहीं है इस युग में जबकि प्रचार और शोर करना, समीक्षा में अपनी चर्चा कराना, हिन्दी साहित्य का ही नहीं, सारे साहित्य का एक बहुत बड़ा अनुष्ठान बन चुका है। हम शुरुआत करते हैं कवि और वक़्त के रिश्ते से। कुँवर जी, आप वक़्त, इतिहास, कवि और रचनाकार के रिश्ते को किस तरह देखते हैं?

पहली बात कि 'वक़्त' की परिभाषा को ही मैं थोड़ा विस्तृत करना चाहूँगा। समय को मैं तत्काल से ही नहीं, बल्कि त्रिकाल से या कहना चाहिए कि सर्वकाल से जोड़ना चाहता हूँ। क्योंकि जिसे हम अतीत कहते हैं, वह पूरी तरह

से कभी व्यतीत नहीं होता, उसका बहुत बड़ा हिस्सा हमारे आज के जीवन में चला आता है—हमारे आचरण में, हमारे सोच-विचार में, एक-दूसरे से हमारे व्यवहार में। उसकी जड़ें कहीं हमारे अतीत के अनुभवों में ही होती हैं। इस नाते समय के आयाम को विस्तृत करने के लिए कहीं हमें अपने इतिहास में, कहीं मिथकों में, अपने पुराने अनुभवों-वृत्तान्तों में, इन सब जगहों में विचरण करना पड़ता है; तब वहाँ से हम उन रिश्तों को ढूँढ़ पाते हैं जो आज भी हमारे व्यवहार को प्रभावित करते हैं। मैंने हमेशा लिंक्स ढूँढ़ने की कोशिश की है। जब भी मैं अतीत में गया हूँ, तो उसमें खो नहीं गया हूँ; वहाँ के गली-कूचों से, साधारण जीवन से, मैंने बहुत कुछ अपने साथ लाने की कोशिश की है।

कुँवर जी, आपने इतिहास को कालातीत धारा से जोड़ने की बात की है। आज हम देख रहे हैं कि साहित्य में इतिहास को बहुत स्थूल, बहुत मोटे अर्थों में लिया जा रहा है। बहुत से ऐसे लेखक हैं जो इतिहास का कोई एक खंड उठा लेते हैं और उसको बिलकुल ज़बरदस्ती अपनी कविता के बीच में एक तरह से स्थापित करते हैं लेकिन उसका कोई रिश्ता बन नहीं पाता है। आपकी जो परम्परा है, इसमें एक और नाम ख़याल में आता है विजयदेव नारायण साही का। साही जी आपके बहुत अच्छे मित्र थे। उनके साथ अकसर कविता पर आपकी बातचीत होती रहती थी। साही जी की कविता के 'समय' में, आप किस तरह से तात्कालिकता या अपना वक़्त मौजूद पाते हैं?

अभी समय की बात हुई, उस पर बताता हूँ। देखिए, जब भारत आज़ाद हुआ तो वह एक ऐसा समय था जब साही से, श्रीकान्त से, कई अन्य कवियों से भारतीय अतीत को लेकर काफ़ी बात होती रहती थी कि इसका एक बहुत बड़ा हिस्सा हमने जैसे देखा ही नहीं, छुआ ही नहीं, जाना ही नहीं है। जबकि हमारे साहित्यों और कलाओं में, हमारे इतिहास में इतनी अथाह सम्पदा पड़ी हुई है : लेकिन हमारी जानकारी केवल पाठ्यपुस्तकों तक सीमित है।

क्या इसकी कोई वजह यह हो सकती है कि औसत भारतीय मन में उत्सुकता बहुत कम होती है? यानी अपना एक छोटा-सा कालखंड देख

लेते हैं और उसी में कुएँ के मेढक की तरह टर्राते रहते हैं, लेकिन अपने वक़्त से उठकर दूसरे देश की ओर, दूसरे समय-खंडों की ओर देखने की इच्छा कम है।

एक कारण यह हो सकता है कि बौद्धिक आलस्य शायद थोड़ा हो हम लोगों के स्वभाव में। लेकिन इससे बहुत फ़र्क़ इसलिए नहीं पड़ता कि गिनी-चुनी ही ऐसी प्रतिभाएँ होती हैं जो कोशिश करती हैं कि वो ज़्यादा से ज़्यादा बड़े कालखंड और स्पेस को अपनी कविता में समेट सकें। उनका ही कृतित्व है जो हमारे सामने बाद में एक प्रमाण की तरह आता है। जैसे मैं कबीर का ही उदाहरण लेना चाहूँगा, क्योंकि इस समय उनका काफ़ी नाम लिया जाता है। कबीर घुमक्कड़ कवि थे। हमारे यहाँ एक बहुत बड़ी परम्परा रही है घुमक्कड़ कवियों और उपदेशकों की। कुछ तो थे जो राज दरबारों में रहे, एक जगह रहकर उन्होंने रचनाएँ कीं। कुछ थे जिन्होंने अलग कुटिया बनाकर, एकान्त में रहकर काव्य-रचना की। कुछ ऐसे भी थे जो बराबर लोगों के बीच घूमते रहते थे। यह एक तरीक़ा था अपने काव्य-बोध को विस्तृत करने का, और केवल काव्य-बोध ही नहीं, समय और स्थान-बोध को, भाषा को भी विस्तृत करने का। कबीर का उदाहरण मैंने इसीलिए लिया कि ये जहाँ भी जाते थे, वहाँ की भाषा के शब्द अपनी भाषा में शामिल कर लेते थे। इससे एक ख़ास तरह की समृद्धि उसमें आई। आज हम सम्प्रेषणीयता की बात करते हैं। कबीर इतना घूमे लेकिन हर जगह उनको सम्प्रेषणीयता की कोई समस्या नहीं थी। उनका तरीक़ा यह था कि वहाँ के स्थानीय लोगों को अपने झुंड में शामिल करते थे। वे लोग जो वहाँ की भाषा अच्छी तरह से जानते थे, कबीर उनकी भाषा के साथ एक घाल-मेल बनाकर अपने ढंग की सधुक्कड़ी भाषा बना लेते थे।

मैं यहाँ पर लोभ संवरण नहीं कर पा रही हूँ। कबीरदास पर एक कविता आपने लिखी है, वह एक तरह से हमारे वक़्त और कबीर, दोनों पर एक रोचक टिप्पणी है। मैं अपने दर्शकों को कुछ पंक्तियाँ पढ़कर सुना दूँ :

आजकल / मगहर में रहते हैं कबीरदास... / यदा-कदा दिख जाते फ़क़ीरों के भेस में / कभी अनमने-से साहित्य-समाज में / सब

कहते— / सह नहीं सके जब / जग की उलटबाँसी, / छोड़ दिया कासी / आजकल कम ही लौटते हैं वे / अपने मध्यकाल में, / रहते हैं त्रिकाल में

ये जो पंक्तियाँ हैं, *आजकल कम ही लौटते हैं वे / अपने मध्यकाल में / रहते हैं त्रिकाल में*, इनमें मुझे कबीर की तरह ही एक अद्‌भुत स्टकाटो रिदम (staccato rhythm) मिलती है। कबीर की तरह आपकी भी काफ़ी यायावर वृत्ति रही है, आपके मित्र अज्ञेय जी भी यायावर वृत्ति के रहे हैं। कुछ समकालीन कवियों में भी यायावर वृत्ति रही है। एक रोचक बात मैं और देखती हूँ कि भाषा के मामले में आपने भी, साही जी ने भी या अज्ञेय ने भी अंग्रेज़ी और हिन्दी का भेद एक तरह से मिटा दिया और दोनों ही भाषाओं में संचरण किया। आपने भी अंग्रेज़ी साहित्य पढ़ा, विजयदेव नारायण साही और अज्ञेय ने भी। लेकिन भाषा को लेकर हिन्दी में एक बड़ा घटाटोप है कि भाषा अगर अंग्रेज़ी के पास गई तो बिगड़ जाएगी। चाहे पत्रकारिता की भाषा हो या साहित्य की भाषा, उसको बिलकुल बचा कर रखना है, एक असूर्यंपश्या स्त्री की तरह। इस पर आपकी क्या राय है?

नहीं, मैं ऐसा नहीं मानता हूँ। जैसे-जैसे मैं हिन्दी को थोड़ा-बहुत ज़्यादा इस्तेमाल करता गया, मुझे हमेशा लगता रहा कि यह बहुत ही समृद्ध भाषा है। इसकी जो धरोहर है, वह बहुत समृद्ध है। एक ओर वह संस्कृत, पालि, प्राकृत, अपभ्रंश होती हुई बोलियों तक आयी है। दूसरी परम्परा तुर्की, अरबी और फ़ारसी की है। वहीं मैं हाशिए में ही सही, तीसरी परम्परा अंग्रेज़ी साहित्य की मानता हूँ। इसे हमेशा एक रिसोर्स की तरह इस्तेमाल करना चाहता हूँ।

दूसरे शब्दों में कहें तो हिन्दी एक महाकटोरा है, 'कैचमेंट एरिया' है...

बिलकुल। इसके पीछे हज़ारों साल का इतिहास है। हज़ारों तरह के लोग अपनी भाषाओं, अपनी संस्कृतियों, अपने धर्मों के साथ यहाँ आए। यहाँ घुल-मिलकर रहे। हम लोग हमलावरों के इतिहास को तो सोचते हैं, राजवंशों के इतिहास को तो सोचते हैं : लेकिन कभी इन साधारण लोगों को, जो आए यहाँ, उनमें से कुछ बस गए, कुछ लौट गए, इन सबके इतिहास को नहीं सोचते हैं। यह

नहीं सोचते कि एक बहुत समृद्ध भाषा और संस्कृति के रूप में ये अपने साथ क्या लाए, जिसे आज अलग करना हमारे लिए मुश्किल हो गया है।

आप हिन्दी के कम लेखकों में हैं जिन्होंने भारत आए हुए विदेशियों के यात्रा-वृत्त पढ़े हैं। उनमें क्या महत्त्वपूर्ण आपको दिखाई देता है?

उनकी दृष्टि। जब वे अपने देश को छोड़कर भारत आये, तो यहाँ आम सन्दर्भों में उनकी दृष्टि और अनुभव दिलचस्प हैं। मैं एक उदाहरण लूँगा। एक ज़माने में मानूची के संस्मरण मुझे पढ़ने को मिले, *स्तोरिया दो मोगोर*। मार्को पोलो की तरह ये भी वेनिशियन थे और भारत आए। और यहाँ शाहजहाँ के वक़्त में उनके 'कोर्ट फ़िज़िशियन' बन गए। इसका अद्भुत वृत्तान्त है। वे पेशेवर डॉक्टर नहीं थे। उन्हें कोई अनुभव ही नहीं था, वो ख़ाली बन्दूक़ चलाते थे। फिर भी वे स्वीकृत हुए। यदि आप इनके वृत्तान्त पढ़ें, तो किस तरह से स्वीकृत हुए, इसकी बड़ी दिलचस्प कहानी है। संक्षेप में यह कि वे कहीं ठहरे हुए थे। उस ज़माने में एक विश्वास यह था कि जितने भी सफ़ेद चमड़ी के या यूरोप के लोग होते थे, वे या तो तुफ़ंगची (बन्दूक़ चलाने वाले, आर्म्स के बारे में जानकारी रखने वाले) होते थे या डॉक्टर होते थे। एक बार रात में शाहजहाँ की एक बेगम के पेट में दर्द हुआ। किसी ने कहा कि भाई किसी डॉक्टर को ढूँढ़ो। फिर ये पकड़ में आ गए। रात का वक़्त था, ग्यारह बजे का। इनको लोग पकड़ के ले गए।

गोरे थे तो वे डॉक्टर होंगे ही...

ये कहे जाएँ कि भई मुझे कुछ नहीं मालूम। डॉक्टर मैं नहीं हूँ। वहाँ जाने के बाद इन्होंने नब्ज़ देखी। कहा गया कि आप दस मिनट के अन्दर इनका इलाज कीजिए। मानूची लौटकर आये। मेडिकल की कोई पुरानी किताब पड़ी हुई थी उनके पास, उसको उलटना-पुलटना शुरू किया। वह कहते हैं कि मुझे कुछ समझ में नहीं आ रहा था। कहीं एक जगह पर्गटिव (विरेचक) की कोई दवा मुझे मिल गई। तो मैंने बेगम साहिबा को जुलाब हैवी डोज़ में दे दिया और उसके बाद अपना सामान लेकर भागा। इस डर से कि बेगम बचेंगी भी कि नहीं। लेकिन इत्तिफ़ाक़ से वह ठीक हो गईं। फिर इनके पीछे लोग दौड़ाए गए कि भई वह तो अच्छा डॉक्टर है, उसको पकड़कर लाओ। सूरत के पास ये

पकड़ में आए। वहाँ से फिर दिल्ली लाए गए और उन्हें शाही हकीम नियुक्त कर दिया गया। उसके बाद मानूची लिखते हैं कि मैं थोड़ा-बहुत पढ़ता रहता था, लेकिन हमेशा बहुत नर्वस रहता था कि अगर कहीं कुछ हादसा हो गया तो मेरी तो जान चली जाएगी।

इस तरह इतिहास के जो बाईलेंज़ हैं, उनमें अगर आप जाइए तो ऐसी अद्‌भुत सामग्री मिलती है। आज आप जिस सबाल्टर्न हिस्ट्री (subaltern history) की बात करते हैं, उसके लिए भी यह ज़रूरी है। आम लोगों ने किस तरह से इतनी बड़ी-बड़ी सल्तनतों को देखा, इसके वृत्तांत मुझे बड़े दिलचस्प लगते हैं। वहाँ मुझे कहीं न कहीं ह्यूमन नेचर भी देखने को मिलता है, इस रूप में कि आदमी की जो प्रवृत्तियाँ और प्रकृति है वह आज भी हज़ारों सालों में बहुत कम बदली है। उनसे ऐसे संकेत और सूत्र मिलते हैं जिनसे आज हम अपने को समझ पाने में आसानी महसूस करते हैं। लेकिन इसके उलट अगर बादशाहों का इतिहास पढ़िए तो यह बात नहीं मिलेगी।

वह आतंकित करती है और यह हमें अपने साथ लेकर चलती है। इतिहास की भूली-बिसरी, धूल-धूसरित गलियों, गलियारों में हमें जनता की असली राय के दर्शन होते हैं। आप गपोड़ियों के अप्रतिम शहर लखनऊ से आते हैं। वहाँ आपके साहित्यिक मित्रों की काफ़ी बड़ी बिरादरी थी। इसके बारे में बातचीत भी होती रहती होगी। लखनऊ शहर को आप कैसे देखते हैं? उसमें इतनी परतें हैं, इतिहास और समकालीनता की, फिर आज का जो लखनऊ है, उसके बारे में आपकी कुछ टिप्पणी...

एक तो मुझे ऐसा लगता रहा कि लखनऊ शहर हमेशा ही गुज़िश्ता लखनऊ रहा है। उसकी जो मौजूदा सूरत, या चरित्र है वह कभी भी बहुत साफ़ नहीं रहा। शायद काफ़ी बड़ी ज़िन्दगी उसकी रही है। मेरे साथ कई लेखकों की यादें हैं। अमृतलाल नागर के साथ बैठने पर लगता था जैसे सचमुच एक उपन्यासकार के साथ बैठे हुए हैं और कहानियाँ सुन रहे हैं। यशपाल जी हैं, भगवती बाबू, शिवानी जी हैं। उन लोगों के साथ उठना-बैठना होता रहता था। मुझे हरेक लेखक की अपनी एक दुनिया नज़र आती थी। नागर जी के यहाँ जाइए तो लगता था आप किसी दूसरी दुनिया में विचरण कर रहे हैं, यशपाल जी के यहाँ आते थे

तो बहुत कुछ मार्क्स का आग्रह और कुछ थोड़ी दूसरी तरह की दुनिया बनती थी। भगवती बाबू की दुनिया बिलकुल अलग तरह की थी। मुझे यह सब बड़ा दिलचस्प लगता था कि हम सिर्फ़ एक लेखक के बाहरी चरित्र या आचरण को नहीं देखकर उसकी दृष्टि को देखें कि वह कहाँ और कैसे चीज़ों को देख रहा है। वही ज़िन्दगी हम जी रहे हैं, वही ज़िन्दगी वह देख रहा है। लेकिन चार आदमी चार तरह से उसको देख रहे हैं। मुझे लगा कि लखनऊ जैसे शहर में शायद यह ज़्यादा सम्भव है।

आपकी कविता 'लखनऊ' के कुछ अंश दर्शकों को सुनाना चाहेंगे :

किसी नौजवान के जवान तरीक़ों पर त्योरियाँ चढ़ाये / एक टूटी आरामकुर्सी पर / अधलेटे / अधमरे बूढ़े-सा खाँसता हुआ लखनऊ / कॉफ़ी-हाउस, हज़रतगंज, अमीनाबाद और चौक तक / चार तहज़ीबों में बँटा हुआ लखनऊ... ग़म पीते हुए और ग़म खाते हुए— / ज़िन्दगी के लिए तरसते कुछ मरे हुए नौजवानों वाला लखनऊ... अपनी सरपट दौड़ती अक़्ल को / किसी बे-अक़्ल की समझ के छकड़े में जोतकर / हज़रतगंज की सड़क पर दौड़ा-दौड़ाकर थकाया, / ख़्वाहिशों की जगह बहसों से काम चलाया / और शामे-अवध को शामते-अवध की तरह बिताया

लखनऊ का अपना एक रंगीन मिज़ाज है, उसकी अपनी एक ख़ास भाषा है, लेकिन आज का लखनऊ एक राजनीति का केन्द्र बन गया है, जहाँ पर धुर राजनीति हो रही है, तमाम पार्टियों के छकड़े जुते हुए चले आ रहे हैं, जोड़-तोड़ हो रहे हैं, जागीरदारियाँ ख़रीदी-बेची जा रही हैं, उस लखनऊ के बारे में...

एक प्रसंग मुझे याद आता है। मैं जब कुछ दिनों केम्ब्रिज रहा तो वहाँ मुझे लखनऊ बहुत याद आया। जब दिल्ली रहता हूँ तो इतना लखनऊ नहीं याद आता है। लेकिन मुझे लगा कि अगर केम्ब्रिज या ऑक्सफ़र्ड जैसा एक शहर अपनी इस सांस्कृतिक विरासत को, अपनी तहज़ीब, अपने तमद्दुन को सैकड़ों साल इस तरह बचाए रख सकता है तो क्या वजह है कि हम लोगों ने अपने इन शहरों को नहीं बचाया जो सचमुच ही एक ख़ास तरह की तहज़ीब का

नमूना रहे हैं। हमारे समय में तो थे ही, आज भी मुझे लगता है कि लखनऊ में अनेक अकादमिक संस्थान होंगे। कम से कम ग्यारह-बारह तो मैं अभी ही गिना सकता हूँ। कभी भी हम लोगों ने नहीं सोचा कि जहाँ तिब्बिया कॉलेज, आई टी कॉलेज, लखनऊ विश्वविद्यालय हो वहाँ इस विरासत को बचाने के लिए हम कभी क्यों नहीं सचेत रहे। ये ऐसी निधियाँ हैं हमारे पास कि इनको किसी भी क़ीमत पर खोना नहीं चाहिए। हम लापरवाह रहे हैं। आज भी लगता है कि हम अपनी इस विरासत को लेकर पूरी तरह से सतर्क नहीं हैं। उसे नष्ट भी करते हैं और नष्ट हो जाने भी देते हैं। यह जो एक दोहरी तरह की लापरवाही मुझे लखनऊ में लगी, वह कष्टप्रद है।

अब तो नई ग्लोबलाइज़्ड संस्कृति भी लखनऊ में तेज़ी से आ रही है। आज से क़रीब दस साल पहले रघुवीर सहाय जी ने मुझसे कहा था कि तुम अगर लखनऊ जाओगी तो देखोगी कि वहाँ जो पुरानी इमारतें हैं, जो ऐतिहासिक बढ़िया इमारतें हैं उनका लगातार क्षरण हो रहा है। लेकिन जो नई-नई क़िस्म की लक़दक़ चीज़ें हैं, वो बढ़ती जा रही हैं। इस पर आपकी क्या टिप्पणी है? क्या ये सारा नया बुरा ही है लखनऊ के लिए?

नहीं, ऐसा नहीं है। बहुत-से लोगों ने नये के साथ एक समझौता किया है। उसको भी नई तरह से किया जाना चाहिए। मेरा यह मानना नहीं है कि हम पुरानी चीज़ों से चिपके रहें, अतीत में खोये रहें या उसकी ग्लैमराइज़्ड तस्वीर प्रस्तुत करते रहें। मैंने कविता में इस बात का संकेत भी किया है कि क्या हम अभी भी उन्हीं ज़मानों में रह रहे हैं जहाँ पर हमें क़ुतुब की ऊँचाई प्रभावित करती है! इस तरह के कई सन्दर्भ आते हैं और मेरा मानना है कि आज और आज से पहले के दिनों से कई स्तर पर समझौते हो सकते हैं। समझौते से मेरा मतलब यह नहीं कि हम आज को डिनाइ कर दें, बल्कि उसको पूरी तरह से स्वीकार करते हुए भी एक समृद्ध और वृहत्तर समय-बोध में जी सकते हैं। इसको मैं बहुत महत्त्व देता हूँ।

जैसा कि आपने कहा, इतनी सारी संस्थाएँ लखनऊ जैसे शहरों में मौजूद हैं। दिल्ली में भी हैं। लेकिन जो अकादमिक क्षेत्र है हमारा, जहाँ से नए

विचार निकलते हैं, वह उतना उर्वर नहीं है अब। एक ज़माने में, साठ के दशक तक, यूनिवर्सिटी कैंपस सबसे जीवंत बहस और सबसे गरमागरम शिरकत का एक अनिवार्य हिस्सा हुआ करते थे। आज कैम्पस में आप चले जाइए तो वहाँ पी.ए.सी. जवानों की लुंगियाँ और कुरते सूखते हुए नज़र आते हैं। इमारतें छावनियों में तब्दील हो गई हैं, अकादमिक बहस और अकादमिक आलोचना दोनों का स्तर शोचनीय है। आपकी क्या राय है?

आपने बहुत सही बात कही और एक दुखती रग पर अँगुली रखी है। क्योंकि मैं लखनऊ विश्वविद्यालय में उस समय पढ़ा जब आचार्य नरेन्द्र देव वहाँ के वाइस चांसलर थे। प्रो. राधाकमल मुखर्जी, प्रो. राधाकुमुद मुखर्जी, प्रो. डी.पी. मुखर्जी, सिद्धान्त साहब जैसे लोग हमारे टीचर्स थे। और आपको बतलाऊँ कि मैं था अंग्रेज़ी साहित्य का छात्र, लेकिन अपनी क्लास कट करके जाता था प्रो. डी.पी. मुखर्जी या प्रो. अय्यर या प्रो. राधाकमल जी के लेक्चर्स सुनने। कभी-कभी सिद्धान्त साहब पूछते थे कि तुम क्लास में क्यों नहीं थे, तो मैं साफ़ कह देता था कि मैं उनका लेक्चर सुनने गया था। वे बहुत ख़ुश होते थे। और इन लोगों की जो निष्ठा थी, साहित्य के लिए, संस्कृति के लिए और कलाओं के लिए, वह बहुत प्रभावित करती थी। प्रो. डी.पी. मुखर्जी अर्थशास्त्र के प्रोफ़ेसर थे, लेकिन संगीत में उनकी पकड़ इतनी पक्की थी कि उस पर उनको सुनना एक सुखद अनुभव होता था। प्रो. अय्यर हमको फ्रेंच पढ़ाते थे लेकिन जब भी वह संस्कृति पर और भाषाओं पर बोलते थे, अद्भुत बोलते थे। ये लोग समर्पित लोग थे। यह एक समृद्ध चीज़ मुझे अपने विश्वविद्यालय में मिली, जो निश्चित रूप से आज नहीं मिलती है।

इलाहाबाद विश्वविद्यालय में भी यही स्थिति थी। हम लोग अंग्रेज़ी विभाग में थे। हमको फ़िराक़ साहब पढ़ाते थे, पी.सी. गुप्ता पढ़ाते थे। हमको पढ़ाते थे प्रो. आर.एन. देव, जो समकालीन कला के बारे में बहुत अच्छी जानकारी रखते थे। अंग्रेज़ी विभाग के लोग हिन्दी में लिखें और हिन्दी विभाग के लोग अंग्रेज़ी साहित्य की जानकारी रखें—यह एक सहज चीज़ मानी जाती थी। लेकिन आज यह जो अलगाव है, या

कहिए कि दीवारें खड़ी हो गईं, इसकी क्या वजह आपको लगती है?

मुझे लगता है कि इसके लिए बहुत कुछ राजनीति भी ज़िम्मेदार है। राजनीति में एक अजीब तरह की अस्थिरता है। आमतौर पर कहा जाता है कि राजनीति में भ्रष्टाचार हैं, तरकीबी लोग राजनीति में भरे हुए हैं। लेकिन फिर भी आप देखिए कि कोई भी 'रेजीम' होती है, वह स्थिर नहीं हो पाती है। इस अस्थिरता का असर दूसरे रूपों में हमारे जीवन के ऊपर भी पड़ता है और उसमें भी कहीं न कहीं अस्थिरता आती है। मुझे लगता है कि जितने भी हमारे अकादमिक संस्थान हैं, इनको जब तक इस तरह की राजनीतिक अस्थिरता से थोड़ा दूर नहीं रखा जाएगा, तब तक ये अपना काम पूरी तरह से नहीं कर पाएँगे।

पर कुँवर जी, अस्थिरता और राजनीति की पैठ तो तब भी कैम्पस में थी। मसलन साही जी का ज़िक्र आपने किया। साही जी तो लोहिया जी के अटूट अनुयायी थे और उनके साथ उनका गहरा साथ था। लोहिया जी अकसर आया करते थे कैम्पस और जोशीली तक़रीरें भी दिया करते थे। हम लोग सहमत हों या न हों, लेकिन उनको सुनने ज़रूर जाया करते थे। लेकिन साही की कविताओं में जो राजनीति है, या कहिए कि बाद में श्रीकान्त वर्मा की कविताओं में जो राजनीति है, वह निखर करके आयी है। उसके बारे में आपकी क्या टिप्पणी है?

जिन्हें आप उस समय के राजनीतिज्ञ कह रही हैं—जैसे राममनोहर लोहिया या आचार्य नरेन्द्र देव या आचार्य कृपलानी—ये राजनीतिज्ञ से पहले बहुत बड़े स्कॉलर्स थे। इनके साथ बैठना, बात करना एक उपलब्धि होती थी। मैं समझता हूँ कि मुझे जो बौद्ध धर्म में, समाजवाद में रुचि हुई, वह बहुत कुछ आचार्य नरेन्द्र देव की वजह से हुई। डॉक्टर लोहिया वग़ैरह मेरे निकट के लोगों में से थे। इनसे ख़ूब बहसें होती थीं। यानी झगड़े की सीमा तक बहसें होती थीं। कितने विजिलेंट होकर ये लोग बात करते थे। इतिहास के कितने अच्छे जानकार थे डॉक्टर लोहिया। मुझे अभी भी याद है कि कॉफ़ी हाउस में बैठे हुए एक बार 'फ्रेंच रेवोल्यूशन' के ऊपर बातें हो रही थीं, उन्होंने कहा कि फ्रेंच रेवोल्यूशन ग़लत 'पैराडाइम' है हमारे लिए। हमारे यहाँ वैसा रेवोल्यूशन नहीं हो सकता, जब तक कि एक दूसरे तरह की अवेयरनेस अपने बारे में नहीं होती है। इस तरह के विदेशी

उदाहरणों को लेकर हमें अपने आप को समझने में दिक़्क़त होती है। एक बहुत अच्छी बात कही थी उन्होंने। मैंने उनसे यह भी पूछा था कि आपने जो कृष्ण के ऊपर या भारतीय अतीत पर लिखा है, इसको कैसे आप रेकन्साइल करते हैं?

सीता और द्रौपदी पर उन्होंने बहुत सुन्दर, सारगर्भित लिखा है।

डॉक्टर साहब ने कहा था कि इसको इंटिग्रेट करना पड़ेगा। इतनी बड़ी मासेस (masses) के अन्तर्मन में बसे हुए हैं ये बिम्ब। इन्हें हम एकाएक निकाल नहीं दे सकते।

बातचीत हो रही है साहित्य और राजनीति, राजनीति और साहित्य के रिश्ते पर, हमारे वक़्त में राजनीति के बदलते स्वरूप पर भी। राजनीति के स्वरूप की परछाईं हर जगह पड़ती है देर-सवेर। समाज में भी पड़ती है, लेखन में भी पड़ती है। रचनात्मक लेखन में, अगर सशक्त लेखक है तो उस राजनीति को देखते हुए भी, उसका भोक्ता होते हुए भी जब वह लिखता है तो उससे ऊपर उठकर लिखता है। और इस तरह के कुछ लोगों में से थे श्री विजयदेव नारायण साही और स्वर्गीय श्री श्रीकान्त वर्मा। लेकिन एक चीज़ आजकल हम देख रहे हैं कि हमारे यहाँ सब कुछ स्याह और सफ़ेद में ही डिस्क्राइब करने का बहुत दबाव अकादमिक क्षेत्रों से और सामान्य क्षेत्रों से भी बढ़ रहा है। आपकी एक कविता भी है 'काला और सफ़ेद':

> ***सिर्फ़ दो ही रंग होते हैं / शब्दों की दुनिया में / काला और सफ़ेद। / दरअसल काला तो कोई रंग ही नहीं / और सफ़ेद भी / होता है कई रंगों से मिलकर बना / एक तटस्थ रंग / लेकिन काले का घोर प्रतिवादी / और यही उसकी ताक़त है***

कुँवर जी, आपने एक बहुत महत्त्वपूर्ण बात अभी हाल में कही थी 'गवाही' को लेकर। कबीर का जो शब्द है 'साखी', जो कि साही जी के कविता-संग्रह का टाइटल भी है। शायद आपने पहले *साक्षी* कहने के लिए आग्रह किया था। [कुँवर नारायण : हाँ, मैंने कहा था, फिर उन्होंने *साखी* रखा।] **तो यह जो अपने समय का साक्षी कवि होता है, आपके तईं इसका क्या अर्थ है?**

मैं इसको बहुत महत्त्वपूर्ण बात मानता हूँ। एक उदाहरण से अपनी बात पुष्ट

करूँगा। जब द्वितीय महायुद्ध छिड़ा, नाज़ी जर्मनी के आतंक से पूरा यूरोप काँप गया। बहुत-से ऐसे लेखक थे जो सीधे टक्कर में नहीं आए। वे या तो निर्वासन में चले गए या भूमिगत हो गए। और वहाँ उन्होंने लिखा और देखा कि क्या हो रहा था चारों तरफ़। बाद में जब उनका साहित्य छपा तो हमें पता लगा। जैसे रूज़ेविच का एक उदाहरण है, ज़्बीग्न्येव हेर्बेर्त हैं, शिम्बोर्स्का हैं पोलिश के। इन्होंने पूरे आतंक को देखा। लेकिन उससे अलग रहकर एक साक्षी भाव से सब कुछ अपनी कविताओं में रिकॉर्ड किया। मैं समझता हूँ कि एक कवि हमेशा अपने समय से ज़्यादा बड़े समय में जीवित रहता है। अगर वह शहीद हो जाता है, विल्फ्रेड ओवेन या लोर्का की तरह, तो शायद उसकी बात अलग तरह से पहुँचती है।

उनकी मृत्यु से जुड़कर मिथ बन जाती है?

जी। लेकिन एक कवि की पूरी चेष्टा यह होती है कि वह जिन अनीतियों को, कुरीतियों को देख रहा है, उनका साक्षी होकर उन्हें हमारे सामने रखे, ताकि वे हज़ारों सालों तक आदमी के लिए एक प्रमाण की तरह काम दें। गैलीलियो से जब कहा गया कि आप जो बात कह रहे हैं, आपकी जो सच्चाई है, उसको 'रिनाउन्स' कीजिए; तो उसने कहा कि ठीक है, आप जैसा कहते हैं सही है, मैं उसको रिनाउन्स करता हूँ। तो ब्रेख़्त के एक नाटक में एक लड़की भीड़ से चिल्लाती है "Unhappy the land that has no heroes." इस पर वह जवाब देता है कि "Unhappy the land that is in need of heroes." बात यह है कि शहादत अपनी जगह ठीक है, लेकिन एक कवि का काम सबसे पहले यह है कि वह एक दस्तावेज़ी बयान भी छोड़ के जाए।

शहीद होने में अपनी सारी ताक़त न झोंके।

हाँ। क्योंकि लड़ने के लिए तो तमाम सिपाही हैं। लेखकों को अपनी इस जगह को समझना ज़रूरी है।

यहाँ पर हम फिर लौटकर आते हैं कबीर पर, क्योंकि कबीर का आग्रह है दुनिया को कस के जकड़े रहने का और फिर भी त्रिकालदर्शी बने

रहने का। आपने अपनी कविता में कहा है, *आजकल कम ही लौटते हैं वे / अपने मध्यकाल में / रहते हैं त्रिकाल में*। कबीर का ये जो भाषा का विखंडन है, उलटबाँसियाँ हैं, इस पर आपकी टिप्पणी।

देखिए, कबीर में जो सबसे बड़ी बात है और जिसके लिए उनका उदाहरण लिया जाना चाहिए, वह है सर्वाइवल। एक ऐसे समय में इतना मुँहफट कवि, जिसको कोई प्रोटेक्शन नहीं था, किस तरह से अपने को बचाए रख सका! उनकी दूसरी विशिष्टता है, सहिष्णुता और कम्पैशन।

कबीर का एक और गुण है जो आपने पकड़ा है, कबीर की परिहास कला। अपने पर हँस सकने की कला। एक ब्लैक ह्यूमर जैसे, *भला हुआ मोरी गगरी फूटी, मैं पनिया भरन से छूटी*। यह अपनी दुर्गति पर हँसने की या उससे अनुप्राणित हो सकने की एक अद्‌भुत क्षमता है उनमें। बहरहाल लौटते हैं कबीर की भाषा के विखंडन पर। आपने उसका काफ़ी अध्ययन किया है।

मैं इसको इस तरह से देखता हूँ कि एक कवि या कलाकार सामाजिक चेतना को सीधे सम्बोधित करता है। राजनीति के मार्फ़त नहीं या अर्थशास्त्र के माध्यम से नहीं, जैसा कि आज हो रहा है। वह बराबर अपने को सामाजिक चेतना का चौकीदार मानता है, साक्षी मानता है। जब तक यह लिंक नहीं देखेंगे, नहीं समझेंगे। और यह लिंक सबसे मज़बूत भाषा के माध्यम से होता है। भाषा अभी भी हमारे हाथ में है। साहित्य की सबसे बड़ी ताक़त उसकी भाषा है। कबीर की सबसे बड़ी ताक़त उनकी भाषा थी।

इसके लिए उन्होंने अपने समय की भाषा को तोड़ा भी है।

जी। तोड़ा भी है, भ्रष्ट भी किया है। लोगों ने यह शिकायत भी की है। मीर के साथ भी यही हुआ था कि उनसे लोगों ने शिकायत की कि साहब आप तमाम देशज शब्द ले आए हैं उर्दू में, आप तो उर्दू ही चौपट कर देंगे। तो मीर ने एक बड़ा अच्छा शे'र कहा था, *अव्वल तो मैं सनद हूँ फिर ये मिरी ज़बाँ है*। व्याकरण आप बनाइए। मैं तो कवि हूँ। मैं जो भाषा बनाऊँगा, वही मेरी

प्रामाणिक भाषा होगी। कबीर को भी इसकी परवाह नहीं थी। उनको अपनी बात कहनी थी और सीधे सामाजिक चेतना को बचाना था। आप सोचिए कि कहीं इसका उदाहरण आपको नहीं मिलेगा कि एक हज़ार साल तक हमारे देश को जिस सूत्र ने बाँधे रखा, वह भक्ति कविता थी। राजनीति तो बिलकुल उच्छृंखल और छिन्न-भिन्न थी, उसमें ताक़त ही नहीं थी।

आज भी आप चले जाइए निज़ामुद्दीन की दरगाह से लेकर कहीं मध्य प्रदेश तक, कबीर गाने वाले लोग आपको हर जगह मिल जाएँगे।

बिलकुल। आप इसमें कला की ताक़त देखिए, संगीत की ताक़त को देखिए कि किस तरह से इसने इतने बड़े जनसमुदाय को बाँधे रखा। यह केवल राजनीति और अर्थशास्त्र से सम्भव नहीं है। यह कहीं हमारे मनुष्य होने की सबसे बुनियादी शर्त है जिसको इन कलाओं ने पकड़ा।

अच्छा, एक चीज़ हमारे यहाँ देखी जाती है कि गेय कविता, या कहा जाए वाचिक परम्परा की जो कविता थी, उसमें एक हिस्सा वीर रस की कविताओं का था : जैसे आल्हा खंड की कविताएँ थीं, या लम्बे-लम्बे जो रासो काव्य थे, जिसको पहले गली-गली में लोग गाया करते थे, वो ग़ायब हो गए हैं। लेकिन भक्ति युग की कविता, और ख़ासकर फक्कड़ साधुओं-फ़क़ीरों की जो कविता है वो बची हुई है। इसकी क्या वजह आप मानते हैं?

क्योंकि जिसको वीर रस की कविता कहा जाता था मोटे तौर पर, उसकी उपयोगिता, प्रासंगिकता और उसके सन्दर्भ, इस समय की पूरी दुनिया के युद्ध सन्दर्भ में बिलकुल बदल गए हैं। आज इस तरह की वीरता कोई मायने नहीं रखती।

जी। पहले जब कभी आल्हा खंड का गायन होता था तो हमारा एक पुराना भृत्य था, वो कहता था, *आज मुला दो तीन सिर जरूर फूटिहैं*। लाठियाँ चल जाती थीं। अब अगर शायद यह होगा तो एफ.आई.आर. लिखा दी जाएगी। वीर रस की कविता की जड़ में मट्ठा डालने की यह भी वजह है शायद। यहाँ पर एक और अद्भुत परम्परा है सिद्ध और

नाथ कवियों की। आपने सरहपा पर बहुत सुन्दर रचना भी लिखी है। सरहपा आपके प्रिय कवियों में से रहे, जिनको शायद बहुत कम लोग पढ़ पाए हैं। सरहपा के बारे में आप कुछ बताइए।

सरहपा आठवीं सदी में थे और सौत्रान्तिक बौद्ध धर्म से जुड़े हुए थे। बल्कि कुछ लोग तो मानते हैं कि शुरुआत करने वालों में से थे। इस तरह के संत कवियों पर मैंने कई कविताएँ लिखी हैं। मैंने हमेशा उन पक्षों को पकड़ा है जो उनके जीवन के सबसे मानवीय पक्ष हैं। मैंने उनको उठाया है, बजाए उनके दर्शन को लेने के। सरहपा और शबर कन्या के प्रेम का सन्दर्भ मैंने अपनी कविता में लिया है। सरहपा की सबसे बड़ी बात थी कि उस समय ये निकाल दिए गए थे समाज से, जाति-भ्रष्ट क़रार दिए गए थे। लेकिन उन्होंने उसकी परवाह नहीं की। क्योंकि वह शबर कन्या बहुत विदुषी थी, उससे इनकी कई बार बात हुई तो बहुत प्रभावित भी थे। तो आज के सन्दर्भ में मुझे यह बात लगी कि कहीं जो ऊँच-नीच का फ़र्क़ है, जात-कुजात का फ़र्क़ है, आज लोग इसको बहुत महत्त्व देते हैं। आज से सैकड़ों साल पहले एक विद्वान अपने सामाजिक प्रतिबन्धों को तोड़ने का साहस करता है, और कहीं जाकर इस बात को सिद्ध करता है कि ऊँच-नीच नहीं, बल्कि हमारे बीच जो ये मानवीय रिश्ते हैं, प्रेम है, वह सबसे बड़ी चीज़ है। इसीलिए कविता में मैंने आख़िर में कहा है कि दोनों जीतते हैं एक साथ।

(मृणाल पाण्डे 'सरहपा' कविता का पाठ करती हैं) :

अकेला कवि सरहपा / भटकता है राज्ञी से श्रीपर्वत तक / खोजता मुक्ति का अर्थ / विद्वत्समाज में / सभा गोष्ठियों में / सुन्दर विदुषी / कनखियों से देखती उसे / शबर-कन्या / कुशल सन्धान! / एक ही शर से बींध देती / असावधान कवि का हृदय और बुद्धि... दोनों मिलकर खेलते एक खेल / जिसमें दोनों जीतते हैं एक साथ। / बचा रह जाता / उस खेल का कवित्व, / और स्त्री-पुरुष, ऊँच-नीच के अभेद में / मनुष्य के मुक्त होने का अर्थ

इस पूरी कविता में मुक्ति की एक परिकल्पना आई है। मुक्ति की परिकल्पना पर श्रीकान्त जी ने एक बार बड़ी मज़ेदार बात कही थी, कि

हमारे यहाँ 'स्वतंत्रता' कोई शब्द नहीं है, 'स्वतंत्र' कहने पर भी मनुष्य अपने ही अधीन रहता है। हमारे यहाँ जीवन के परे मुक्ति की कामना है और शायद इसीलिए डेमोक्रसी हमको बड़ी मुश्किल से हज़म होती है। क्योंकि हम मुक्त होना चाहते हैं, हम इंडिपेंडेंट नहीं होना चाहते।

जीवन से ही परे की बात नहीं है। आप 'पुरुषार्थ' में देखिए। धर्म है, अर्थ है, काम है और फिर मोक्ष है। मृत्यु कहीं नहीं है। इनसे निवृत्ति ही मोक्ष है। तो इसे मृत्यु से भी परे की चीज़ माना गया है। यह एक जीवन-दृष्टि की बात है जो हताशा नहीं उपजाती।

मृत्यु आपकी कविताओं में एक केन्द्रीय बिम्ब के मार्फ़त आयी है—नचिकेता। एक लड़का जिसको उसके पिता ने मृत्यु को दे दिया था और वह सीधे जा कर यम से पूछता है कि, "मैं कौन हूँ, कहाँ से आया हूँ"। नचिकेता पर आपने एक लम्बी कविता लिखी, फिर वाजश्रवा के बहाने आप उसी संसार में लौटे। यह बिम्ब आपको क्यों खींचता है?

क्योंकि मेरे शुरुआती अनुभवों में मृत्यु का त्रास बहुत गहरा था। परिवार में टी.बी. से कई मृत्यु हुईं। पहले मेरी माँ की मृत्यु हुई, फिर मेरी बहन की, चाचा की। हम लोग सब अयोध्या में रहते थे, वहाँ से हटाकर लखनऊ रखे गए। थोड़े समय के लिए यह भी लगा था कि शायद मुझे भी उसका संक्रमण हो गया है लेकिन तभी पेनिसिलीन निकल आयी थी और मैं बच गया। मेरे डॉक्टर कहते थे कि अगर तुम्हारी बहन को मैं तीन-चार महीने ज़िन्दा रख पाता तो आज उसे बचा लेता। यह तो एक कॉनफ़्लिक्ट थी ही, उसके बाद ही मुझे विदेश जाना हुआ। 1955 में पोलैंड गया तो वहाँ मैंने मास लेवल पर हुआ डिस्ट्रक्शन देखा, वॉरसा की दुर्गति देखी। फिर लोगों का जीवट भी देखा कि कैसे वे पुनः उसको बनाने के लिए उठ खड़े हुए। बरसों बाद फिर से वॉरसा गया तो देखा कि बिलकुल एक नया वॉरसा वहाँ जी उठा था। तो ये जो दोनों कॉनफ़्लिक्ट थे—जीवन और मृत्यु के, इनको मैंने शुरू से लेकर काफ़ी बाद तक अनुभव किया। इन दोनों से मुझे यह प्रेरणा मिली कि हम इनको अलग नहीं कर सकते हैं। हमें दोनों के साथ कहीं समझौता करना होगा। और शायद यही सबसे बड़ी

जीवन-दृष्टि है। कभी एपीक्यूरस से किसी ने पूछा था कि "मुझे मृत्यु से डर लगता है" तो उसने बड़ा सुन्दर जवाब दिया था कि "भई, तुम्हें क्यों मृत्यु से डर लगता है? जब तक तुम हो, मृत्यु नहीं है और जब मृत्यु होगी, तुम नहीं होगे। तुम्हारी तो कभी मुलाक़ात ही नहीं होगी मृत्यु से"।

वही, जो कबीर ने कहा कि, *आप मुए तो पीछे बूड़ गई दुनिया*।

हमारे यहाँ के विचारक-चिन्तक भी खेलते हैं मृत्यु के आइडिया से। जैसे कबीर। वे कहीं मृत्यु से घबराते नहीं हैं। **[मृणाल पाण्डे : *हम न मरें, मरिहै संसारा*]** तो यह जो भाव है, इसको बहुत महत्त्व देता हूँ। इसको एक दृष्टि से जोड़ना चाहिए कि आख़िर हम सब चारों तरफ़ देख रहे हैं इतना डिस्ट्रक्शन, इतना उत्पात, इतना आतंक : इसके बाद भी क्या चीज़ है, जो हमको बचाती है। शायद यही है : जीवन-शक्ति।

जैसे *महाभारत* में भी यक्ष ने पूछा था कि मृत्यु अगर जीवन का ध्रुव सत्य है तो क्या वजह है कि लोग मृत्यु के बारे में सोचना नहीं चाहते। लेकिन ऐसा नहीं है, कविता सोचती है मृत्यु के बारे में और उस जिजीविषा के बारे में भी जो मृत्यु के साथ ही जुड़ी हुई हमें विरासत में मिलती है। अपने यहाँ मृत्यु की केन्द्रीयता की बात की गई है, 'जातस्य ही ध्रुवो मृत्यु', कि हर वह व्यक्ति जो पैदा हुआ है, कभी न कभी मरेगा। लेकिन कवि मृत्यु से खेलता है, कबीर मृत्यु से खेलते हैं, नचिकेता मृत्यु से खेलता है। उसके सामने तन कर खड़ा होता है। यह जो परम्परा है, किस तरह से हमारे साहित्य में आयी है, इस पर हमने बातचीत की। मृत्यु-बोध की इतनी समृद्ध परम्परा है, या कहिये कि जीवन के प्रति एक लगाव और एक तटस्थ निःसंगता की परम्परा।

इतने गम्भीर और स्थायी महत्त्व के सरोकारों के बाद जब हम राजनीति की ओर देखते हैं तो पाते हैं कि हमारी राजनीति में ऐसी कोई गम्भीरता सिरे से ग़ायब है। राजनीति बिलकुल तात्कालिक हो गई है। अभी का जोड़-तोड़, अभी का गठबन्धन, अभी का चुनावी टिकट, अभी की राजनीति, अभी का दर्शन। लेकिन आपने कई बार अपने गद्य लेखन में, राजनीति

को नैतिकता से जोड़ा है। आपने कहा है कि 'नेता' शब्द 'राजनीति' से पहले 'नैतिकता' से जुड़ता है। इस पर आपकी टिप्पणी क्या है?

मुश्किल यह है कि हम बहुत-सी राजनीति साहित्य में तो ले आए हैं, लेकिन साहित्य और नैतिकता राजनीति में नहीं पहुँचा पाए हैं। हम क्या कह रहे हैं, क्या सोच रहे हैं, या हमारा कला-जगत किस तरह से चीज़ों से प्रतिक्रिया कर रहा है, बुद्धिजीवी किस तरह से सोच रहे हैं, इसकी कोई अवगति नहीं है राजनीति में। यही एक कष्टप्रद बात है। अभी थोड़ी देर पहले मैंने बात की कि डॉ. लोहिया और नरेन्द्र देव जैसे लोग कितने उच्च कोटि के बौद्धिक राजनीतिज्ञ थे। (मैं डॉ. सम्पूर्णानंद का भी नाम ले लूँगा, थोड़ा रिज़र्वेशंस के साथ) ये लोग मुख्य रूप से पढ़ने-लिखने वाले लोग थे, समझने वाले लोग थे। राजनीति से बाहर खड़े होकर भी राजनीति को देखने की सामर्थ्य रखते थे। आज लोग दाँव-पेंच में लगे हैं, राजनीति के अन्दर हैं तो वहीं सारी समस्याओं के हल ढूँढ़ते हैं। जबकि ज़्यादातर समस्याओं के हल बाहर हैं। आपके सामने बहुत बड़ा जन समुदाय है। और यह समुदाय भी ऐसा नहीं कि एक तरह का है, इसमें विविधता है, विभिन्नता है। हमें सोचना चाहिए कि क्या हम इस विभिन्नता को स्वीकार करने लायक मानसिकता रखते हैं? ऐसा तो नहीं कि हम ख़ुद एक ऐसी एकांगिकता के बन्दी हैं कि इतनी बड़ी विविधता को सँभाल नहीं पा रहे! विविधता के रूप में यह एक ख़ज़ाना है हमारे पास। जब तक हम इस तरह से नहीं सोचेंगे, तब तक शायद कभी भी इस जनता के साथ न्याय नहीं कर पाएँगे।

अच्छा, राजनीति को अगर यह मानकर हम कुछ हद तक माफ़ कर दें कि वह तात्कालिकता से या जीवन की आपाधापी से या, कहा जाए, दलगत स्वार्थों से जुड़ी ही रहेगी अनिवार्यतः। लेकिन एक इलाक़ा ऐसा है आलोचना का, जिसको हम तात्कालिकता से या स्वार्थों से नहीं जोड़ना चाहते। लेकिन हिन्दी की जो समालोचना है, वह हिन्दी के साहित्यकारों, युवा लेखकों, और अभी लिख रहे पुराने अच्छे लेखकों के साथ न्याय नहीं कर रही। बल्कि अंग्रेज़ी में कहें तो, it cannot keep pace with creative writing. ऐसा क्यों?

आलोचना ने ख़ुद अपना विकास नहीं किया, अपने दायरे को विस्तृत नहीं

किया। और जो बात मैं अभी कह रहा था कि दूसरी चीज़ों की तरह वह भी इतना ज़्यादा राजनीति के नज़दीक चली गई कि राजनीति से बाहर की दुनिया से लगभग अनभिज्ञ रही। जबकि और जगहों में आप किसी साधारण लेखक को भी देखिए तो आपको लगेगा कि उसकी कितनी पक्की जानकारी है चीज़ों के बारे में, साहित्य और कलाओं के बारे में। कहना तो नहीं चाहिए, लेकिन हमारे यहाँ के समीक्षक उस तरह से कोई प्रेरणा नहीं बन पाते हैं।

अगर किसी को गद्य में विशेषज्ञता प्राप्त है तो वह ई.एन.टी. स्पेशलिस्ट की तरह केवल गद्य पढ़ेगा। वह पद्य भी नहीं पढ़ेगा, संगीत भी नहीं सुनेगा। एक बहुत प्रख्यात साहित्यकार ने मुझसे कहा कि तुम्हें क्या ज़रूरत है कि तुम नाटक देखती रहती हो और म्यूज़िक के बारे में सोचती रहती हो, सुनती हो; तुम्हारा अपना काम गद्य लिखना है, उसी पर फ़ोकस रखो। तो ये जो 'अंधत्व' कहा जाए समीक्षा का, उसके बारे में आप क्या सोचते हैं?

आपने बड़ी अच्छी बात उठाई है। हम सब चाहते हैं कोई एक आसान रास्ता। एक सरल रास्ता। बिलकुल अर्जुन की तरह। अर्जुन गीता में कृष्ण से पूछते हैं कि आप तो बहुत-सी बातें बता रहे हैं, मैं कन्फ़्यूज़ हो रहा हूँ, आप मुझे कोई एक रास्ता बताइए। तब कृष्ण फिर कहते हैं कि देखो, दो रास्ते हैं। अर्जुन फिर परेशान हो जाता है। वह कहते हैं कि एक निष्काम कर्मयोग का रास्ता है, एक ज्ञानयोग का रास्ता है। अर्जुन का कहना है कि नहीं, एक रास्ता बताइए कि मुझे क्या करना है। तो उन्होंने कहा कि यदि ये दोनों ही तुम्हारे वश के नहीं हैं और मुश्किल हैं तो 'सर्वधर्मान्परित्यज्य मामेकं शरणं व्रज'। आख़िर में अठारहवें अध्याय में कहते हैं कि इसके अलावा और कोई रास्ता है नहीं। हम लोग, पता नहीं क्यों जीवन की इस जटिलता को, बहुलता को जी नहीं पाते हैं! यह तो बड़ी अद्भुत चीज़ है।

परेशान हो जाते हैं लेखक। अगर किसी ने कोई चीज़ लीक से हटकर लिखी है, तो कहेंगे कि भई यह नाटक आया है, यह नाटक तो कहीं से भी नहीं दिखाई पड़ रहा है। अरे, आप देखिए कि नाटककार ने जो लिखा

है वह कैसा है, भाषा सुन्दर है, उसका गठन कुछ दूसरी तरह का है...

यही नहीं, कुछ जोड़िए अपनी तरफ़ से भी। उसके साथ हिस्सेदारी कीजिए। वह आपसे संवाद कर रहा है।

थियेटर के लोगों में भी मैंने यही अज्ञानता पाई है। अब वो एन.एस.डी. के डायरेक्टर हैं (बड़े-बड़े नाम हैं, मैं नाम नहीं लेना चाहूँगी), लेकिन उनको वही 'ट्राइड एंड टेस्टेड' फ़ॉर्मूला चाहिए, वही जो तीन-चार नाम... जो सत्तर के दशक में खोजे गए थे, कैम्पस में बड़े हस्ताक्षर, उन्हीं को वह कभी मालवी में कर देंगे, कभी बुंदेलखंडी में कर देंगे, कभी छऊ नृत्य में कर देंगे, लेकिन नए नाटककारों के साथ बैठकर कुछ करना नहीं चाहेंगे।

आप सिर्फ़ एक उदाहरण देख लीजिए, शेक्सपीयर का। उनकी इतनी प्रस्तुतियाँ हुई हैं, नाटकों में और फ़िल्मों में भी। 'साइलेंट इरा' मूवी की भी बात कर रहा हूँ। केवल चार सौ फ़िल्में शेक्सपीयर के ऊपर बनी हैं। मैं बतला रहा हूँ कि हर नाटक एक अलग तरह की व्याख्या भी है शेक्सपीयर की। मैं जापानी फ़िल्म डायरेक्टर कुरोसावा को इसका एक चरम बिन्दु मानता हूँ कि उसने जो *थ्रोन ऑफ़ ब्लड* बनाई, *मैकबेथ* पर आधारित, उसमें सारी भाषा ही हटा दी है, केवल सिनेमा की भाषा में उसमें वह बात कही गई है जो शेक्सपीयर कहते हैं, और कहीं-कहीं तो मुझे लगता है कि शायद शेक्सपीयर से भी अधिक मार्मिक ढंग से कही गई है। हम जो पढ़ रहे हैं, लिख रहे हैं, जी रहे हैं उसको : नई दृष्टि से देखने की कोशिश भी ज़रूरी है।

एक चीज़ और मुझे बहुत खिन्न करती रहती है। लगभग हर देश में जो युवा कवि आते हैं, वह अपने पूर्ववर्ती कवियों को पुर्ज़ा-पुर्ज़ा खोलकर अपनी भाषा में दोबारा लिखने का प्रयास करते हैं, चाहे 'स्टूडियो पीसेस' ही हों। पर मैं यहाँ ऐसा होता नहीं देख रही हूँ। आपने जो बार-बार कहा है न 'खिलवाड़', जो कौतुक भाव है रचनात्मकता का, मुझे लगता है वह सिरे से ग़ायब है।

अभी हाल ही में मुझसे किसी ने पूछा था, "आप क्यों लिखते हैं"। तो मैंने

सहज ही कहा कि मुझे शब्दों से गप करना अच्छा लगता है, इसलिए लिखता हूँ। अगर आप उनको मौक़ा दीजिए तो पता नहीं कहाँ-कहाँ की बातें, कितने-कितने अनुभवों से बताते हैं। असल में होता उलटा है। हम उनसे वो कहलवाते हैं जो हम कहलवाना चाहते हैं। वो क्या कहना चाहते हैं, इसकी ओर ध्यान नहीं देते। कविता का ये राज़ है। आप उनको बात करने दीजिये तो कभी-कभी बड़ी उच्च कोटि की कविता हाथ लगेगी। और यह जागते में ही नहीं, सोते हुए में भी चलता रहता है। सपनों में भी बात करने लगते हैं शब्द।

यदि संगीतकारों से बातचीत कीजिए तो वह कहेंगे कि देखो, हम स्वर से खेल रहे हैं। सभी बड़े संगीतकार कहेंगे कि हम स्वर से खेल रहे हैं, या फलाँ स्वर दस्तक दे रहा है, देखो अब इसको हम ऐसे लगाते हैं। साहित्य में ऐसा...

हम मौक़ा नहीं देते हैं। हम समझते हैं कि भाषा हमारी नौकर है, हमारे इस्तेमाल की चीज़ है। नहीं सोचते कि यह तो हमारी साथी है, संगी है।

पर यह कहीं इससे भी जुड़ा हुआ है कि हम साहित्य पढ़ा कैसे रहे हैं। अगर आप ग्यारवीं-बारहवीं कक्षा से लेकर कॉलेज के स्तर तक देखें तो... मैं इस मामले में सौभाग्यशाली रही कि मैंने हिन्दी को साहित्य के बतौर क्लास में बैठकर कभी नहीं पढ़ा। साहित्यकारों की संगत से और स्वयं पठन-पाठन से जाना। लेकिन मुझे लगता है कि अगर कोई हमारी अकादमिक मशीनरी से गन्ने की तरह पेड़कर निकलता है तो उसके अन्तर्मन का रस तो सब निचुड़ जाता है।

मैं तो अकसर कहता हूँ कि अंग्रेज़ी में एम.ए. करने के बाद, चार साल लगे मुझे वह सब भुलाने में। उस सबको 'अनलर्न' करने में, जो मैंने सीखा था। तब मैं लिखने के लायक हो पाया। इतना ज़्यादा रेजिमेंटेशन हो जाता है थॉट्स का, तरीक़ों का। फिर जैसे कुछ पद होते हैं, समीक्षा के पद, हम उनके क़ैदी हो जाते हैं, बन्दी हो जाते हैं। हमको सिखाया गया है कि कविता के लिए 'रेटॉरिक' ग़लत है, कि कविता में उपदेशात्मक होना ग़लत है। अब हम उसके ग़ुलाम हो गए। लेकिन कभी इन चीज़ों पर प्रश्न करना चाहिए कि क्यों ग़लत

है। संसार की उत्कृष्ट कविता उद्धृत कर सकता हूँ जो बिलकुल डायडैक्टिक या बिलकुल रिटॉरिकल कविता है। कोई भी चीज़ कविता के सोच से, उसके अभ्यास से बाहर नहीं होती।

यह टूट कब से आयी? अमर्त्य सेन ने भी अपनी किताब *The Argumentative Indian* में कहा है कि किस तरह हमारे यहाँ हर चीज़ तर्क-प्रतितर्क से, नेति-नेति-नेति करके स्थापित होती थी। परम्परा तो यह रही है। जैसे गुरु-शिष्य के संवाद हैं... जैसे सॉक्रटीज़ के डायलॉग्स हैं, या हमारे यहाँ भी गुरु और शिष्य के बीच जो कथोपकथन हैं। गांधी जी ने भी अपने शुरुआती लेखन में इसी तरह कथोपकथन शैली अपनाई है। लेकिन आख़िर यह टूट कहाँ से शुरू हुई?

ये संवाद आपको सभी प्राचीन विचारकों में मिलेंगे। सुकरात में, हमारे यहाँ उपनिषद् में। संवाद की बड़ी महत्त्वपूर्ण स्थिति रही है। *बृहदारण्यक* में याज्ञवल्क्य से संवाद। मैं समझता हूँ कि इतना बारीक, इतना सूक्ष्म संवाद मुश्किल से मिलेगा आपको। *भगवद्गीता* पूरी संवाद शैली में है। इसके साथ एक दूसरी चीज़ पर ध्यान देना चाहिए कि किस तरह से वह 'समय' को ट्रीट करते हैं। अभी हम लोग समय की बात कर रहे थे। यह टेकनीक, कि बात करते-करते कृष्ण समय को एक जगह रोक देते हैं और अपना विराट रूप दिखाते हैं। जो सब हो गया है और जो सब होने वाला है, उसका दिग्दर्शन कराते हैं। यह एक अद्भुत टेकनीक है साहित्य में, कविता में : समय को किसी बिन्दु पर रोककर और फ़्लैशबैक में चले जाना। हम सिनेमा में देखते हैं इस टेकनीक को। हम जब कोई किताब पढ़ते हैं, तो हम विचरण नहीं करते, आवारागर्दी नहीं करते हैं, सैरें नहीं करते! मैं समझता हूँ कि यह बहुत ज़रूरी है।

पर आज पाठक भी यही चाहता है कि उसको अँगुली पकड़कर लेखक ले जाए और अन्त में कोई अच्छी-सी कोटेबल सूक्ति दे कर विसर्जन करे। आदि, मध्य और अन्त की इतनी प्रोग्रामिंग कर दी गई है...

बस, यही मुश्किल है। इसको तोड़ना पड़ता है कभी-कभी। 'अच्छा पाठक कैसे बनें', यह उतना ही ज़रूरी है जितना यह कि 'अच्छा लेखक कैसे बनें'।

तो यह जो पूरी राजनीति—अकादमिक राजनीति हो गई है, जिससे पुरस्कारों की राजनीति भी जुड़ी है, और जिससे देश की राजनीति के टुकड़े भी आकर जुड़ जाते हैं, क्या आपको लगता है कि धीरे-धीरे जो नए पाठक या नए लेखक आएँगे वे इसे ख़त्म कर पाएँगे? क्या उनको आगाह रहने की ज़रूरत है?

मेरे ख़याल में यह सजगता पहले से अब ज़्यादा है। लोग इस बात को सोच रहे हैं कि यह जो लिखना या पढ़ना है, एक अलग तरह का फ़ेथ है, विश्वास है। तो जब तक इसमें पक्का यक़ीन नहीं होगा कि 'this in itself is a reward', कि यह अपने आप में एक सम्पूर्ण पुरस्कार है, वह सुख जब तक नहीं मिलेगा तब तक इसके मर्म को हम नहीं समझ पाएँगे।

और आख़िर में एक सवाल। हमारे यहाँ हिन्दी में, गाहे-बगाहे, यह कहने का चलन हो गया है कि कविता की मृत्यु हो गई है या उपन्यास की मृत्यु हो गई है। आजकल शोर मचा हुआ है कि टेलीविज़न के आने के बाद साहित्य की मृत्यु हो जाएगी। क्या आप ऐसा मानते हैं?

नहीं, बिलकुल नहीं मानता इसको। क्योंकि कविता कोई आर्थिक या भौतिक चीज़ नहीं है, जैविक चीज़ है। कहीं हमारे जीवाश्मों में रची-बसी है वह। एक बच्चा होता है, वह कभी भी गाने लगता है, नाचने लगता है। कविता भी लगभग उसी तरह एक जीवन से जुड़ी हुई वृत्ति है, इसलिए इसकी मृत्यु नहीं हो सकती। जब तक जीवन है, तब तक कविता है।

हमारे यहाँ शायद इसीलिए शब्द को अजर अमर कहा गया है। उसको ब्रह्म कहा गया है। क्योंकि कबीर से लेकर सभी कवियों ने यही गाया है कि शब्द कभी भी मरता नहीं, वही सबसे बड़ा साक्षी है—समय का, इतिहास का और काल का, क्योंकि वह ख़ुद कालातीत है। इस रोचक बातचीत के लिए, कुँवर जी, आपका बहुत-बहुत धन्यवाद।

आपका भी बहुत धन्यवाद कि आपने इतने धीरज से हमारी बात सुनी।

लोकसभा टी.वी. के 'बातों बातों में' कार्यक्रम के तहत प्रसारित, 2005

क्लासिक्स, साहित्य और फ़िल्म

अमरेन्द्र कुमार शर्मा

उपन्यास पर फ़िल्म का बनाया जाना कितना सही है?

उपन्यास पर फ़िल्म बनाई जानी चाहिए, लेकिन होता यह है कि फ़िल्म बनाई तो जाती है उपन्यास का नाम लेकर लेकिन बनती है उपन्यास से इतर। आप संजय लीला भंसाली की *देवदास* को देखिए। उन्होंने उपन्यास की प्रेम कहानी को बंबइया सेटअप में तब्दील कर दिया है। भंसाली के यहाँ पुस्तक के मूल से ही डीविएशन है। यह फ़िल्म शरतचंद्र के इथॉस से भिन्न है। शरतचंद्र के यहाँ जो स्त्री की छवि थी, भंसाली ने उसे एक आधुनिक स्त्री की छवि में तब्दील कर दिया है। डीविएशन होने या करने की छूट होनी चाहिए लेकिन वह न्यायपूर्ण हो। भंसाली, माधुरी और ऐश्वर्या में चंद्रमुखी व पारो के चरित्र को उतार नहीं पाए हैं। यह फ़िल्म 'देवदास' कहानी की मात्र याद दिलाती है ।

विश्व क्लासिक्स पर जो फ़िल्म बनाई गईं वे 'क्लासिक्स' को किस तरह प्रभावित करती हैं?

क्लासिक्स का अपना एक दबाव होता है। यह दबाव ही स्वयं से छेड़छाड़ करने की इजाज़त नहीं देता। ज़्यादा छेड़छाड़ की भी नहीं जानी चाहिए। सत्यजित राय की *पाथेर पांचाली* एक बेहतर बनी फ़िल्म है। उसी तरह से *सद्गति* भी एक बेहतर फ़िल्म है। इनमें कृतियों को लगभग ज्यों का त्यों रखा गया है। *शतरंज के खिलाड़ी* में कुछ बदलाव लाया गया, वह इतनी अच्छी नहीं बन

सकी। यह एहसास सत्यजित राय को भी हुआ था। होता यह है कि क्लासिक्स पर आधारित फ़िल्म को देखते ही उसकी याद आने लगती है। वह पाठक की कल्पना को लगभग निर्धारित कर देता है। इसे फ़िल्म पूरी तरह से अपने में समाहित नहीं कर पाती क्योंकि फ़िल्मकार को वे बहुत अधिक छूट नहीं देते हैं। फ़िल्म में अभिनेता की छवि अतिरिक्त रूप से महत्त्वपूर्ण हो जाती है, इसलिए उन साहित्यिक कृतियों के अन्य पहलू कमज़ोर पड़ जाते हैं। उन पर आधारित फ़िल्मों के कई संस्करण बनाए जाते रहे हैं, क्योंकि उनमें सम्भावनाएँ ज़्यादा होती हैं, इसमें अलग-अलग फ़िल्मकार अपनी-अपनी तकनीक के साथ उतरते हैं।

पहले की बनी फ़िल्में पूरी तरह से उपन्यास से जुड़ने का प्रयास करती हुई लगती हैं। इसलिए उपन्यास और उस पर बनाई फ़िल्म की तुलना अच्छी तरह कर पाते हैं। सिनेमा के इस पहलू पर कुरोसावा जैसे फ़िल्मकारों का नाम याद आता है। ऐसी फ़िल्मों में शायद मूल कथा को बदलना नहीं चाहिए क्योंकि वह अतीत या परम्पराओं से जुड़ी होती है और हमारा वर्तमान हमारे अतीत से कटा नहीं होता। मेरा मानना है कि वर्तमान का क्लासिक्स के साथ संवाद बन्द नहीं होना चाहिए।

'न्यू वेव सिनेमा' या 'फ्रेंच न्यू वेव' ने हिन्दी फ़िल्मों पर किस प्रकार के प्रभावों को उत्पन्न किया है?

यूरोप में 1960-70 के दशक में न्यू वेव सिनेमा का उभार हुआ। त्रूफ़ो, रीवेत, गोदार आदि के विचार न्यू वेव सिनेमा के मूल में हैं। इस प्रकार की फ़िल्म के मूल में कम-बजट सिनेमा की अवधारणा प्रमुख है। इन लोगों ने कैमरे को क़लम की तरह माना और प्रयोग किया। यूरोप में न्यू वेव सिनेमा एक आन्दोलन की तरह चला। इसके मूल में दो तत्त्व थे—प्रबुद्ध फ़िल्म रचनाकार और प्रबुद्ध दर्शक वर्ग। यह आन्दोलन रचनाकार की व्यक्तिगत विशिष्टता को उजागर करता है। फ्रेंच न्यू वेव के फ़िल्मकारों ने साहित्य को सिनेमा के समानान्तर देखा। हिन्दी में न्यू वेव सिनेमा आन्दोलन की भूमिका इसी सन्दर्भ में रही है। वस्तुतः फ्रांसीसी न्यू वेव और जर्मन सिनेमा ने हिन्दी में 'नये सिनेमा' की पृष्ठभूमि तैयार की, जिससे मृणाल सेन और मणि कौल आरंभ से ही जुड़े रहे।

यह पृष्ठभूमि ही भारत में 'समानान्तर सिनेमा' के रूप में जानी गई, जिसकी सुनियोजित शुरुआत मृणाल सेन की *भुवन शोम* (1969) से होती है। इसमें न्यू वेव सिनेमा की मूल अवधारणा 'कम-बजट' मौजूद है। इसके बाद इस प्रकार की फ़िल्मों का विकास नए सिरे से किया जाने लगा।

क्या साहित्य-आधारित सिनेमा को सिनेमा के तकनीकी माध्यम में साहित्य का अनुवाद मात्र माना जाए?

सिनेमा, साहित्य का अनुवाद मात्र नहीं होता है। क्योंकि तकनीकी माध्यमों के दबाव के अलावा इसमें समय व स्थान बड़ा महत्त्व रखता है। जिस समय कैमरा उपन्यास में वर्णित समय को शूट कर रहा होता है, उसके कई अवयव उपन्यास के समय को प्रभावित करते हैं। इसके अलावा सिनेमा में ध्वनि, संगीत व संवाद के उतार-चढ़ाव आदि महत्त्वपूर्ण होते हैं। सिनेमा के शिल्प में 'जंप कट' या 'मोंताज़' जैसी तकनीकें भी महत्त्वपूर्ण हैं। तारकोव्स्की की फ़िल्म समय व स्थान का विशेष ख़याल रखती है। वे समय को आलोचकीय दृष्टि से पकड़ते हैं। इसी तरह ग्रीक फ़िल्मकार ऐंजलोपुलोस 'स्पेस' का प्रयोग अपनी फ़िल्म में करते हैं, वे काफ़्का से प्रभावित रहे हैं। उपन्यास का शिल्प और सिनेमा का शिल्प थोड़ा भिन्न होता है। हाँ, कविता के शिल्प से सिनेमा के शिल्प के सन्दर्भ की तुलना कर सकते हैं। फ़ेलिनी की कुछ फ़िल्में पोएटिक तकनीक से निर्मित हैं। जेम्स जॉयस के *यूलिसीज़* को, जिसमें चौबीस घंटे की मेंटल एक्टिविटी है, सिनेमा के शिल्प में ठीक से प्रस्तुत करना शायद मुश्किल है। टाल्सटॉय की *आन्ना करेनिना* के साथ भी लगभग यही है। ज़ाहिर है, साहित्य पर बनी फ़िल्म उसे अलग तरह से प्रभावित करेगी।

'तीसरी दुनिया का सिनेमा' मूल्यों को किस तरह से पकड़ता है? हमने कहीं पढ़ा है कि एक प्रसिद्ध फ़िल्मकार 'तीसरी दुनिया का सिनेमा' की अवधारणा को नहीं मानते जबकि वे न्यू वेव से प्रभावित रहे हैं।

सिनेमा को विभाजित करने और उसे उस रूप में समझने की एक दृष्टि होती है। ऐसा सुविधा के लिहाज से भी किया जाता है। महत्त्वपूर्ण यह नहीं है कि

इस प्रकार के विभाजन को स्वीकार किया जाए या अस्वीकार, बल्कि यह कि समझा जाए यह होता क्या है, करता क्या है? तीसरी दुनिया के सिनेमा को विकासशील देशों में बनने वाले सिनेमा के रूप में जाना जाता है। यह वस्तुतः कम-बजट सिनेमा का एक्सटेंशन है। न्यू वेव सिनेमा की भाँति यह भी अकसर यथार्थवादी पृष्ठभूमि का होता है जिसमें वर्ग-भिन्नताएँ होती हैं, जो पूँजीवादी व्यवस्था के बरक्स एक बेहतर विकल्प की तलाश और उस तलाश की प्रक्रिया को बताता है। इस प्रकार की फ़िल्में एक स्ट्रांग स्क्रिप्ट की माँग करती हैं। ब्रेख़्त का नाटक *मदर करेज* एक स्ट्रांग स्क्रिप्ट का उदाहरण है। सेर्गे ऐइसेन्श्टाइन की फ़िल्में क्रांति और प्रतिक्रांति के बीच, 'आम जनता के लिए विकास हो पाएगा या नहीं' जैसे आधारभूत सवालों से जूझती हैं। थर्ड वर्ल्ड सिनेमा व्यक्ति के स्वभाव और बाज़ार के स्वभाव के बीच के फ़र्क़ को समग्रता में ग्रहण करता है।

सिनेमा में कई विधाओं के तत्त्व शामिल होते हैं। वह याद दिलाता है कि उसमें साहित्य, संगीत, नृत्य, रंग, बिम्ब, स्थापत्य आदि का संगुंफन हुआ है। लेकिन इन सबको मानदंड बनाकर सिनेमा की उत्कृष्टता निर्धारित करना ठीक नहीं है। सिनेमा ने अपनी भाषा और अपना मुहावरा अपनी तकनीक के लिहाज से विकसित किया है। यह भाषा और मुहावरा साहित्य से सामान्यतः नहीं जुड़ता। *थ्रोन ऑफ़ ब्लड* कुरोसावा की प्रसिद्ध फ़िल्म है। यह साबित करती है कि सिनेमा अपनी शर्तों पर, अपने मुहावरे में नाटक (साहित्य) को रूपायित कर सकता है। सिर्फ़ रूपायित ही नहीं बल्कि उसे एक गम्भीर अर्थ भी प्रदान कर सकता है। वस्तुतः न्यू वेव सिनेमा को शुद्ध मनोरंजन व्यवसाय से जोड़ना मुश्किल है। हमारे यहाँ समानान्तर सिनेमा, प्रयोगशील सिनेमा, कम बजट वाला सिनेमा असल में इसी मानसिकता की देन है।

'समयांतर' में प्रकाशित, 2007

कल्पना भी जीवन की ही भाषा है

सीरज सक्सेना

कुँवर जी, कविता लिखने की शुरुआत कैसे हुई?

कब शुरू किया यह तो बताना मुश्किल है, लेकिन मेरी बड़ी बहन को पढ़ने-लिखने का बहुत शौक़ था। वह कुछ ही वर्ष जीवित रहीं, लेकिन मुझे ऐसा लगता है कि शायद उनका शौक़ या उसके बीज कहीं मेरे अन्दर रह गये जो धीरे-धीरे अपनी तरह पनपे। जब पढ़ने का शौक़ होता है तो लिखने की ओर भी आकृष्ट होना स्वाभाविक है। मैं मानता हूँ कि ये दोनों मिली-जुली चेष्टाएँ हैं। लगभग 1949-50 से मैंने थोड़ा-बहुत लिखना शुरू किया। उस समय मैं यूनिवर्सिटी में था और मेरे साथी रघुवीर सहाय का भी हाथ रहा मुझे हिन्दी की ओर प्रेरित करने में। मैंने तब फ्रेंच भी पढ़ी। मेरे शिक्षक थे प्रोफ़ेसर आन्द्रे लेवी और बाद में प्रोफ़ेसर पिशार। इन लोगों ने मुझे फ्रेंच प्रतीकवादी कवियों का कुछ काव्य पढ़ने को दिया। मैंने उनके साथ फ्रेंच से उनका अनुवाद भी किया। एक तरह से कह सकते हैं कि यह शुरुआत थी जो आगे चलकर मेरे अपने लेखन में विकसित हुई।

किन परिस्थितियों और लेखकों ने आपको प्रेरित किया?

हम केवल जीवन से ही नहीं, किताबों की दुनिया से भी प्रभाव ग्रहण करते हैं। कवियों, लेखकों, चिन्तकों के लिए इस दुनिया का आकर्षण और महत्त्व सामान्य से कहीं ज़्यादा होना स्वाभाविक है। शुरू में किताबें किंचित अमूर्त ढंग से आकृष्ट करती हैं, धीरे-धीरे यह दिलचस्पी अधिक चयनशील हो जाती

है—पहले कुछ ख़ास ढंग के लेखन के प्रति फिर किसी ख़ास विधा और लेखक के प्रति वह अधिक सघन और संवेदनशील अनुभव करने लगती है, प्रौढ़ता के अर्थ में भी और सुरुचि के अर्थ में भी। भारत की पारिवारिक संस्कृति में *रामायण* और *गीता* का बुनियादी और दूरगामी महत्त्व रहा है। *महाभारत* से मेरा परिचय थोड़ा बाद में हुआ, और जीवन के विभिन्न पक्षों और जटिल मूल्यबोध से परिचय का आभास उससे हुआ। उसने मेरी सोच-समझ में कई आयाम जोड़े। जब बच्चों की तरह पढ़ा तो उसके लड़ाई-झगड़े के प्रसंग अच्छे लगते थे, फिर दूसरे प्रसंग, जैसे *भगवद्गीता*; और आगे लगा कि *शांति पर्व* भी बहुत महत्त्वपूर्ण है। एक लेखक के लिए किताबों के साथ उसके सम्बन्ध बराबर बदलते रहते हैं।

अंग्रेज़ी, हिन्दी और इतिहास में बी.ए. किया तो मध्ययुगीन भक्ति साहित्य विशेषत: कबीर और रीतिकालीन कविता से परिचय हुआ, पर उनसे लेखन की कोई ख़ास प्रेरणा मिली हो, ऐसा नहीं लगता। हाँ छन्दों को लेकर ज़रूर एक दृढ़ आधार बना। कविता में शुरुआती रुचि के पीछे निराला और प्रसाद भी रहे। एम.ए. अंग्रेज़ी में किया तो अंग्रेज़ी और यूरोपीय साहित्य को नज़दीक और गहराई से जानने का मौक़ा मिला। पाठ्यक्रम में शेक्सपीयर और अंग्रेज़ी के रोमांटिक कवियों के अलावा मैंने टी.एस. इलियट तथा आधुनिक कविता को विशेष अध्ययन के लिए चुना। इसी समय यूरोप के प्रतीकवादी कवि बॉद्लेयर, मलार्मे, रैंबो, वर्लैं, वलेरी तथा सुर्रियलिस्ट (अतियथार्थवादी) कवियों को भी पढ़ता रहता था। इनसे बहुत कुछ सीखने को मिला। थोड़ा बाद में बोर्हेस, नेरुदा, कवाफ़ी, रित्सोज़, हेर्बेर्त, रूज़ेविच, बोनेफ़ॉ आदि पसन्द के समकालीन कवियों में रहे हैं। प्रतीकवाद और सुर्रियलिज़्म का सम्मान करता हूँ। कविता की आधुनिकता पर इनका स्थायी प्रभाव रहा है। यह सुनने में थोड़ा अजीब भले ही लगे लेकिन सर्वांते, काफ़्का, मान्न, जॉयस, हेमिंग्वे और फ़ॉल्कनर के उपन्यास भी परोक्ष रूप से मेरी कविता और कहानियों में 'प्रयोगों' की सम्भावना को उत्प्रेरित करते रहे हैं। हिन्दी के वरिष्ठ और साथी कवियों में अज्ञेय, मुक्तिबोध, श्रीलाल, साही, सर्वेश्वर, विपिनकुमार अग्रवाल आदि कई ऐसे नाम हैं जिनके सान्निध्य को कृतज्ञता से याद की परिधि में पाता हूँ।

उर्दू और संस्कृत साहित्य का शौक़ीन पाठक रहा हूँ। मीर, ग़ालिब और जिगर पसन्द हैं। ग़ालिब अपनी शायरी के लिए जितना पसन्द हैं उतना ही अपने

बेबाक गद्य के लिए भी जिसका उनके पत्र एक बेहतरीन नमूना हैं। संस्कृत काव्य में भर्तृहरि और बिल्हण का प्रशंसक हूँ। कालिदास का *मेघदूत* वियोग शृंगार तथा यायावरी शैली का अद्भुत नमूना है। भरतमुनि, अभिनवगुप्त और राजशेखर को साहित्य पर गम्भीर चिन्तन के लिए आज भी प्रासंगिक मानता हूँ। कविता के सन्दर्भ में ध्वनि-सिद्धान्त का गहरा अध्ययन होना चाहिए। संस्कृत समीक्षा में विकसित आठ सम्प्रदाय आज की समीक्षा को भी—उसकी शब्दावली को—बहुत कुछ दे सकते हैं। पढ़ने की प्रवृत्ति शुरू से रही। सम्भवत: लिखने की प्रेरणा का यह भी कारण रहा हो।

क्या आन्तरिक दबाव के अलावा बाहरी दबाव भी आपकी रचनात्मक प्रक्रिया पर असर डालते हैं?

कविता में दोनों मिले-जुले ढंग से काम करते हैं। रचना-प्रक्रिया को बहुत सरलीकृत तरीक़े से नहीं समझा जा सकता। एक घड़ी को हम पुरज़े-पुरज़े अलग करके जिस तरह उसके भीतर तक पहुँच सकते हैं, और फिर उन पुरज़ों को जोड़कर घड़ी बना सकते हैं, वह एक बिल्कुल अलग तरीक़ा है। एक कविता की उपज और बढ़त बहुत कुछ एक पौधे की तरह ऑर्गैनिक (organic) ढंग से होती है—जड़ से फूल तक संश्लिष्ट, एकप्राण। हम उसके अवयवों को अलग-अलग करके उसकी बाहरी बनावट को विश्लेषित और बयान तो कर सकते हैं लेकिन उन्हें फिर घड़ी की तरह जोड़कर पौधा नहीं बना सकते। उनकी भीतरी जीवन-शक्ति फिर भी एक रहस्य बनी रहेगी। प्रश्न यहाँ भीतरी दबाव, बाहरी दबाव का नहीं है। भाषा में दबी-छिपी और जीवन में उस जीवन-ऊर्जा का है जिसे कविता एक ख़ास तरह उकसा कर एक कारण-बीज से पौधे में परिणत करती है। क्योंकि रचना पदार्थ की तरह जड़ नहीं है जीवन की तरह चेतन है, और उतनी ही तर्कातीत!

कविता का गल्प—इस अवधारणा के बारे में आप क्या सोचते हैं? क्या गल्प कविता में अनिवार्य होता है? आपकी कविता में क्या यह असर करता है?

गल्प या कल्पना भी जीवन की ही भाषा है; इसलिए कविता में भी उसका

होना स्वाभाविक है। गल्प और यथार्थ को एक-दूसरे की भाषा में बख़ूबी पढ़ा और सोचा जा सकता है। किसी भी अच्छी कविता में हम इनके अनिवार्य अन्त:सम्बन्धों को आसानी से पहचान सकते हैं और उनके फ़र्क़ों को भी। किसी बात को प्रभावी बनाने के लिए उसे बढ़ा-चढ़ाकर कहने के कौशल में गल्प की ज़रूरत और शक्ति प्रकट होती है। कविता अमूर्त भी हो सकती और एक संगीत या पेंटिंग की तरह प्रभावी भी। मेरी कविताओं में दोनों के ही उदाहरण हैं।

आजकल की कविताओं में ब्यौरे अधिक हो गए हैं, मानो कैमरे से कोई तस्वीर खिंची हो—दृश्य तो बन जाता है पर क्या कविता भी बन जाती है?

मुख्य बात है किसी भी कविता या कलाकृति में जीवनवस्तु का कुशल संयोजन। ब्यौरों या विवरणों से भी कविता बनाई जा सकती है। असल बात है ब्यौरों को कविता के रूप में किस तरह रचा और बसाया जाता है। उन्हें अत्यन्त कल्पनाशील ढंग से भी प्रबन्धित किया जा सकता है, और बिल्कुल रिपोर्ताज़ की तरह भी। जाएसी और तुलसी का काव्य विवरण-प्रधान है। इसी तरह होमर का काव्य। विवरणों का संतुलित संयोजन होना चाहिए, उनकी भरमार नहीं, चाहे भावनाओं की हो या अलंकारों की। यहाँ तक कि शब्दों की बहुलता भी कविता को नष्ट करती है। लेकिन एक सिद्ध कवि शब्दों की बहुलता को भी उत्कृष्ट काव्य-रूप दे सकता है जैसे निराला की 'राम की शक्तिपूजा'। अकसर जिन तत्त्वों को हम कला के विरुद्ध मानकर ख़ारिज कर देते हैं, एक कुशल कलाकार उन्हीं से सुन्दर कुछ रच देता है। अच्छी कला की पहचान रचना-कौशल है, केवल वह सामग्री नहीं जिससे एक कृति बनाई जाती है। नज़ीर अकबराबादी की *आगरा बाज़ार* या *आदमीनामा* ब्यौरों की कविता है—सीधे सामान्य जीवन से उठाए हुए ब्यौरों की कविता। और उत्कृष्ट कविता है। जब हबीब तनवीर उसे मंचित करते हैं तो वह कविता पुन: रूपांतरित होती है—कविता से नाटक की कला में।

साहित्यिक सृजन में विचारधारा का दख़ल किस हद तक जायज़ है? क्या विचारधारा साहित्यिक सृजन को प्रभावित करती है?

अगर कविता में दम है तो वह विचारधारा को भी ताक़त दे सकती है। लेकिन

कमज़ोर कविता को बड़ी-से-बड़ी विचारधारा भी उबार नहीं सकती। कविता में शक्ति जीवन से और जीवन के गम्भीर अध्ययन से आती है, किसी विचारधारा को केवल ओढ़ लेने से नहीं। अपनी तरह सोचने-समझने की आज़ादी को महत्त्व देता हूँ। किसी ख़ास वाद या विचारधारा से बँधे हुए लेखन में जीवन-यथार्थ से सीधा सामना नहीं होता; क्योंकि द्वंद्व जीवन में है, प्रतिबद्धता में नहीं। साहित्य जीवन को, उसकी पूरी जटिलता में, गहराई और ईमानदारी से प्रतिबिम्बित या प्रस्तुत करने की कोशिश है। शायद 'वाबस्तगी' (या इन्वाल्वमेंट) शब्द 'प्रतिबद्धता' शब्द से बेहतर साहित्यकार की स्थिति को व्यंजित करता है।

साहित्य अकादेमी पुरस्कार पर पिछले कुछ वर्षों से विवाद हो रहे हैं। पुरस्कार-चयन-पद्धति के बारे में आप क्या सोचते हैं?

पुरस्कारों की दुनिया थोड़ी अलग है, साहित्य की दुनिया अलग। बड़ा साहित्य तब भी रचा जा रहा था जब पुरस्कार नहीं थे। साहित्य अपने मानक और क़द ख़ुद बनाता है, पुरस्कार केवल उसको रेखांकित करते हैं। गम्भीर साहित्यिक चर्चाओं और गतिविधियों से तो बराबर जुड़ा रहा हूँ, लेकिन यह ज़रूर है कि वादों को लेकर कभी भी बहुत उत्साहित नहीं अनुभव कर सका। वैसे, पुरस्कारों के मामले में पारदर्शिता होनी चाहिए—संस्था या संस्थान कोई भी हो—निर्णायकों के मत छपने चाहिए ताकि उनके निर्णयों के आधार भी स्पष्टतः सामने आएँ। वाद-विवाद की सम्भावना से डर कर अगर बन्द कमरों में फ़ैसले लिये जाएँगे तो अन्याय हो सकता है।

चित्रकार एम.एफ. हुसैन के निर्वासन के बारे में आप की क्या राय है?

किसी भी लेखक या कलाकार को अपना देश छोड़कर कहीं और पनाह लेनी पड़े, यह एक दुःखद स्थिति है। अभिव्यक्ति की आज़ादी का क़ायल हूँ; लेकिन इस आज़ादी का दुरुपयोग न हो। इसके लिए सरकारी सेंसर नहीं, प्रबुद्ध लेखकों, बुद्धिजीवियों और कलाकारों के बहुमत का जनतांत्रिक नियंत्रण होना चाहिए। बोलने और अभिव्यक्ति की स्वतंत्रता का तानाशाही दमन कभी भी नहीं होना चाहिए।

पिछले पचास वर्षों में हिन्दी में क्या बदलाव आए हैं? और पहले के बरक्स आज हिन्दी की स्थिति कैसी है?

व्यावहारिक क्षेत्रों में हिन्दी भाषा का इस्तेमाल बढ़ा है। उससे भाषा में विस्तार आया है; लेकिन उसमें गहराई भी आए—इसके लिए ज़रूरी है कि विचारों और साहित्य के क्षेत्रों में भी उसका इस्तेमाल बढ़े। एक भाषा की सामर्थ्य में केवल उसका व्यावहारिक पक्ष ही नहीं, चिन्तन-पक्ष भी सुदृढ़ होना चाहिए। हिन्दी भाषा की उस भीतरी ताक़त को अभी भी ठीक से नहीं हलकोरा गया है : हम मानो उसकी ऊपरी सतह को ही खरोंच कर ख़ुश हैं। हिन्दी भाषा की वंशावली बहुत समृद्ध है : ऐतिहासिक कारणों से यह धरोहर हमें अनायास मिल गई है। वर्तमान में उसका पूरा-पूरा फ़ायदा उठाना चाहिए।

हिन्दी भाषा आज एक विश्वभाषा के रूप में दृढ़ता से स्थापित हो रही है—मूलतः व्यावसायिक (आर्थिक), मीडिया और राजनीतिक कारणों से। मुझे यक़ीन है कि जल्दी ही हिन्दी साहित्य की भी वैश्विक जगह पहचानी जाएगी। हिन्दी साहित्य को पिछड़ा मानने के पीछे भी कुछ उसी तरह की अज्ञान और उपेक्षा की भावना रही है जैसी कभी हिन्दी भाषा को पिछड़ी भाषा मानने के पीछे थी। छोटी भाषाओं में उनकी क्षेत्रीय और जातीय पहचानें ज़्यादा सुरक्षित रहती हैं, और इन पहचानों में हमारे आपसी सम्बन्धों की बुनियादी मानवीय भावनाओं का ज़्यादा ईमानदार स्पर्श महसूस होता है। एक भाषा के व्यावहारिक और व्यापारिक पक्ष के विस्तार के साथ-साथ इनके सूक्ष्म और नाज़ुक सम्बन्ध-सूत्रों में कृत्रिमता और कठोरता आने लगती है। भारतीयों द्वारा अंग्रेज़ी में लिखे गए ऐसे कई उपन्यास याद आते हैं जिनके परिवेश में लेखक या लेखिका के शुरुआती भारतीय जीवन का गहरा नॉस्टैल्जिया है। हिन्दी साहित्य में जीवन का यह पक्ष सहज विद्यमान है। यह भाषा जब प्रादेशिक से वैश्विक की सीमाओं में प्रवेश करेगी तो कहाँ तक वह अपनी मूल चारित्रिक पहचान को बचाए रख सकेगी—यह एक बड़ी चुनौती है—और स्वीकार करने लायक चुनौती है!

आज लगभग हर क्षेत्र में व्यवसायीकरण हो चुका है, इस दौर में इसका हिन्दी पर क्या प्रभाव पड़ रहा है?

व्यावसायिकता दुनिया में हमेशा रही है : वह आदमी के स्वभाव में है। तमाम

स्वाभाविक वृत्तियों की तरह व्यापार, और व्यवसाय की प्रवृत्ति भी आदिम है। इस समय हिन्दी भाषा के दुनिया में फैलने के पीछे व्यवसाय और वाणिज्य एक बड़ा कारण है—ख़ासकर मीडिया और मनोरंजन व्यापार। हिन्दी केवल साहित्य और विचार की भाषा नहीं है; रहन-सहन, लेन-देन और पूरे जीवन की भाषा है। कई स्तरों पर उसकी तोड़-फोड़ तो कई स्तरों पर उसका निर्माण भी हो रहा है। यह सन्तोषजनक है कि बावजूद व्यावसायिकता के दबाव के हिन्दी में अच्छा साहित्य लिखा जा रहा है। नई पीढ़ी अपनी तरह से इस चुनौती का सामना कर रही है।

हमारे देश में हिन्दी की क्या स्थिति है? जहाँ हिन्दी बोलने व पढ़ने वाले अंग्रेज़ी के मुक़ाबले अधिक लोग हैं फिर भी क्यों हिन्दी के बड़े लेखक और कवि की उतनी प्रतिष्ठा नहीं बन पाती जितनी अंग्रेज़ी के किसी लेखक की बनती है?

देश की बड़ी-बड़ी नदियों को सोचिए—सिंधु, गंगा, ब्रह्मपुत्र। ये ऐतिहासिक नदियाँ हैं। हिमालय से समुद्र तक पहुँचने में ये नदियाँ देश के एक बहुत बड़े भू-भाग को पार करती हैं। इस यात्रा में, जो उतनी ही भौगोलिक है जितनी ऐतिहासिक, तमाम छोटी-बड़ी नदियाँ उनमें मिलती रही हैं—फिर भी मुख्यधारा वही रहती है—सिंधु, गंगा या ब्रह्मपुत्र। हिन्दी भाषा की मुख्यधारा भी कुछ वैसी ही है। उसने लम्बा इतिहास देखा है। उद्गम से अब तक इसमें हज़ारों परिवर्तन हुए हैं। आज की हिन्दी में न जाने कितनी भाषाओं, संस्कृतियों, प्रभावों और परम्पराओं, जातियों का पानी मिला है, मुख्यधारा फिर भी हिन्दी ही कहलाती है। भाषा में होते रहने वाले परिवर्तन उसकी उपज और विकास से जुड़ी शर्तें हैं। एक देश जब अन्य देशों के घनिष्ट सम्पर्क में आता है तो उसकी भाषा, साहित्य, कलाओं, संस्कृतियों और रहन-सहन में बदलाव आता ही है। ऐसा ही अंग्रेज़ी के साथ हुआ था। ऐसा ही अब हिन्दी के साथ हो रहा है। अंग्रेज़ी कभी एक छोटे-से देश की भाषा थी। ऐतिहासिक कारणों से वह दुनिया के अनेक देशों में विभिन्न प्रकार की 'अंग्रेज़ियों' में फैल गई है। आज नहीं तो कल हिन्दी भाषा में जो साहित्य रचा जा रहा है उसे भी उचित जगह मिलेगी। अगर एक साहित्य में, कला में, दम है तो भाषा उसके लिए कोई सीमा नहीं।

अनेक छोटी भाषाएँ विश्वस्तरीय साहित्य दे रही हैं।

आज हिन्दी या अन्य प्रादेशिक भाषा के लेखकों का अपेक्षित प्रचार नहीं हो पाता तो उसका एक कारण अनुवादों की कमी है। हमने अधिकांश अच्छा विदेशी साहित्य अंग्रेज़ी अनुवादों में पढ़ा। इसकी आज बहुत बड़ी ज़रूरत भारतीय साहित्य को है। दूसरा बड़ा कारण मीडिया और अंग्रेज़ी के समाचार-पत्रों का इस ओर से बिल्कुल बेख़बर और उदासीन होना भी है। यह दुःखद स्थिति है।

इन दिनों आप क्या लिख रहे हैं?

कुछ न कुछ लिखता रहता हूँ। जब लिख जाता है तब मुझे भी पता चलता है कि कुछ लिखा है। कभी तो छपने चला जाता है और कभी पड़ा रह जाता है।

अपने बचपन की कुछ स्मृतियों के बारे में कृपया बताइए।

सत्तर की उम्र पार कर चुका हूँ, और उनके बारे में सोच रहा हूँ जो मेरे बचपन के दिनों में सत्तर की उम्र पार कर चुके थे। कुछ सदा बूढ़े (कुछ सदा जवान और कुछ सदा बच्चे भी) स्मृति में इस तरह ठहरे हैं मानो इसी तरह ठहरे रहेंगे समय में। समय बीतेगा; वे नहीं बीतेंगे। वैसे ही रहेंगे जैसे उस भूरे रंग के मटमैले फ़ोटोग्राफ़ में जिसमें परिवार के सभी सदस्य एक फ्रेम में अंकित हैं।

मेरे बचपन और उनके बुढ़ापे की एक तस्वीर : जैसे मेरे बचपन और मेरे बुढ़ापे के बीच एक नया, उल्टा या उप-संवाद हो।

बच्चा अटक-अटक कर पूछता है—"कैसे हुआ, कैसे हुआ यह कि तुम बूढ़े हो गए, बाबा की तरह?"

"नहीं, मैं अभी भी बच्चा ही हूँ तुम्हारी तरह, सिर्फ़ देखने में बूढ़ा लगता हूँ बाबा की तरह!"

फ़ाइल से

एक मर्ग-ए-ना-गहानी और है

गगन गिल

कुँवर जी, सबसे पहले, भारतीय ज्ञानपीठ पुरस्कार मिलने के लिए आपको बहुत-बहुत बधाई!

अपने पहले ही संग्रह *चक्रव्यूह* में आपने बड़ी मार्मिक बात लिखी थी :

हैं मुझे स्वीकार / मेरे वन, अकेलेपन / परिस्थिति के सभी काँटे... / जिसे मैं आज सह लूँ / कल वही देवत्व हो जाए, / न जाने कौन-सा उत्सर्ग / बढ़ अमरत्व हो जाए

अब आप देवत्व की तरफ़ भी आ गए हैं, अमरत्व की तरफ़ भी। आज इस मुक़ाम पर पहुँचकर कैसा लग रहा है?

वैसे देवत्व तो नहीं कहूँगा, अभी भी मैं मनुष्यत्व के ही स्तर पर अपने को मानता हूँ। आदमी की ज़िन्दगी में तमाम पड़ाव आते रहते हैं, मोड़ आते रहते हैं। ऐसा तो नहीं लग रहा कि इस मुक़ाम का कोई साफ़ ख़ाका मेरे दिमाग़ में रहा हो। इससे पहले भी कई मोड़ आते रहे हैं ज़िन्दगी में। शायद हर साहित्यकार की, हर कवि की यह कोशिश होती है कि वह नई परिस्थिति में कैसे अपने आप को बदल पाता है, क्या उसकी प्रतिक्रिया होती है। आज भी मुझे लग रहा है कि यह फिर एक नए तरह की शुरुआत हो सकती है। मैं अब बयासी का हो चुका हूँ : इस समय यह कहना शायद कुछ लोगों को अटपटा भी लग सकता है लेकिन मुझे बिलकुल नहीं लगता। जब तक हम जीवित हैं, हमारे लिए प्रत्येक क्षण महत्त्व रखता है।

ग़ालिब का एक शे'र याद आता है—*हो चुकीं ग़ालिब बलाएँ सब तमाम,*

लेकिन उसके तुरन्त बाद ही दूसरी पंक्ति में वे कहते हैं, *एक मर्ग-ए-ना-गहानी और है।* मर जाना बाक़ी है। यह तो कभी भी नहीं कह सकते कि यह मुक़ाम अन्तिम है, क्योंकि अन्तिम मुक़ाम तो अभी बाक़ी है। आज भी ऐसा नहीं है कि ज़िन्दगी की सारी मुश्किलें हल हो चुकी हैं। बहुत-सी ऐसी मुश्किलें हैं जो ज़्यादा मुश्किल लग रही हैं आज। शायद उन्हें हल करने के लिए जो सामर्थ्य चाहिए, उससे भी कभी-कभी भरोसा उठने लगता है। लेकिन फिर भी मेरा मानना है कि आदमी को भरोसेमन्द चीज़ों में पक्का भरोसा रखना चाहिए। यही चीज़ें, यही राहतें जो हमें मिलती रहती हैं, छोटी नहीं होतीं, बहुत बड़ी हो जाती हैं। मैंने हमेशा मुश्किलों से ज़्यादा इन छोटी-छोटी राहतों को, दोस्तियों को, निकटताओं को अपने पास एक ख़ज़ाने की तरह रखा है और उससे मुझे बहुत मदद मिली है।

प्रायः कविता के लिए हम मानकर चलते हैं कि यह स्वतःस्फूर्त कोई चीज़ है, लेकिन जब आपकी रचनाओं को पढ़ते हैं, खंडकाव्यों को छोड़ दें तो भी आप स्वतःस्फूर्त कवि-श्रेणी में तो नहीं आते।

मेरा मानना है कि कविता में कई तरह की प्रक्रियाएँ होती हैं जो कभी-कभी एक साथ काम करती हैं, कभी अलग-अलग। स्वतःस्फूर्त, या जिसे तुलसीदास ने 'स्वान्तःसुखाय' कहा है, एक तरीक़ा है। लेकिन यही एकमात्र तरीक़ा नहीं है। तुलसीदास ने ही 'नानापुराणनिगमागमसम्मतं यद् रामायणे' की बात की है। यानी बहुत से स्रोत हो सकते हैं कविता के। वे स्रोत हमारे आन्तरिक दबाव भी हो सकते हैं और बाहरी दबाव भी। मेरा सम्बन्ध जो ज़िन्दगी से रहा, जीने से रहा, जो किताबों से और दूसरों के अनुभवों से रहा, इन सबसे एक मिला-जुला संसार बनता है; और शायद एक कवि में जब तक यह सामर्थ्य नहीं हो कि वह सिर्फ़ अपने अनुभवों से नहीं, दूसरों के अनुभवों से भी, और एक ज़्यादा बड़ी दुनिया से प्रतिक्रिया कर सके; तब तक शायद वह कविता के बहुत गहरे मर्म तक नहीं पहुँच पाएगा।

ज्ञानपीठ समारोह में अपने स्वीकार भाषण में आपने एक बहुत ही पते की बात कही कि ग़लत आचरण से शब्दों के अर्थ निस्तेज हो जाते हैं।

उसके बाद आपने महात्मा गाँधी का उदाहरण दिया कि उनका जीवन, उनका चरित्र और कर्म एक ऐसा प्रतिमान बना कि उसमें 'अहिंसा' शब्द मूर्तिमान हो गया। यह आपके अपने लेखन में भी सम्भव हुआ है। कुछ शब्द हैं जिसे आपसे कमतर कोई भी कवि अगर इस्तेमाल करता तो बहुत सन्दिग्ध हो जाता। जैसे—अच्छाई, ईमानदारी, कृतज्ञता; ये केवल कविता के शब्द नहीं हैं, ये बहुत उजले शब्द हैं। कविता कालिख का इलाक़ा है लेकिन आपने बिना (जिसे आप कहते हैं) देवत्व की तरफ़ गए हुए, इन चीज़ों को अपने लेखन में सम्भव करके दिखाया है। मेरा नई पीढ़ी के लोगों के लिए आपसे जानने का मन है कि यह जो मैला समय हमें मिलता है, जो खोटे शब्द हमें मिलते हैं, जिनसे हमें कला के सत्य का सामना करना पड़ता है, यह सब कैसे निभाया जाए?

मैंने अपने वक्तव्य में ही एक बात कही थी 'अ-क्षर' की। शब्द कभी नए या पुराने नहीं पड़ते, हम उन्हें पुराना या निस्तेज कर देते हैं। तब वह हमारे लिए अर्थहीन हो जाते हैं। उनका फिर से पुनरुत्थान सम्भव हो सकता है। जैसे गाँधी जी ने जब एक शब्द लिया—अहिंसा—तो वैसे यह बड़ा पुराना, हज़ारों साल पुराना शब्द है, लेकिन उसको जब वे अपने बर्ताव में लेकर आए, उसे अपनी चारित्रिक संकल्प-शक्ति दी तो वह जीवन और भाषा में फिर से ऊर्जावान हो गया। यहाँ तक कि सिर्फ़ आज को ही नहीं, बल्कि अहिंसा की एक पूरी परम्परा की शक्ति को आलोकित करता चला गया। सुकरात से लेकर गैलीलियो, क्राइस्ट, गाँधी तक के तमाम प्रसंग याद आने लगते हैं, बुद्ध याद आते हैं और मानना पड़ता है कि इन शब्दों की शक्ति कोई मामूली शक्ति नहीं है। इन शब्दों की शक्ति को, इनकी ऊर्जा को बार-बार री-डिस्कवर करना पड़ता है।

फ़िल्मों के साथ, ख़ासकर विदेशी फ़िल्मों के साथ आपका एक बहुत जीवंत रिश्ता रहा है। अगर इनकी अनुपस्थिति में आपने काम किया होता तो...

ज़रूर कुछ कमी रह जाती। मैं तो बार-बार कहता हूँ कि इतने विषयों में जाने

से, इनमें रुचि रखने से मेरी साहित्यिक संस्कृति समृद्ध हुई है। उसमें कोई कमी नहीं आई। संगीत और फ़िल्म के क्षेत्र के लोगों से मेरे घनिष्ठ संवाद हुए हैं। सत्यजित राय, पंडित जसराज, संयुक्ता पाणिग्राही, केलुबाबू जैसे कलाकारों से उनके विषय पर घंटों बातें होती थीं, लेकिन मैं जानता हूँ कि कहाँ वे धीरे-धीरे मेरे अपने साहित्यिक जीवन को भी समृद्ध करती थीं।

कवि से बात हो और उसकी कोई कविता न सुनें, ये तो हो नहीं सकता। एक कविता का हमारा आपसे आग्रह है...

[कुँवर जी 'बाक़ी कविता' का पाठ करते हैं—]

पत्तों पर पानी गिरने का अर्थ
पानी पर पत्ते गिरने के अर्थ से भिन्न है।
जीवन को पूरी तरह पाने
और पूरी तरह दे जाने के बीच
एक पूरा मृत्यु-चिह्न है।

बाक़ी कविता
शब्दों से नहीं लिखी जाती,
पूरे अस्तित्व को खींचकर एक विराम की तरह
कहीं भी छोड़ दी जाती है...

बहुत ख़ूब! एक बार फिर हम सब की तरफ़ से आपको ज्ञानपीठ मिलने की बहुत-बहुत बधाई! आप इसी तरह सक्रिय रहें, हम लोगों को चमत्कृत करते रहें!

आपको भी बहुत-बहुत धन्यवाद!

दूरदर्शन के 'पत्रिका' कार्यक्रम में बातचीत, 2009

विज्ञान भी बड़ा काव्यमय है

रोहित कौशिक

आप कवि और कविता के लिए वैज्ञानिक दृष्टिकोण को आवश्यक मानते हैं? इसे आप किस रूप में देखते हैं?

दरअसल विज्ञान भी बड़ा काव्यमय है। आप अगर हायर फ़िज़िक्स को पढ़िए तो वह लगभग मेटाफ़िज़िक्स है। हालाँकि इस तरह के वर्गीकरण जिस तरह से जीवन को बाँटते हैं, उस तरह से एक साहित्यकार या एक कविता नहीं बाँट पाती है। कविता समग्र रूप में जीवन को देखती है। मुझे लगता है कि वैज्ञानिक दृष्टिकोण जब भी हम विश्लेषणात्मक ढंग से जीवन पर लागू करना चाहेंगे तो उसमें थोड़ी मुश्किल होगी। इस पर मैंने अपने निबन्ध 'साहित्य के कुछ अन्तर्विषयक सन्दर्भ' में विचार किया है। साहित्य का विभिन्न विषयों से लेन-देन उसी तरह से होना चाहिए जैसे जीवन से है।

इन्हें हम वर्गीकृत नहीं कर सकते?

इन्हें वर्गीकृत करने का दूसरा तरीक़ा है। जिस तरह से हम भौतिक विज्ञान में वर्गीकरण करते हैं उस तरह से जीवविज्ञान में नहीं करते हैं। उसके सन्दर्भ अलग होते हैं। लेकिन जब हम विज्ञान की बात करते हैं तो ऐसा मान लेते हैं कि विज्ञान कोई एक चीज़ है जबकि वहाँ भी भेद, अन्तरभेद, विभेद बहुत हैं। वर्गीकरण बहुत हैं।

क्या आपको नहीं लगता कि इस प्रक्रिया में प्रेम कहीं पीछे छूट गया है?

नहीं, ऐसा नहीं है। प्रेम पीछे नहीं छूट सकता है क्योंकि वह हमारे जैविक

अस्तित्व के साथ जुड़ा हुआ है। करुणा, प्रेम और नैतिकता जैसी भावनाएँ हम लाख पीछे छोड़ना चाहें, छोड़ नहीं पाएँगे। उसी तरह से जैसे हम बहुत-सी बुराइयों, बहुत-सी वासनाओं को नहीं छोड़ पाते हैं। ये दोनों ही चीज़ें आदमी के स्वभाव में हैं। हम ऐसा नहीं सोचते हैं कि ये चीज़ें अलग हैं या पीछे हैं। इसी वजह से बहुत-सी चीज़ों को हम बाइपोलर ढंग से सोचने लगे हैं, 'दिस ऑर दैट'। जबकि विज्ञान 'दिस एंड दैट' की बात करता है। प्रेम उद्‌गार-मूलक है। उसकी जड़ें हमारी बुनियादी जैविक वृत्तियों में हैं। अपने उदात्त रूप में ये भावनाएँ जीवन-रक्षक हैं। ये ज्ञान-विज्ञान से बाहर नहीं हैं। न ही जीवन से, और न ही कविता से बाहर हैं। एक वैज्ञानिक के लिए भी प्रेम का उतना ही महत्त्व है जितना एक कवि के लिए। दोनों ही आख़िर हैं तो मनुष्य जाति के ही प्राणी! प्रेम पर विचार का मतलब उसके भावना-पक्ष का विलोम नहीं है।

'एक अजीब-सी मुश्किल' कविता में आप नफ़रत करना चाहते हैं लेकिन आपकी नफ़रत बार-बार प्रेम में तब्दील हो जाती है। इस कविता में आपने प्रतिशोध की भावना को नकारा है। आज हमारे सामाजिक और साहित्यिक वातावरण में प्रतिशोध की भावना प्रबल हो रही है। इसे आप किस रूप में देखते हैं?

अगर हम मनुष्य की सर्वश्रेष्ठ उपलब्धियों को सोचें जिसको मैंने शेक्सपीयर में, ग़ालिब में प्रतिकृत किया है, तब हम शायद नफ़रत नहीं कर पाएँगे। लेकिन जब हम राजनीतिक ढंग से अपने भेद-विभेद, जाति, इन सबको आगे रखकर सोचते हैं तब हमारे अन्दर नफ़रत पैदा होती है। इसलिए मेरा यह मानना है कि हमारी एक सार्वभौमिक दृष्टि होनी चाहिए। यह दृष्टि होनी चाहिए कि हम सब एक मनुष्य जाति के हिस्से हैं, अलग-अलग नहीं हैं। जबकि राजनीति है या इस तरह की और भी चीज़ें हैं, हमको विभाजित करके सोचती हैं। मैं इसके विरुद्ध हूँ। दरअसल हमें जो इतिहास पढ़ाया जाता है, वह मुख्य रूप से राजनीतिक इतिहास है। जैसे राजवंशों का इतिहास आदि। इन सब चीज़ों की हमारे ऊपर इतनी नाटकीयता छा जाती है कि हम भूल जाते हैं कि इस इतिहास के साथ-साथ सांस्कृतिक इतिहास की भी एक समानान्तर धारा बराबर चलती रही है। गाँधी ने राजनीति में अहिंसा की बात की तो लगा कि यह बिल्कुल नई

चीज़ थी। तो जब कोई एक उदाहरण से हमारे सामने इन चीज़ों को जगाता है तब हमारा ध्यान जाता है कि अरे यह तो एक बड़ी प्रशस्त चीज़ है!

आदमी की सर्वश्रेष्ठ उपलब्धियों का उसकी बुनियादी भावनाओं और विचारों के साथ सीधा और गहरा सम्बन्ध है। वे साम्प्रदायिक या जातिवाचक नहीं होतीं। अत्यन्त उदार और व्यापक अर्थों में जीवनवादी होती हैं। पूरी कविता में इसी मूलाशय की व्यंजना की चेष्टा है। यह कविता अपनी तरह प्रतिशोध की भावना का निषेध है—कुछ-कुछ उसी तरह जैसे गाँधी की अहिंसा अपनी तरह से हिंसा का प्रतिरोध है।

तो क्या हमें सामाजिक और सांस्कृतिक रूप से भी सोचना चाहिए?

हाँ, बिल्कुल सोचना चाहिए। क्योंकि इसके बिना हम जीवन की समग्रता को नहीं पकड़ पाएँगे। हम उसे केवल अंशों में पकड़ेंगे तो उससे विकृतियाँ उत्पन्न होंगी।

इस दौर की कविता किसी भी तरह के वाद या आन्दोलन से मुक्त है। क्या कविता के विकास के लिए किसी वाद या आन्दोलन का होना ज़रूरी है?

नहीं, कोई ज़रूरी नहीं है। मैंने शुरू से ही इस बात की कोशिश की है कि मैं आन्दोलनों से प्रतिबद्ध न रहूँ। मेरी पूरी प्रतिबद्धता साहित्य से हो। मैं साहित्यकार हूँ और यह बहुत बड़ी प्रतिबद्धता है। आज जिन चीज़ों को लेकर तमाम तरह के वाद उठ रहे हैं, वे सब साहित्य में समाहित हैं। जब हम साहित्य के दायरे को छोटा करते हैं तो उसे एक वाद में छोटा करते हैं। लेकिन अगर उसके पूरे विस्तार में हम भ्रमण करें या रमण करें तो यह दुनिया बहुत बड़ी दुनिया है। इसमें सारे वादों के लिए जगह है, उनका प्रतिवाद है, विवाद है। इस पूरे माहौल को ग्रहण करना चाहिए।

आप *तीसरा सप्तक* के महत्वपूर्ण कवि हैं। काव्य-जगत में सप्तकों के प्रकाशन को आप किस तरह देखते हैं?

सप्तकों का एक बड़ा ऐतिहासिक महत्त्व है। 1943 में सप्तक छपना शुरू हुए। उसके बाद दूसरा, तीसरा और चौथा सप्तक छपे। वो ऐसा समय था जब

भारत को आज़ादी भी मिली और विश्वयुद्ध समाप्त हुआ। 1945 और 1947 के बीच का समय ऐतिहासिक दृष्टि से केवल भारत में ही नहीं, बल्कि पूरे विश्व में एक बहुत ही महत्त्वपूर्ण समय था। उस समय सप्तकों का प्रकाशित होना एक महत्त्वपूर्ण घटना थी। इनमें से तीन सप्तकों का महत्त्व ज़्यादा रहा। इन सप्तकों ने कविता के इतिहास को नई तरह हमारे सामने रखा। यद्यपि मेरा मानना है कि इससे पहले छायावाद या उत्तर-छायावाद भी सशक्त आन्दोलन थे। उत्तर-छायावाद को मान लिया गया कि यह छायावाद का परिशिष्ट है। लेकिन मैं ऐसा नहीं मानता हूँ। वह भी अपने आप में एक सशक्त आन्दोलन था जिसने आगे चलकर प्रगतिवाद, प्रयोगवाद और नई कविता जैसे आन्दोलनों की नींव डाली। इस दृष्टि से इनका अध्ययन होना चाहिए। मैं ख़ास तौर पर कहना चाहूँगा कि बच्चन की भाषा या नरेंद्र शर्मा की भाषा या भगवतीचरण वर्मा की भाषा का सामाजिक दृष्टि से बड़ा महत्त्व है। यह एक बड़ी पहल थी। हालाँकि भगवतीचरण वर्मा का नाम कम लिया जाता है लेकिन एक समय में उन्होंने 'भैंसा गाड़ी' जैसी कविताएँ लिखीं। दरअसल उत्तर-छायावाद का ठीक से अध्ययन नहीं हुआ और उसके महत्त्व को नहीं पहचाना गया। जब हम सप्तकों की बात सोचते हैं तो इसका सन्दर्भ उठाया जा सकता है। अगर सप्तकों को छायावाद के बाद की चीज़ न मानकर उत्तर-छायावाद के बाद की चीज़ मानकर चला जाए तो भाषा एवं विषय की दृष्टि से कई महत्त्वपूर्ण पहलू सामने आते हैं।

सप्तकों की बात चली है तो अज्ञेय से जुड़ा कुछ बताइए?

अज्ञेय जी का और मेरा काफ़ी साथ रहा। एक कवि के रूप में, उपन्यासकार के रूप में, समीक्षक के रूप में, उनके कार्यक्षेत्र का एक बहुत विस्तृत फलक है। दूसरा उनका एक ऐतिहासिक महत्त्व भी है क्योंकि पहली बार उन्होंने कविता के बारे में अपने जो विचार दिए या जो कविताएँ लिखीं, उनके माध्यम से उत्तर-छायावाद से अलग एक युग का उद्घोष हुआ। इस बात को सिर्फ़ उन्होंने कहा नहीं, बल्कि सप्तकों के द्वारा किसी हद तक साबित करने की कोशिश की। यद्यपि जो सप्तकों के कवि थे वे सब बिल्कुल अलग-अलग अपनी तरह से विकसित हुए। लेकिन फिर भी सप्तक एक लैंडमार्क की तरह है जहाँ से आसानी से समकालीन कविता के इतिहास को शुरू किया जा सकता है।

कुछ गीतकारों का मानना है कि *तार सप्तक* से जो नया आन्दोलन चला उसने जान-बूझकर छन्द को नकारा। इस पर आप क्या कहना चाहेंगे?

छन्द तो इससे पहले ही नकारा जा चुका था। निराला ने तो छन्दरहित कविता कब से शुरू कर दी थी। इससे पहले संस्कृत में जो वर्णिक छन्द हैं, इतने मुक्त हैं कि गद्य की तरह के हैं। तो यह कहना कि मात्रिक छन्द को नई कविता ने ही नकारा, सही नहीं है। आप बहुत से वैदिक छन्दों को देखिए तो लगेगा कि यह तो बिल्कुल गद्य है। तुकान्त कविता का तो चलन ही नहीं रहा संस्कृत काव्य में। तो यह इतनी नई चीज़ नहीं थी। हमें यह सोचना चाहिए कि छन्दरहित कविता के पीछे आवश्यकता क्या थी। छन्दबद्ध कविता केवल कुछ विषयों के अन्दर बँधकर रह गई थी। हम लोगों को यह ज़रूरत महसूस हुई कि जो नया सामाजिक माहौल बन रहा था उसका एक बड़ा क्षेत्र कविता में आना चाहिए। अत: छन्द तोड़ने की आवश्यकता इसलिए पड़ी कि हम उसको ला सकें। हमने कभी भी छन्द को पूरी तरह से नहीं त्यागा। मेरी ऐसी बहुत-सी कविताएँ हैं। 'शान्ति वार्ता' नामक कविता में मैंने संस्कृत छन्द का इस्तेमाल किया है। वही संस्कृत छन्द जो *भगवद्गीता* के ग्यारहवें अध्याय में है, उसका मैंने इस्तेमाल किया है। छन्दों का हमने कभी भी पूरी तरह परित्याग नहीं किया लेकिन आवश्यक या अनिवार्य नहीं माना।

क्या आप ये कह रहे हैं कि इसके पीछे पूर्वग्रह की कोई भावना नहीं थी बल्कि यह एक ज़रूरत थी?

हाँ, इसकी ज़रूरत थी। जैसे हरिऔध जी ने वर्णिक छन्दों में प्रयोग किया। उन्होंने संस्कृत छन्दों को हिन्दी भाषा में लिया। तो ऊपर से यह लगता है कि यह मुक्त छन्द है। लेकिन यह मुक्त छन्द नहीं है वर्णिक छन्द है। मुझे कभी-कभी लगता है कि हम लोगों ने संस्कृत के वर्णिक छन्दों का पूरी तरह से उपयोग नहीं किया।

अज्ञेय कहते थे कि साहित्य-रचना के साथ-साथ मेरा एक काम साहित्य के लिए समाज बनाना भी है। क्या आज का साहित्यकार साहित्य के लिए वह समाज बनाने की कोशिश कर रहा है?

इस देश की सौ करोड़ से ऊपर की आबादी का अधिकांश हिस्सा इस वैचारिक

और साहित्यिक विमर्श के बिल्कुल बाहर है। यह भीषण चिन्ता की बात है। आज हम जिसके लिए लिख रहे हैं, जिस समाज को हम बदलना चाहते हैं, अगर वह समाज ही हमारी बात नहीं सुन पा रहा है या नहीं समझ पा रहा है, तो हमारे लिए इससे बड़ी चिन्ता की बात कोई दूसरी नहीं हो सकती है। इसीलिए मैं समझता हूँ कि हमें कहीं न कहीं किसी न किसी तरह इस बड़े वर्ग से एक संवाद स्थापित करना पड़ेगा। अगर आप आज की कविता को देखें तो उसकी भाषा में, उसके एप्रोच में एक बड़ा परिवर्तन आया है। भाषा के साथ प्रयोग की जो दिशाएँ हैं, इसको केवल छन्द बनाने और छन्द तोड़ने से नहीं जोड़ना चाहिए। वहाँ देखना चाहिए कि हम कोशिश क्या कर रहे हैं। आज हिन्दी की सार्वभौमिक और ग्लोबल स्थिति बन रही है। हमको एक ओर उस साधारण आदमी तक भी पहुँचना है जो कि इस जनता की सबसे छोटी इकाई है। दूसरे स्तर पर हमें उस ग्लोबल वातावरण से भी संवाद करना है जहाँ हिन्दी भाषा पहुँच रही है। क्योंकि यह जो एक ज़्यादा जटिल दुनिया हमारे सामने आई है उसका सरलीकरण केवल बाज़ारवाद या उपभोक्तावाद में नहीं हो सकता है। उससे ज़्यादा गहराई में जाकर उसके तमाम पक्षों को टटोलना पड़ेगा, देखना पड़ेगा।

आप स्वयं यह स्वीकार कर रहे हैं कि इस देश की आबादी का अधिकांश हिस्सा वैचारिक और साहित्यिक विमर्श के बाहर है। निश्चित रूप से आप लोगों ने अपनी भाषा में परिवर्तन किया है लेकिन इसके बावजूद जिन लोगों पर लिखा जा रहा है, वे लोग साहित्य की तरफ़ नहीं आ रहे हैं।

दरअसल हमारे देश में शिक्षा की कमी है। साहित्य का काम शिक्षा नहीं है। साहित्य तो शिक्षित वर्ग तक ही पहुँच सकता है। क्योंकि हमारा माध्यम शब्द है, भाषा है। यह काम शैक्षिक संस्थानों का है। स्कूल, कॉलेज और विश्वविद्यालयों को इस दिशा में प्रयास करना चाहिए। इन जगहों पर जागरूकता पैदा करनी पड़ेगी। इसलिए शिक्षा हमारी पहली प्राथमिकता होनी चाहिए। हम इतना बड़ा लोकतंत्र चला रहे हैं। हम एक साधारण आदमी में न्याय-बुद्धि डालना चाहते हैं कि वह सामाजिक न्याय के अर्थ को समझ सके, नैतिक न्याय के अर्थ को समझ सके। यह काम तभी कर सकते हैं जब वह आधार मिले जिससे हम संवाद कर सकें। हम वही भाषा इस्तेमाल कर रहे हैं जो सब बोल रहे हैं। मैंने अपनी

भाषा में ही काफ़ी परिवर्तन किया है। आप शुरू की भाषा देखिए और आज की भाषा देखिए तो आपको पता चलेगा। अब हम वैदिक और उपनिषदिक बात भी ऐसी भाषा में करते हैं कि वह आदमी की ज़िन्दगी से जुड़ सके। साहित्य की ओर से तो बराबर यह कोशिश होती रहती है लेकिन जब तक एक शिक्षित समाज नहीं मिलेगा तब तक साहित्य उन तक कैसे पहुँच पाएगा!

साहित्य का काम मिशनरी नहीं है। उसका काम है एक उत्कृष्ट कोटि का रचनात्मक विचार देना। इसीलिए शैक्षिक संस्थानों को जागरूक होकर विचार करना होगा कि हमारे क्या अधिकार हैं, मानवता का क्या अर्थ है, नैतिकता का क्या अर्थ है। केवल राजनीति ही सब कुछ नहीं है। इससे अलग भी एक संस्कृति है। इन सब चीज़ों की शिक्षा जब होगी तब कविता के साथ एक संवाद बनेगा।

आपका बचपन अयोध्या में बीता। आपने बाबरी मस्जिद विध्वंस पर कविता भी लिखी है। क्या आपको नहीं लगता कि बाबरी मस्जिद विवाद ने अयोध्या के सांस्कृतिक स्वरूप को नष्ट कर दिया?

आप ठीक कह रहे हैं। हमारा इतिहास इस तरह का इतिहास नहीं है जिसमें कट्टरता को प्रोत्साहन दिया गया हो। हमारे यहाँ वाद-विवाद, संवाद और खंडन-मंडन की पूरी पृष्ठभूमि है। जब इसको हम बहुत ही संकुचित ढंग से देखते हैं, इसकी संकुचित व्याख्या करते हैं तब धर्म हिंसक हो जाता है। हमारे यहाँ उदारता पर ज़ोर दिया गया है। हमारी संस्कृति में अनेक समानान्तर धाराएँ चली हैं। विचार की धारा अलग है, कर्मकांड की धारा अलग है। विचारक कर्मकांड के प्रति क्रिटिकल भी रहे हैं। जहाँ पाखंड आया है वहाँ इन विचारकों ने घोर विरोध किया है। यह बहुत ज़रूरी है कि हम अपनी संस्कृति की इस वैचारिक धारा को पकड़ें जो सांख्य से लेकर अब तक अखंडित चली आई है।

क्या इंटरनेट के इस युग में किताबों पर कोई संकट है?

कोई संकट नहीं है, बल्कि इंटरनेट तो किताबों तक पहुँचने में मदद करता है। मैं समझता हूँ कि इंटरनेट किताबों को रिप्लेस कभी नहीं कर पाएगा, क्योंकि किताब के भौतिक और मानसिक दोनों ही अस्तित्व हैं।

कविता में शिल्प की जटिलता या सरलता क्या कविता की सम्प्रेषणीयता पर कोई प्रभाव डालती है?

जो बात हम कहना चाह रहे हैं : उसे सरल ढंग से भी कह सकते हैं, कम सरल ढंग से भी कह सकते हैं, काल्पनिक ढंग से भी कह सकते हैं और वैचारिक ढंग से भी कह सकते हैं। कहने के तो तमाम तरीक़े हैं। अन्तिम बात यह है कि वह कविता के रूप में पाठक को किस तरह से प्रभावित करती है। अगर वह प्रभावित कर पाती है तो मैं समझता हूँ कि उपदेश से भी कविता हो सकती है और बहुत अच्छी कविता हो सकती है। तमाम जगह कबीर के उपदेश हैं लेकिन उत्कृष्ट कोटि की कविता भी है। मुख्य बात यह है कि वह हमारे कितने प्रामाणिक जीवनानुभव से निकली है और जब हम उसे पढ़ते हैं तो हमारे कितने प्रामाणिक जीवनानुभव से जुड़ पाती है। कविता को परखने की मेरी अपनी दृष्टि यह है कि मैं हमेशा उसका जीवन से सादृश्य देखता हूँ कि वह कितना 'लाइफ़ सपोर्टिंग' है। अगर न हो, वो सपने हमारे सामने न हों, तो जीना दुश्वार हो जाए। कविता का एक बहुत बड़ा काम है कि वह हमें किस तरह का 'विज़न' देती है। वह हमारे जीवन को पुष्ट करती है या दुर्बल करती है। यहाँ हम उसकी प्रामाणिकता को परखते हैं।

मानवीय संवेदनाओं को बचाने में क्या कविता की कोई भूमिका है?

प्रमुख भूमिका है। मानवीय संवेदनाओं को बचाना ही शायद कविता का सबसे बड़ा काम और धर्म भी है। अगर यह नहीं होगा तो कविता का अपना अस्तित्व ही बेकार हो जाएगा। मैंने अपनी कविताओं और बातचीत में बार-बार इस बात का संकेत दिया है। लोगों ने तो मेरे ऊपर यह आरोप भी लगाया है कि मैंने कविता में मानवता को बहुत ज़्यादा दोहराया है। लेकिन मैं इसे ग़लत नहीं समझता हूँ। कुछ चीज़ें ऐसी होती हैं जिन्हें दोहराना ज़रूरी होता है ताकि हम भूल न जाएँ। इस मायने में जितने भी सन्दर्भ हमें मनुष्य बनाते हैं, हमारी मानवता को उत्साहित करते हैं, उनका अगर दोहराव भी होता है तो कोई हर्ज़ नहीं है।

मूल 'कथादेश' में प्रकाशित, 2011

लेखक की दिनचर्या

अनुराग वत्स

आप कब लिखते हैं?

सुबह लिखनां पसन्द करता हूँ—ख़ासकर कविता। ऐसा लगता है कि मस्तिष्क के जागने और दिन शुरू होने के बीच निकट लयात्मक सम्बन्ध है। शाम को पढ़ना तो पसन्द करता हूँ लिखना उतना नहीं। इसीलिए जल्दी सोने और जल्दी जगने की पुरानी आदत है। किसी कारण से यदि सुबह लिखना नहीं हो पाता तो दिन बेकार लगने लगता है। अन्यथा अच्छी शुरुआत हो तो शाम तक भी उसका सिलसिला चलता रह सकता है।

क्या लिखने का कोई तय वक़्त है?

उत्प्रेरक लेखन ख़ुद अपना समय बनाता है। उसके लिए घड़ी कुछ ख़ास मानी नहीं रखती। वैसे, सुबह चार-पाँच घंटे लिखना अच्छा लगता है। पढ़ना शाम को भी हो जाता है, पर शामें घर से बाहर भी बिताना चाहता हूँ। सिनेमा, कॉफ़ी-हाउस, मित्रों से मिलना-जुलना, बातचीत, घूमने-फिरने की पुरानी आदत। शाम होते ही मन बाहर भटकने को भागता है—चाहे किताबों, फ़िल्मों वगैरह के रास्ते ही; अन्यथा एक अजीब-सी घुटन महसूस होती है। मैंने अनुभव किया है कि एक अच्छी शाम बीते तो सुबह लिखना भी बेहतर होता है।

लिखने के लिए कम्प्यूटर और काग़ज़ में से किसका इस्तेमाल करते हैं और क्यों?

काग़ज़-क़लम के साथ अधिक सहज आत्मीयता अनुभव करता हूँ। टाइपराइटर पर भी लिखने का अभ्यास है। पर कम्प्यूटर पर असहज हो जाता हूँ—वह अकारण मुझे कुछ ज़्यादा तुनुकमिज़ाज लगता है। काग़ज़-क़लम की सादगी, विनम्रता और स्पर्श न तो कम्प्यूटर में है, न टाइपराइटर में। उनमें मशीन युग की सुविधाएँ हैं तो थोड़ी अकड़ भी।

लेखन के बीच अन्तराल या निरंतरता किस तरह बनाते हैं?

बेमन से लिखना नापसन्द करता हूँ। जब मन लगे तभी लिखना चाहता हूँ; अन्यथा अकसर आधा लिखे को बीच में ही छोड़ देता हूँ। कभी-कभी वाक्य तक को पूरा नहीं करता। इस तरह लिखने के बीच अन्तराल बनते चलते हैं। ये अन्तराल बड़े काम के होते हैं; सार्थक अवकाश, जो आगे के लेखन को गति देते हैं। जिसे तुम निरंतरता कह रहे वह इन अन्तरालों से फ़र्क़ है मगर इनसे बहुत अलग नहीं। जैसे संगीत की लय में आरोह-अवरोह। राग पक्का होना चाहिए... निरन्तरता से तुम्हारा मतलब यदि लगातार लेखन या योजनाबद्ध लेखन से है तो निश्चय ही मैं बहुत जुटकर लिखने वालों में से नहीं हूँ। आराम से लिखना मुझे आराम देता है।

क्या कभी 'राइटर्स ब्लॉक' का अनुभव किया है?

जो कई विधाओं में लिखते हैं उनके लिए राइटर्स ब्लॉक की समस्या शायद कम उठती है। कविता इस माने में अपने आप में एक रिलैक्स्ड विधा है। थकने की समस्या धुँआधार लिखने वालों के सामने ज़्यादा उठती है। मैं वैसे भी शायद कम लिखने वालों में से हूँ।

न लिखने के दिनों में क्या करते हैं?

न लिखने के दिनों में पढ़ता ज़्यादा हूँ। ज़्यादा पढ़ना, लिखने का विकल्प नहीं है। उसे लिखने की तैयारी में शामिल मानता हूँ।

एक दिन में कितने घंटे पाबन्दी से लिखते हैं?

सुबह चार-पाँच घंटे अपने साथ बैठता हूँ। बस इतनी-सी पाबन्दी अपने पर लगाता हूँ। ठीक सुबह चाय के साथ ही नोटबुक और क़लम लेकर बैठता हूँ, जो कुछ लिख जाए : छोटी टिप्पणियाँ अंग्रेज़ी-हिन्दी में, जिनसे नोटबुक्स भरी पड़ी हैं। कविता पूरी या अधूरी, लेख; जो भी मन में आया लिख जाता है। बहुत भिड़कर विधिवत लिखनेवालों में से नहीं हूँ। अपने को काफ़ी छूट देकर लिखता हूँ।

कितना लिख लेना एक दिन में पर्याप्त लगता है?

यदि कुछ पृष्ठ भी मन को सन्तोष देने लायक लिख जाएँ तो अच्छा लगता है। पर हमेशा ऐसा हो नहीं पाता। फिर गद्य-लेखन से कविता-लेखन की बात अलग है—दो अच्छी पंक्तियों के लिए पूरा दिन लग सकता है।

पढ़ने के लिए कितना वक़्त निकालते हैं?

अब आँखों की तकलीफ़ की वजह से ज़्यादा नहीं पढ़ पाता। फिर भी धीरे-धीरे दो-तीन घंटे तो निकल ही आते हैं किसी तरह।

पढ़ने की आदत लेखन में बाधक तो नहीं बनती?

पढ़ने-लिखने को सहयोगी चेष्टाएँ मानता हूँ। अच्छे लिखे को पढ़ना जीने की तरह है। पढ़ना मेरे लिए जीवन के घनिष्ठ यथार्थ से विचार-विनिमय की तरह है।

'सबद' में प्रकाशित, 2011

लेखक के लिए आम जनता का हित सर्वोपरि है

शशि कुमार 'शशिकांत'

लेखक या कलाकार अपने समय का जागरूक और समाज का संवेदनशील मनुष्य होता है। उसके लिए सामाजिक प्रतिबद्धता कितनी ज़रूरी है?

सामाजिक प्रतिबद्धता से लेखक का जुड़ाव ख़ुद-ब-ख़ुद होता है। यह प्रतिबद्धता लेखक में उसके सामाजिक सरोकारों और नैतिक जीवन-मूल्यों से जुड़कर अभिव्यक्ति पाती है। लेखक का हृदय बड़ा होना चाहिए, अन्यथा लेखन बनावटी-सा लगता है। जिस दौर में मैंने पढ़ना-लिखना शुरू किया, हमारे बीच ऐसे कई लेखक थे, जिनकी रचनाओं में और उनके व्यक्तित्व में सामाजिक सरोकार और जीवन-दृष्टि स्पष्ट रूप से दिखाई देती थी। उस समय भी और आज भी, जब मैं लिखने बैठता हूँ तो मुझे उन लेखकों की याद आती है। हमारी नई पीढ़ी के लेखकों को उनकी भाषा, उनके साहित्य और जीवन-दृष्टि से प्रेरणा लेनी चाहिए।

दरअसल सच्चे लेखक और कलाकार में ख़ुद को अभिव्यक्त करने की हुड़क होती है। उदाहरण के तौर पर मशहूर चित्रकार विन्सेंट वान होह को देखा जाए। उनकी ज़िन्दगी में एक समय इतनी ग़रीबी आ गई थी कि उनके पास कैनवस ख़रीदने के पैसे नहीं होते थे। लेकिन फिर भी कला के प्रति उनकी प्रतिबद्धता पर कोई आँच नहीं आई। वे दवाई के डिब्बे पर चारकोल से पेंटिंग करते थे, क्योंकि कलर ख़रीदने के पैसे भी नहीं होते थे। और आज उनकी वे पेंटिंग बहुत महँगी बिक रही हैं।

एक कवि-लेखक में इस तरह का सामाजिक सरोकार होना ही चाहिए। मेरी नज़र में आज भी ऐसे बहुत से लेखक हैं और ऐसा लेखन हो रहा है जिसमें यह स्पष्ट तौर पर दिखाई देता है। लेकिन यह भी सच है कि कुछ ऐसा भी लेखन है जिसमें सामाजिक सरोकार बनावटी-सा लगता है।

एक संवेदनशील रचनाकार के तौर पर आज के समय और समाज की समस्याओं को आप किस नज़रिए से देखते हैं? इन समस्याओं से निपटने में लेखक या कलाकार की क्या भूमिका हो सकती है?

आज हमारी ज़िन्दगी काफ़ी जटिल हो गई है। कई तरह की समस्याएँ सामने हैं। लेकिन मैं मानता हूँ कि यदि समस्याएँ और चुनौतियाँ बढ़ी हैं तो उनका सामना करने का हमारा सामर्थ्य भी बढ़ा है। हर ज़माने में समस्याएँ रहती हैं और हर पीढ़ी को उनका सामना करना पड़ता है। आज कौन-सी मुश्किलें हैं, उनसे कैसे निपटा जाए, इसका उपचार खोजना होगा। हमारे समय के लेखक पूरी शक्ति के साथ इसके बारे में नहीं सोच पा रहे हैं। यह सच हो सकता है। लेकिन यह नहीं कहा जा सकता कि हमारा साहित्य अपने समय और समाज की समस्याओं के प्रति निरपेक्ष रहा है। साहित्यकारों की दृष्टि अपने आसपास की समस्याओं पर रहती है। ख़ासकर तब जब हम एक ऐसे कठिन और अत्याचारी समय में रह रहे हैं।

लेखक और सत्ता के साथ उसके सम्बन्ध और द्वन्द्व को आप किस रूप में देखते हैं?

सत्ता और राज्य के साथ लेखक का सम्बन्ध जटिल रहा है। हालाँकि इतिहास में ऐसे भी तमाम उदाहरण हैं कि सत्ता के साथ रहते हुए भी लेखकों ने अच्छे साहित्य की रचना की है। लेकिन ज़्यादातर लेखकों ने सत्ता से बाहर रहकर अच्छा लिखा है और अभिव्यक्ति के ख़तरे भी उठाए हैं। फ़ारसी कवि हकीम अबुल क़ासिम फ़िरदौसी महमूद ग़ज़नवी के दरबार में संरक्षण पाने वाले प्रमुख विद्वान थे। फ़िरदौसी ने ग़ज़नवी के कहने पर *शाहनामा* की रचना की थी, जो बाद में फ़ारस का राष्ट्रीय महाकाव्य बन गया। इसमें फ़िरदौसी ने सातवीं सदी में फ़ारस पर अरबी फ़तह के पहले के ईरान के बारे में लिखा है। महमूद ग़ज़नवी

को *शाहनामा* पसन्द नहीं आया और उसने फ़िरदौसी को वायदे के अनुसार कुछ भी नहीं दिया। फ़िरदौसी की पूरी ज़िन्दगी ग़रीबी और बेबसी में बीती।

जो लेखक सत्ता के साथ रहते हैं, उन्हें देखना चाहिए कि सत्ता जनता के प्रति प्रतिबद्ध है या नहीं, क्योंकि एक लेखक के लिए आम जनता का हित सर्वोपरि है। लेखक को जनता का प्रतिनिधि होना चाहिए। सत्ता तभी तक जब तक वह जनता के पक्ष में है। अगर सत्ता जनता से जुड़े अपने सरोकारों से पीछे हट जाती है तो लेखक को भी सत्ता से नाता तोड़ लेना चाहिए।

क्या आप मानते हैं कि राजनीतिक सत्ता से इतर लेखक और कलाकार की अपनी आंतरिक सत्ता होती है जिसमें वह मानवीय संवेदनाओं को अभिव्यक्त कर समाज के नवनिर्माण में महत्वपूर्ण भूमिका निभाता है? लेकिन कुछ लेखक और कलाकार सत्ता और बाज़ार के साथ खड़े होकर इसमें गतिरोध पैदा करते हैं।

एक सच्चे लेखक के लिए सबसे पहली और ज़रूरी चीज़ है—आज़ादी। वह अपने पक्ष बदल सकता है क्योंकि वह समाज और जनता का चौकीदार है। इस बात में भी सच्चाई है कि आज कुछ लेखक सत्ता और बाज़ार का समर्थन कर रहे हैं।

साहित्य और कला को केन्द्र में रखकर आजकल बड़े-बड़े आयोजन होने लगे हैं। साहित्य और कला की उत्सवधर्मिता के बारे में आपकी क्या राय है?

व्यक्तिगत रूप से मैं ऐसे उत्सवों में जाने के लिए बहुत उत्सुक नहीं रहता। साहित्य और कला के उत्सवों के ख़िलाफ़ नहीं हूँ, लेकिन ऐसे मौक़ों पर हमारा ध्यान साहित्य और कला से जुड़े विषयों और मुद्दों पर केन्द्रित रहना चाहिए। ऐसे आयोजन यदि लेखकों और पाठकों को एक दूसरे से संवाद करने का मौक़ा देते हैं तो उन्हें एक अवसर के रूप में देखना चाहिए। जब भारत भवन भोपाल में बना, अशोक वाजपेयी देश-विदेश के लेखकों और कलाकारों को वहाँ आमन्त्रित करते थे—हम लोग वहाँ साथ बैठते थे और साहित्य एवं कला पर गम्भीर बातचीत होती थी।

आज के लेखकों की नई पीढ़ी के लिए आपका सन्देश?

मैं उनसे बार-बार कहता हूँ कि श्रेष्ठ लेखन के लिए अध्ययन अत्यन्त ज़रूरी है। जीवन का अनुभव हर किसी के पास होता है, लेकिन अध्ययन से आपके जीवनानुभव में प्रखरता आ जाती है। पढ़ते हुए आप दूसरे के जीवनानुभवों और विचारों से गहरे रूप से जुड़ते हैं, आत्म-मंथन करते हैं और ख़ुद को, समय को, और समाज की समस्याओं को बेहतर ढंग से अभिव्यक्त कर पाते हैं। दरअसल अध्ययन का एक संश्लिष्ट रूप है लेखन। अपने जीवन में मुझे हमेशा पढ़ने में दिलचस्पी रही है, पढ़ने-लिखने को मैं एक संयुक्त कर्म मानता हूँ।

'दैनिक भास्कर' में प्रकाशित, 2011

मैकदा तंग बना लूँ मुझे मंज़ूर नहीं

हिन्दू कॉलेज के शिक्षक-विद्यार्थी

शशि शेखर : आपकी शुरुआती कविताएँ अंग्रेज़ी में हैं, फिर जल्दी ही हिन्दी में लिखने लगे। मैं यह जानना चाहता हूँ कि जो हमारी मातृभाषा नहीं है, उसमें एक व्यक्ति कितना अधिक रचनात्मक या विचारशील बना रह सकता है?

यह तो मेरे अभ्यास से ही उत्तर मिल जाता है। मैं पढ़ा अंग्रेज़ी से हूँ लेकिन जब लिखने की बात आई, ख़ासतौर से कविता, तो मैंने हिन्दी में लिखना पसन्द किया। क्योंकि जितने आराम से मैं अपनी भाषा में लिख सकता हूँ, अपनी भाषा के साथ आज़ादी ले सकता हूँ, वो दूसरी भाषा में नहीं ले सकता। लेकिन अंग्रेज़ी भाषा का महत्त्व इस मायने में ज़रूर है कि उसके माध्यम से तमाम विश्व-साहित्य की जानकारियाँ मिल जाती हैं। इसीलिए मुझे लगता है कि मेरा अंग्रेज़ी में होना या विज्ञान का विद्यार्थी होना—ये सब उस पूरी सामग्री से जुड़े हुए हैं जिनका मैंने अपनी कविताओं में इस्तेमाल किया है।

रवि रंजन : आपकी आरंभिक कृति *चक्रव्यूह* में प्रकृति से सम्बन्धित काफ़ी कविताएँ हैं, जिनका भाषिक विन्यास छायावादी भावबोध के आसपास की चीज़ है। छायावाद का कितना प्रभाव मानते हैं आप अपनी कविताओं में?

छायावाद का प्रभाव तो मैं समझता हूँ अभी तक है। कविता का कोई प्रभाव

कभी पूरी तरह समाप्त नहीं होता। *आत्मजयी* या *वाजश्रवा के बहाने* में वैदिक कविताओं की ध्वनियाँ आपको दिखलाई देंगी। कविता लिखते समय, एक कवि अगर जागरूक है तो पूरे भाषा-क्षेत्र में विचरण करता है। मुझे इस मायने में कबीर के सबद, रमैनी, साखी—ये सब बड़े सार्थक शब्द लगते हैं। शब्दों की दुनिया कभी मरती नहीं है। 'अ-क्षर' कहा गया है उन्हें। बहुत बड़ी दुनिया है। मैं हमेशा कविता में बहुत बड़े भाषा-क्षेत्र को अपना क्षेत्र मानता हूँ। केवल कुछ सीमित तरह की भाषा में कविता लिखना मुझे कभी रास नहीं आया। जिसको जिगर कहते थे, *मैकदा तंग बना लूँ मुझे मंज़ूर नहीं*।

रवि रंजन : *परिवेश : हम-तुम* में आपने कुछ प्रेम कविताएँ लिखी हैं। बाद में भी लिखी हैं लेकिन वे वयस्क मानसिकता वाली कविताएँ हैं। उसी में एक कविता है—'आगंतुक से'। उसमें आपने लिखा है, *जिंदा रहने के लिए प्यार एक ख़ूबसूरत वजह है / लेकिन ज़िन्दगी के लिए / दिल से कहीं अधिक आत्मा में जगह है*। कविता की जो पूरी परम्परा थी, उससे थोड़ा हटकर आपने जीवन में हृदय से अधिक आत्मा को महत्त्व दिया। दार्शनिक चिन्तन की बात बहुत की गई है हमारे उपनिषदों में और वह आपके यहाँ भी बहुत है। तो आप आत्मा को किस रूप में देखते और विश्लेषित करते हैं?

'आत्मा' को हम चेतन तत्त्व के रूप में देखते हैं। वह चेतन तत्त्व जो अन्दर है, पूरी प्रकृति में व्याप्त है, पूरे ब्रह्मांड में व्याप्त है। एक बिन्दु होती है—चेतना। लेकिन वह कितने बड़े ब्रह्मांड की अवधारणा धारण कर लेती है! मैंने आत्मा को विस्तृत करने को इस मायने में लिया है। यहीं पूरी अनुभूति और सहानुभूति दोनों का जोड़ होता है। अगर आत्मा में विस्तार है तो हम दूसरे के दुःख-दर्द को ज़्यादा बारीकी से समझ सकते हैं। जैसे एक शे'र है :

तड़पती देखता हूँ जब कोई शय
उठा लेता हूँ अपना दिल समझ कर

ये जो विस्तार होता है चेतना का, मैंने आत्मा को इस अर्थ में लिया है। कीट्स ने कहीं कहा था कि मैं जब चिड़िया को दाना चुगते देखता हूँ तो थोड़ी देर के लिए पक्षी की तरह हो जाता हूँ और उसके साथ दाना चुगने

लगता हूँ। जिसको कहते हैं अपने से निकलकर दूसरों में जा सकने की क्षमता—काया-प्रवेश। इसलिए शंकराचार्य के प्रसंग में भी आप देखेंगे कि शंकराचार्य अपने शरीर को छोड़ देते हैं लेकिन अमर रूपी काया में उनकी आत्मा, उनकी चेतना प्रवेश करती है। हम दूसरे के दुःख-दर्द को तभी समझ सकते हैं, जब हममें यह क्षमता हो कि उसमें प्रवेश कर सकें, उसके मनोभावों में प्रवेश कर सकें।

रवि रंजन : अंग्रेज़ी साहित्य में विचार या प्रत्यय की अवधारणा थोड़े दूसरे अर्थ में है। हमारे यहाँ जो चेतन तत्त्व है, उससे किन अर्थों में वह समान है या अलग है?

जिसकी आप बात कर रहे हैं, वहाँ पर डाइकॉटमी को मान लिया गया है। क्योंकि वह पूरी सोच डेकार्ट (Descartes) से गवर्न होती है। कार्टीज़ीयन फ़िलॉसफ़ी में है, 'I think, therefore I am', यानी 'मैं सोचता हूँ, इसलिए मैं हूँ।' तो यहाँ एक duality उत्पन्न होती है। Subject-object dichotomy : एक तरफ़ मैं हूँ, एक तरफ़ दूसरे हैं। हमारे यहाँ आत्मा के विस्तार या चेतन के विस्तार को महत्त्व दिया गया है। उसको हम इतना विस्तृत कर दे सकते हैं कि पूरा ब्रह्मांड उसमें समा जाए और हम ब्रह्मांड का हिस्सा हो जाएँ। यह एक बुनियादी अन्तर मुझे लगता है। मैंने इसे एक लेख में स्पष्ट भी किया है कि एक जगह 'स्व' या 'आत्म' के विस्तार की बात है, दूसरी जगह 'स्व' और 'पर' है। हमारे यहाँ 'परस्य न परस्येति ममेति न ममेति च' कहा जाता है। इसे अज्ञेय जी ने एक जगह कोट किया है कि जब मैं 'मैं' नहीं रह जाता और पर 'पर' नहीं रह जाता, जब दोनों का एकाकार हो जाता है, उस स्वरूप को आदर्श माना गया है। यह मुझे एक बेसिक अन्तर लगता है कि हम किस तरह स्व या आत्म को सोचते हैं। हमारे यहाँ आत्म केवल स्वार्थ नहीं माना गया है। एक संत का स्वार्थ और एक संसारी का स्वार्थ—इनमें बड़ा फ़र्क़ है। हमेशा स्व को विस्तार देने की बात हमारे यहाँ आई है और वह आत्म-चिन्तन द्वारा आई है। आप कबीर में भी यही चीज़ देखेंगे और सूफ़ी काव्य में भी आप देखिएगा कि ये आत्मा-परमात्मा का जो एकाकार है, इसमें विस्तार करने की ही बात है।

शशि शेखर : आपकी कविता में विचार पक्ष बहुत सबल है और यह विचार दर्शन की ओर जाता है। कविता की जो कविताई होती है, उसमें दर्शन की रुखाई की क्या जगह बन पाती है?

ऐसा नहीं है। जीवन में भी मैं विचार को महत्त्व देता हूँ। मैं उस स्थिति को सोच नहीं पाता कि हम बिल्कुल अविचारपूर्ण ढंग से कैसे जी सकते हैं। एक छोटे से छोटा अनुभव होता है... एक चोट भी लग जाती है तो हम उसको सोचते हैं। अब सवाल उठता है कि हम क्या सोचते हैं? कैसे सोचते हैं? जब वह इतना महत्त्वपूर्ण है तो हम उसको छोड़ कैसे दे सकते हैं? सारा खेल तो हमारे सोचने पर ही है। इसीलिए विचार का तो महत्त्व जीवन में भी है और साहित्य में तो ख़ैर है ही। और वह रूखा नहीं होता है। हम तो तर्क तक के कवित्व को मानते हैं। अच्छे तर्क का भी अपना कवित्व होता है। मैं विज्ञान पढ़ता था। जिस समय माइक्रोस्कोप के नीचे एक बूँद ख़ून को देखता था तो लगता था बिल्कुल ब्रह्मांड है। सौन्दर्य हर जगह है। ये सौन्दर्य-दृष्टि जो है, उसको विचार सपोर्ट करता है। उसको अपोज़ नहीं करता है। जिसको आप अनुभूति या भावना कहते हैं... विचार की भी अनुभूति होती है। जैसे हम जो अनुभव करते हैं, उस पर भी विचार करते हैं। इसलिए विचार से भी कवित्व आ सकता है।

शशि शेखर : तो कविताई जैसी चीज़ क्या वास्तव में कोई होती है? कविता और विचार को हम अलग-अलग मान लेते हैं। कविता को हृदय-पक्ष से जोड़ देते हैं तो...

ऐसा नहीं है। तुम ग़ालिब को देखो। इतनी विचारपूर्ण कविता तो हमने किसी की पढ़ी ही नहीं और आज ग़ालिब का जो स्तर है वह हमसे छुपा नहीं है। अगर विचार, कविता या भावनाओं का दुश्मन होता तो आज ग़ालिब और कबीर को इस तरह की मान्यता नहीं मिलती। कबीर में कितना गहरा रहस्यवाद है और कितना ठोस यथार्थवाद है, इसके बावजूद उच्च कोटि की कविता है।

अमृता : सर, आप जिस विचार की बात कर रहे हैं वह आपके यहाँ व्यापक स्तर पर है। पर इसे एक ख़ास टर्म में भी लेते हैं, जिसे हम

वैचारिक प्रतिबद्धता कहते हैं। यह वैचारिक प्रतिबद्धता एक साहित्यकार के लिए कहाँ तक उसकी सीमा बनती है या कहाँ तक उसकी विशेषता बन जाती है?

वैचारिक प्रतिबद्धता ज़रूरी नहीं है और वैचारिक प्रतिबद्धता का होना बाधक भी नहीं है। तुलसीदास की पूरी वैचारिक प्रतिबद्धता राम में थी, कबीर की पूरी प्रतिबद्धता निराकार ब्रह्म से थी। आज की अनेक ऐसी कविताएँ हैं। मुक्तिबोध, शमशेर—इनकी प्रतिबद्धता मार्क्स से थी। ये सब अन्ततः जीवन से जुड़ी चीज़ें हैं, इसलिए कविता के लिए अग्राह्य नहीं हैं। हमको सिर्फ़ अपनी दृष्टि को बड़ा रख करके तब कविता लिखनी या पढ़नी चाहिए। और कविता में भी एक विचित्र बात है कि वह हमको इस दृष्टि को बड़ा करने में मदद कर सकती है, तभी जब उसके अन्दर ही हमको विचार और भाव दोनों का सामंजस्य मिले। अगर एक होगा तो कविता वह काम नहीं कर पाएगी। हमारी चेतना का विस्तार नहीं कर पाएगी।

रवि रंजन : हिन्दी आलोचना में मार्क्सवादी आलोचना का वर्चस्व है और लगभग पूरा समीक्षा-कर्म मार्क्सवादी अनुशासन से निर्देशित हो रहा है। इसने कहीं न कहीं समीक्षा कर्म को क्षतिग्रस्त भी किया है। आप इस बारे में क्या सोचते हैं?

एक चीज़ ध्यान दो। लोग कहते हैं कि अज्ञेय से आधुनिक कविता की शुरुआत होती है, जैसे टी.एस. एलियट से अंग्रेज़ी कविता में आधुनिकता की शुरुआत मानते हैं। लेकिन अज्ञेय के चारों सप्तकों को देखो। चारों सप्तकों में जो कवि संग्रहित हैं, उनमें तुम अलग कर ही नहीं सकते हो कि इनमें कौन शुद्ध रूप से मार्क्सवादी हैं और कौन जो शुद्ध रूप से प्रयोगवादी हैं। मैं मानता हूँ कि शमशेर सबसे बड़े प्रयोगवादी थे। कोई सिद्ध कर दे कि वह प्रयोगवादी नहीं थे! उनके जैसा प्रयोग तो अज्ञेय ने भी नहीं किया होगा। ये जो एक स्थिति बनाई गई मॉडर्निज़्म वर्सेस मार्क्सिज़्म की—ग़लत है। 'आधुनिकता और मार्क्स' होना चाहिए। कभी-कभी हम वैकल्पिक पदों में सोचते हैं, तो ग़लती कर जाते हैं। मैंने बहुत पहले 'वत्सल निधि' व्याख्यान में अज्ञेय जी के लिए कहा था कि हम बहुत-सी चीज़ों को वैकल्पिक बनाकर उनको विरोधी ख़ेमों में, पक्ष-विपक्ष में

बाँट लेते हैं। जबकि जीवन में ऐसा नहीं होता है। यहाँ 'या' की बजाए 'और' होता है। यहाँ तक कि विरोधाभास में भी हम प्रतिक्षण जी रहे हैं... बिना जाने कि ये विरोधाभास हैं। इसको समावेशी ढंग से देखना पड़ेगा।

रवि रंजन : सर, दर्शन वाला सवाल अधूरा रह गया था। *आत्मजयी* दर्शन पर आधारित एक प्रबन्ध कृति है। *कामायनी* भी दर्शन के ठोस धरातल से उपजी है। लेकिन *कामायनी* में कविता का जो पर्यवसान है वह अन्ततः दर्शन में होता है। जबकि *आत्मजयी* में जो आप समापन करते हैं, वह एक कविता के बिन्दु पर है। यह *कामायनी* को ध्यान में रखकर समापन था क्या?

नहीं। *कामायनी* बिल्कुल अलग तरह की कृति है। और इस मायने में मैं समझता हूँ कि जब हम तुलनात्मक अध्ययन करते हैं तो हमें बहुत सावधान रहना चाहिए। ये घुड़दौड़ नहीं है, रेस नहीं है कि कौन आगे निकल गया। कई तरह की श्रेष्ठ कविताएँ हो सकती हैं। हमें उस फ़र्क को आत्मसात करना पड़ेगा। एक बड़ी कविता की विशेषता अलग तरह की है तो दूसरी की विशेषता अलग तरह की हो सकती है और दोनों जाएज़ हैं अपनी जगह पर। मुक्तिबोध को पढ़ते हैं तो हम उन पर उन नियमों को नहीं लगा सकते हैं, जिन नियमों से हम *कामायनी* को पढ़ते हैं। इन कृतियों को पढ़ने के लिए अलग दृष्टि रखनी पड़ेगी।

रवि रंजन : दर्शन को जब एक रचनाकार काव्यानुभूति में ढाल रहा होता है, तब एक बड़ी चुनौती रचनाकार के सामने क्या आती है?

कामायनी दर्शन तो है ही, साथ ही कितना बड़ा काव्य है! उसको बार-बार जब हम पढ़ते हैं, तो उसके नए-नए पहलू सामने आते हैं। हो सकता है *कामायनी* के अभी और बहुत-से ऐसे पहलू हों जिन पर हमने विचार ही नहीं किया हो। जैसे फ़ेमिनिज़्म; अगर उसके प्रकाश में हम *कामायनी* को देखें तो उस पर शायद फिर से सोचना होगा। जब मुक्तिबोध ने *कामायनी* पर विचार किया तो उन्होंने बिल्कुल अलग तरह से *कामायनी* को सोचा। इसलिए हर क्लासिक कृति हर युग में अलग-अलग तरह से सोची जाती है। यह बात

सिर्फ़ कृतियों के लिए नहीं है, बल्कि कॉन्सेप्ट्स के लिए भी है। सूज़न सोंटैग ने *Against Interpretation* में बहुत अच्छी बात कही है जिसका एक आशय यह है कि हर युग में आधुनिकता के अर्थ को नई तरह से री-इन्वेंट करना पड़ता है। यह महत्त्वपूर्ण बात है। इधर मैंने हाल में इस पर कई जगह कहा है कि बहुत से जो टर्म्स हैं, वाद हैं, जिन्हें हमने स्वीकार कर लिया है—प्रगतिवाद, प्रयोगवाद—उनको आज हम पचास साल से वैसे ही इस्तेमाल कर रहे हैं, तरह-तरह की कृतियों के सन्दर्भ में। लेकिन हमने कभी यह कोशिश नहीं की कि ये टर्म्स, ये औज़ार, इनका भी तो परीक्षण करें कि वो ठीक हैं कि नहीं। दिल तो वही पुराना है लेकिन आज दिल की सर्जरी जिन इंस्ट्रूमेंट्स से हो रही है, वो बिल्कुल अलग हैं। आज से पचास साल पहले तो हम सोच भी नहीं सकते थे उनको। कम से कम उन औजारों को भी तो जाँचते-परखते रहना चाहिए, जिनसे हम एक बड़ी कृति को, एक क्लासिक या एक आधुनिक कृति को फिर से जाँचना-परखना चाहते हैं। यह ध्यान रखिए कि जब भी हम किसी कृति का अध्ययन करें तो हम अपना अध्ययन भी करते चलें साथ-साथ। अपनी जानकारियों का, टूल्स का, प्रश्नों का जिनसे हम उस कृति को एग्ज़ामिन कर रहे हैं। आप देखेंगे कि कृति को तो री-डिस्कवर करेंगे ही, उन साधनों को भी री-डिस्कवर करेंगे फिर से और नई दृष्टि मिलेगी उनमें।

विनीता : पर्यावरण चेतना और पारिस्थितिकी बोध आपकी काव्य-चेतना का शुरू से ही अभिन्न अंग रहा है। इसकी क्या वजह है?

मैं तो समझता हूँ कि पारिस्थितिकी एक कवि के लिए कई स्तरों पर बहुत महत्त्वपूर्ण है। कवि क्या, मनुष्य के लिए। एक स्तर पर, अगर आज हम अपनी पारिस्थितिकी को नष्ट कर देंगे तो हमारी ज़िन्दगी ही दूभर हो जाएगी। आप देख रहे हैं कि तमाम गौरैया देखते-देखते दिल्ली से ग़ायब हो गईं। कितना बड़ा डिसास्टर है ये! अगर वो ग़ायब हो सकती हैं बेचारी तो कल हमारी क्या हालत होगी? आज हम प्रकृति से ले तो रहे हैं अंधाधुंध, पर कुछ दे भी रहे हैं कि नहीं? अन्ततः तो हम वह खाना ही ख़त्म कर देंगे, जिस पर हमारा जीवन निर्भर करता है। यह एक प्रमुख चिन्ता है मेरी।

रवि रंजन : इसी से मिलता एक और प्रश्न है कि आपने नदियों पर बहुत-सी कविताएँ लिखी हैं। *चक्रव्यूह* में गंगा के माहात्म्य पर और बाद में नदी पर कविता लिखी। प्रशासन में अब यह चिन्ता दिख रही है कि नदियों का संरक्षण किया जाए, उन्हें बूढ़ा न होने दिया जाए। एक कवि जो लगभग छह दशक से रचना-कर्म में इस बोध से सम्पन्न कवि है, वह इसे कैसे देखता है?

देखिए, जो भी उपाय किए जाते हैं प्रकृति के शुद्धीकरण के लिए या उसकी शुद्धता बचाए रखने के लिए, वो तो हमेशा ग्राह्य हैं। मैं उनके पक्ष में हूँ। मैं यहाँ बात कर रहा हूँ प्रकृति के अंधाधुंध शोषण को लेकर। इंडस्ट्रियलाइज़ेशन, उद्योग, इन सबमें हम अपने साधनों को इस बुरी तरह इस्तेमाल कर रहे हैं कि फ़ैक्टरी का सारा कचड़ा नदियों में जा रहा है। शुद्धीकरण की बात तो बाद में आती है, पहले ये तो सोचें कि जो पानी हमें पीना है, उसी को मैला किए दे रहे हैं। इसलिए मैं तो बिल्कुल इसके विरुद्ध हूँ कि प्राकृतिक सम्पदा को इस तरह से नष्ट किया जाए। देखिए, हम लोगों का जीवन कितना अफ़ेक्टेड हो रहा है। आप देखिए कि प्रकृति पर कितने लोग शुद्ध रूप से निर्भर हैं। आदिवासियों का जीवन देखिए। आज हम लोगों ने केऑस मचा दी है। कभी-कभी तो लगता है कि उनके जीवन में ज़्यादा अक्लमन्दी है। कम से कम वे प्रकृति को बचाए तो रखते थे। उतना ही लेते थे जितने की ज़रूरत थी। इसीलिए आज मुझे गाँधी की ये फ़िलॉसफ़ी बहुत रेलेवेंट लगती है कि हमें उतनी ही टेक्नोलॉजी चाहिए, जो हमारी मदद करे, स्युसाइडल न हो जाए।

रवि रंजन : सर, जो लाइफ़ सस्टेनिंग इल्यूज़न है, फ़ैंटसी या मिथ का भी इससे कुछ रिश्ता है?

बिल्कुल है। आदमी एक तरह से अपनी शक्तियों को जगाता है, इनवोक करता है। एक तरह का जागरण है यह और बहुत महत्त्वपूर्ण है। जैसे भारत में इतना बड़ा मिथक का ख़ज़ाना मौजूद है, आज अगर मिथक के माध्यम से बात कहिए तो सीधे लोगों तक पहुँचती है। भाषा में बात करिए तो उस तरह

से नहीं पहुँच पाती है। गाँधी ने जब राम का मिथक लिया तो ऐसे ही नहीं लिया। वो ये जानते थे कि यह एक ऐसा लिंक है जो हमारे देश के लाखों लोगों को जोड़ता है।

रवि रंजन : लेकिन अब ये एक आयरनी देख रहे हैं हम कि पॉपुलर कल्चर हमारे उन्हीं मिथकों का कॉमोडिफ़िकेशन और मिस्यूज़ भी कर रहा है।

जैसे भाषा का यूज़ और मिस्यूज़ दोनों हो सकता है। एब्यूज़ भी हो सकता है... आप गालियाँ भी दे सकते हैं। वह तो एक अन्तर है, जिसकी ओर सावधान रहना होगा कि मिस्यूज़ नहीं हो।

शशि शेखर : हमारा जो भारतीय शास्त्रीय नृत्य है, वह पूरी तरह से पौराणिक कथाओं पर ही आधारित है। एक आधुनिक मनुष्य का सम्बन्ध उससे कैसे सम्भव हो पाता है?

हमारे यहाँ नृत्य, संगीत और जो भी कलाएँ हैं, वो सब अधिकतर लोक कलाओं से विकसित हुई हैं। जो राग तुमको बहुत अक्लासिकल लगते हैं... जैसे भटियाली, जिस पर पूरा बाउल संगीत आधारित है, इसको पूरा फ़ोक लेवल पर भी गा सकते हैं और शास्त्रीय ढंग से भी। ये रिफ़ाइंड लोक संगीत भी है। संगीत की जो शाखाएँ विकसित हुईं, जैसे कर्नाटक संगीत, ख़याल गायकी, ध्रुपद गायकी : इनकी फ़र्क़ शैलियाँ होते हुए भी संगीत की दुनिया में इनकी कितनी सॉलिडेरिटी है। वही हंसध्वनि कर्नाटक शैली में भी गाया जाता है, ख़याल गायकी में भी, ध्रुपद में भी। तीनों अपनी-अपनी तरह उस राग की अवधारणा करते हैं। यही नहीं, मुसलमान भी गाएँगे तो उतनी ही श्रद्धा से जैसे हिन्दू गाएँगे। डागर बन्धुओं ने ध्रुपद को बचाए रखा है। अमीर ख़ाँ साहब का हमारे घर पर कई बार गायन हुआ—जिस समय वो ख़याल गायकी की व्याख्या करते थे, लगता था कोई पंडित कर रहा हो। बिस्मिल्लाह ख़ाँ मन्दिरों में भी शहनाई बजाते थे, शादी-ब्याह में भी और महफ़िलों में भी। नृत्य में बिरजू महाराज या शंभू महाराज को देखिए... इनका भी हम लोगों के घर

आना-जाना था। इन लोगों का, इन कलाओं का जीवन एक छोर पर बिल्कुल साधारण आदमी से जुड़ा हुआ था तो दूसरे छोर पर राजा-महाराजाओं से। पूरी रेंज है, तब इनमें ये ताक़त आई है। इतना व्यापक आधार कलाओं को जिस देश में मिला हो, वहाँ उनका आधुनिक सन्दर्भ भी बनेगा...

पल्लव : आपकी आलोचना पुस्तक *आज और आज से पहले* में एक आलेख *झूठा सच* पर है, जिसको लेकर हिन्दी में काफ़ी चर्चा रही है। जहाँ हिन्दी की मार्क्सवादी आलोचना इस उपन्यास को एक महाकाव्य का दर्जा देती है, वहाँ आप इसमें कवि-दृष्टि का अभाव देखते हैं। आपकी इस राय को लेकर कोई आपत्ति नहीं की जानी चाहिए लेकिन आपका यह कहना अपने आप में आलोचना के सारे... ख़ासकर मार्क्सवादी आलोचना के जो टूल्स हैं, उनकी रिक्तता, उनकी अपर्याप्तता की ओर संकेत नहीं कर रहा?

नहीं। वह मैंने वहाँ ख़ास सन्दर्भ में कहा था। अगर मुझे सही याद है... तारा नायिका है न! मैंने उन प्रेम-प्रसंगों को ध्यान में रखकर कहा था। यशपाल जी से मेरी बात होती थी कि उसमें जो पैशन होना चाहिए... काव्योचित उत्साह, वह मुझको कम लगा। लेकिन उनके सारे लेखन में ऐसा हो, यह नहीं है। उनके उपन्यास *दिव्या* के लिए ये बात नहीं है। लेकिन मुझे *झूठा सच* मैटर ऑफ़ फ़ैक्ट सा लगा था, इसलिए मैंने यह बात कही थी।

पल्लव : जहाँ तक मैं जानता हूँ, आपका किसी लेखक संगठन से कोई जुड़ाव नहीं रहा है। लेकिन अब जो हालात आप देख रहे हैं, देश में लिखने-पढ़ने से लेकर कलाओं की अभिव्यक्ति की स्वतंत्रता के ख़तरों तक, उनमें आप क्या इसकी ज़रूरत महसूस करते हैं कि लेखक-संगठन, कलाकारों या सृजन से जुड़े हुए लोगों का संगठन होना चाहिए?

संगठन की अपनी उपयोगिता हो सकती है। एक लेखक की अपनी सांसारिक ज़रूरतें हैं, इन सब चीज़ों पर ध्यान दिया जाना चाहिए। लेकिन लेखन को ये प्रभावित करें... इस तरह के संगठनों में मैं विश्वास नहीं करता। क्योंकि

मैं लेखन को एक निजी तपस्या या साधना मानता हूँ। उस पर जब बाहरी अंकुश होगा तो वह आज़ादी से अपनी बात नहीं कह सकेगा। इसीलिए उस पक्ष को तो छोड़ देना चाहिए। लेकिन लेखक जो एक्सप्लॉयट हो रहा है... ऐसी चीज़ों की ओर एक संगठन काम करता है या ध्यान देता है तो ठीक है। लेकिन अगर उसका यह प्रभाव पड़े कि नहीं ऐसा लिखो जैसा संगठन कहता है तो वो... **[पल्लव : ऐसा कभी हुआ है क्या कि इस तरह कुछ डिक्टेट किया गया हो?]** क्यों, सोवियत यूनियन में हुआ ऐसा। **[पल्लव : मैं अगर भारत के प्रसंग में आपसे जानना चाहूँ कि हमारे यहाँ क्या इस तरह का उदाहरण...]** नहीं, देखो हमारे यहाँ का जो ट्रडिशन है, उस मायने में बड़ा पक्का ट्रडिशन है। हमारे यहाँ तुम पूरे संस्कृत शास्त्र को देखो तो कोई एक आचार्य होता था, वह अपने पहले वाले आचार्य का लिखा सब खंडन-मंडन कर डालता था, टुकड़े-टुकड़े कर डालता था। फिर वह उनको संगठित करता था और दस-पाँच अपने भी जोड़ देता था। जो शास्त्रार्थ की परम्परा हमारे यहाँ थी वह आसानी से इसको स्वीकार नहीं कर सकती है कि अंकुश लगे तो वे चुप हो जाएँगे।

रवि रंजन : आप कविता से फिर कहानी की ओर आए और रचनाकार आलोचकों की परम्परा में भी शामिल हुए। ये जो फ़ॉर्म बदलता गया, इससे आपके भीतर के रचनाकार की जो वैचारिक चिन्तन-प्रक्रिया सक्रिय रही है, उसमें भी बदलाव आया?

बिल्कुल, चिन्तन में ही जब फ़र्क़ आता है या जब हमको लगने लगता है कि हम थोड़ा एक विधा से अवकाश लेना चाहते हैं, तब हम दूसरी विधाओं में भी जाते हैं। जैसे निबन्ध भी मैंने लिखे, कहानियाँ भी लिखीं। हमको उसमें जाने से ख़ुद अपनी कविता की दुनिया को भी एक नई तरह से री-डिस्कवर करने में... उसका आविष्कार करने में सुविधा होती है। मैंने नाटक भी लिखे लेकिन मेरे मन के नहीं हुए तो मैंने नाटक छोड़ दिया, लेकिन इस कोशिश में मेरी कविता में भी नए तरह की दिशाएँ दिखाई पड़ीं। एक बड़ा कारण तो यह भी था कि जिस मूल विधा में हम काम कर रहे हैं, केवल उस में ही हम सब कुछ पा सकते हैं या दूसरी विधाओं से भी ले सकते हैं। मसलन ये

तो साहित्य की बात है लेकिन साहित्य के बाहर सिनेमा और संगीत से भी मुझे बहुत कुछ मिला। जैसे सिनेमा की एक टेकनीक मैंने कभी-कभी कविता लिखने में इस्तेमाल की है। अपने आपको पूरी छूट देकर जो लिखना है, लिख लेता हूँ। उसके बाद सम्पादन करता हूँ उसका—कभी मुझे एक में दो कविताएँ मिल जाती हैं और कभी दो में एक भी नहीं मिलती।

शशि शेखर : ये जो रचना-प्रक्रिया है या जो फ़िल्म की प्रक्रिया है, उसमें चीज़ें कैसे आकार लेती हैं?

कई तरीक़े होते हैं। कभी यह भी हो सकता है कि कोई एक केन्द्रबिन्दु हो और उस केन्द्रबिन्दु के चारों तरफ़ कविता ग्रो करती हो। कभी हो सकता है कि यह एक वृक्ष की तरह हो। कभी उसको हम काट-छाँटकर कुछ पोर्शन निकाल ले सकते हैं। इसकी कोई एक विधि नहीं होती है रचना-प्रक्रिया में। एक ऐब्स्ट्रैक्ट आइडिया भी हो सकता है और एक बड़ा कॉन्क्रीट भी। जैसे हो सकता है संगीत की कोई ध्वनि हो हमारे दिमाग़ में, उससे एक पूरी कविता बन सकती है। कभी शोर से बन सकती है। इसलिए यह स्पेसीफ़ाई करना बहुत मुश्किल है कि उसका मूल कारण क्या है। लेकिन मोटे तौर पर कहा जा सकता है कि कुछ कविताएँ बिल्कुल स्पाइरल ढंग की होंगी, कुछ ऐसी होंगी जैसे एक वृक्ष का तना होता है जिसमें कहीं से भी शाखा-प्रशाखा निकलती चली जाएगी। कुछ कविताएँ... जैसे उर्दू शायरी कभी-कभी लिखता हूँ। दो लाइनें हैं, काफ़िया है, कुछ इमिज़ेज़ हैं, बिंब हैं, साक़ी है, पैमाना है... लेकिन उसके अन्दर, कितने प्रयोगों की गुंजाइश है।

रवि रंजन : आज जैसा हम देखते हैं कि प्रकाशन की होड़ है चारों ओर। ऐसे में आपकी जो छह दशक की काव्य-यात्रा है, उसमें एक ठोस अन्तराल के बाद आपने दूसरा काव्य-संग्रह निकाला। यह जो बीच का अन्तराल है, क्या यह पूरी रचना-प्रक्रिया को पुष्ट और परिपक्व करता है। इस रचनात्मक अन्तराल में भी कविता बुनते रहते होंगे आप...

तुमने एक चीज़ देखी होगी कि हमारे दो संग्रहों के बीच बहुत फ़र्क़ है। ख़ाली

अन्तराल ही नहीं है। स्वभाव में, भाषा में, भाव में, बात करने के तरीक़े में, विषय में—सबमें अन्तर आता गया है। अवकाश के क्षण में भी काव्य-रचना नहीं रुकती, चलती रहती है। प्रकाशन में अन्तराल भले ही हो लेकिन लिखते तो रहते हैं बराबर। जैसे दो शब्दों के बीच की जगह है उसमें अर्थ होता है, वह निःशब्द नहीं होता। उसमें शब्दों की ध्वनियाँ काम करती हैं। संगीत में भी देखो अगर वो गैप्स नहीं हों, अन्तराल नहीं हों तो वो राग ही नहीं बन पाएगा। और इसको मैं बहुत आवश्यक मानता हूँ।

रवि रंजन : जो समकालीन हिन्दी कविता की पूरी यात्रा है, उनमें आप क्या मानते हैं कि कवियों ने कोई निर्णायक मोड़ उपस्थित किया?

हमको लग रहा है कि अब कवियों को एक दूसरे तरह की आज़ादी महसूस हो रही है। आज़ादी से मेरा मतलब है कि अभी तक समकालीन कविता के जो बँधे-बँधाए दायरे थे, लोग उस के अन्दर सोचते थे और कवि सोचता था कि हम सबसे अलग तरह की कविता लिखें। अब मुझे लगता है इस पर ज़्यादा ज़ोर है कि हम ऐसी कविता लिखें जिसका स्थायी मूल्य हो। यह एक फ़र्क़ लगता है, कि अब चौंकाने वाली बात नहीं है। वो रियलाइज़ करने लगे हैं कि आदमी चौंकेगा तो कितना चौंकेगा? थोड़ा-बहुत चौंकेगा। फिर तो कहेगा कि क्या दिया है तुमने? इसके बिना कविता सस्टेन नहीं कर पाएगी।

रवि रंजन : इस स्थायित्व को पाने के लिए आपने रूपकों और मिथकों का अच्छा इस्तेमाल किया। लेकिन आज के कवियों में हम देखते हैं कि परम्परा का यह तत्त्व छूटता नज़र आ रहा है। मिथकों का उतना सृजनात्मक उपयोग नहीं हो पा रहा है। विषय-वस्तु के स्तर पर कविता जनतांत्रिक तो हुई है लेकिन कविता में जो एक क्लासिकल उपस्थिति हुआ करती थी, उसका कहीं न कहीं अभाव महसूस कर रहे हैं।

इसका एक कारण लगता है कि हमारी कविता को या उसके बारे में सोच को सही स्रोतों से हमेशा नहीं जोड़ा जा रहा है। केवल मिथकों का सवाल नहीं है। जैसे, हमारी पीढ़ी पर गाँधी का बहुत प्रभाव था। लेकिन आज

जब कविता की बात की जाती है तो गाँधी को किनारे रख के बात क्यों की जाती है? प्रेमचंद तक के बारे में आज यह महसूस किया जा रहा है कि अगर गाँधी-दर्शन का प्रभाव नहीं होता तो वह बिल्कुल दूसरी तरह के प्रगतिशील होते। अगर गाँधी को ठीक से सोचें तो हमें पता लगेगा कि अहिंसा की कितनी सशक्त, कितनी बड़ी परम्परा थी। हम अपने इस तरह के स्रोतों को क्यों नहीं देखते?

अमृता श्री : इसी सन्दर्भ में मैं पूछना चाहती हूँ कि, जैसे आपने अभी कहा, आपके समय में गाँधी से लोग प्रभावित थे—तो मार्क्सवादी दर्शन की तरह गाँधी का दर्शन हमारे सामने क्यों नहीं आया अभी तक?

आना चाहिए। यही बात तो मैं कह रहा हूँ। आपने *दास कैपिटल* पढ़ा है पूरा? मार्क्स की सबसे बड़ी ताक़त क्या है? वो है कविता, यूटोपिया। आज यूटोपिया हटा दीजिए, मार्क्स की उतनी फ़ॉलोइंग नहीं रह जाएगी।

रवि रंजन : आप किन कवियों और किन कविताओं को समकालीन कविता में एक निर्णायक मूव की तरह देखते हैं?

नाम लेने में हमेशा दिक़्क़त होती है। मैंने कई बार यह बात कही है कि हमें इसकी चिन्ता नहीं होती कि ये नाम लेने पड़ेंगे। इसकी चिन्ता होती है कि कई नाम छूट जाएँगे।

रवि रंजन : इस सवाल को स्थगित करते हैं। अगला सवाल यह है कि आपके यहाँ इतिहास-बोध महत्त्वपूर्ण है। लेकिन समकालीन कविता में इतिहास-बोध का क्षय हुआ है। क्यों?

इतिहास-बोध को हम समय-चिन्तन का हिस्सा मानते हैं। जब आप समय-चिन्तन पर गहन चिन्तन करेंगे, ख़ासकर मानवीय समय पर, तब आज, कल या आनेवाला कल—इसमें बहुत अन्तर नहीं रह जाएगा। आज वह सब कुछ हो रहा है, जो आज से हज़ार साल पहले हुआ था या हज़ार साल बाद होगा। हम समय के इस स्टैंड को बढ़ाने के लिए इतिहास में जाते हैं। तुम देखोगे

कि इतिहास की मेरी जितनी कविताएँ हैं, उनमें मैंने कहीं न कहीं आज की समस्या को समावेशित किया है।

रवि रंजन : आपमें और जयशंकर प्रसाद में इसको लेकर मुझे एक समानता दिखाई देती है। हालाँकि तुलना करने से आप ने मना किया था लेकिन फिर भी मैं कह रहा हूँ।

प्रसाद का अप्रोच दूसरा था। उनका पास्ट ग्लैमराइज़्ड पास्ट है। मैं पास्ट को ग्लैमराइज़ नहीं करता हूँ। मैं उसको बिल्कुल यथार्थवादी ढंग से देखता हूँ।

रवि रंजन : दर्शन उनके यहाँ भी है, आपके यहाँ भी है। इतिहास उनके यहाँ भी है, आपके यहाँ भी है। बस फ़र्क़ इतिहास में मुझे यह दिखा कि वहाँ केवल प्राचीन भारत है। आपके यहाँ प्राचीन भारत है तो बख़्तियारपुर भी है, नालंदा और अयोध्या भी हैं।

हम उनको वर्तमान में ले आते हैं और अपने वर्तमान को वहाँ ले जाते हैं। ये शिफ़्टिंग है प्रेज़ेंट और पास्ट की। मैंने पहले भी कहा है कि सारा लेखन जो है वह एक तरह से पास्ट का ही है। चाहे वह पास्ट एक क्षण पहले का हो, चाहे एक हज़ार साल पहले का। जब हम लिखने बैठते हैं तो जो हो चुका है, उसके ही बारे में लिख सकते हैं। जो हो रहा है, उसके बारे में हम नहीं लिख पाएँगे। आज अख़बार जब हम पढ़ते हैं तो कल जो हुआ है, उसको हम पढ़ रहे हैं। इस तरह सारा लेखन एक मायने में अतीत का ही लेखन है। और जब अतीत का लेखन है तो अतीत की कोई सीमा नहीं है। समय में जहाँ से चाहें जहाँ तक जा सकते हैं। हमने इस पूरी रेंज को लिया है ताकि आदमी की समस्या को बहुत बड़े परिप्रेक्ष्य में रखकर देख सकें और हमारी दृष्टि उन पर रहती है जो चीज़ें सरवाइव की हैं। हिंसा ख़ाली हिंसा नहीं है। यह भी उतना ही बड़ा और सशक्त इतिहास है, लड़ाइयों का इतिहास। देखो, बुद्ध का समय बड़ा नृशंस समय था। इतना ख़ूँख़्वार समय था लुटेरों का, डाकुओं का, और उनके बीच इतनी डेलिकेट फ़िलॉसफ़ी आई जो पूरे एशिया पर छा गई। यह कोई मामूली ताक़त नहीं थी। हमने इस ताक़त को पकड़ने की कोशिश की है।

शशि शेखर : आप कलाओं से बहुत ज़्यादा जुड़े रहे हैं—कविता के अलावा आपकी रुचि के क्षेत्रों में संगीत, नृत्य, रंगमंच और सिनेमा भी हैं। तो आज क्या अन्तर या एकता अनुभव करते हैं इन कलाओं में? क्या इनमें आवाजाही सम्भव है? एक व्यक्ति एक कला में रहते हुए भी दूसरी कला में चला जाए या उससे कुछ सीखे, क्या यह सम्भव है?

सम्भव है, बिल्कुल सम्भव है। सभी कलाओं में प्रयोग या एक्स्पेरिमेंट बेसिक है। शायद ही कोई एक्स्पेरिमेंट नहीं करता है। अलग-अलग कलाओं से अलग-अलग चीज़ें सीखी जा सकती हैं। सबसे एक ही तरह की शिक्षा नहीं मिलती क्योंकि सबकी क्रिएटिविटी के तरीक़े अलग-अलग होते हैं।

रवि रंजन : आप कविताएँ रचते नहीं हैं, अन्वेषण करते हैं। यह जो वर्तमान रचनाशील पीढ़ी है, उसको आप एक वरिष्ठ अन्वेषक कवि के रूप में क्या सन्देश देना चाहेंगे?

बोर्हेस ने एक अच्छी बात कही थी कि केवल अनुभव से कविता नहीं निकलती है। मैं इसको और विस्तृत करता हूँ कि अन्य विषयों से भी कविता मिलती है। इसलिए ज़्यादा से ज़्यादा जानकारी, इन्वॉल्वमेंट दूसरी किताबों से भी हो। जिसको राजशेखर ने भी कहा है कि कविता के जाएज़ स्रोतों में विरचना है। दूसरे की लिखी हुई रचना भी यथार्थ है।

रवि रंजन : काव्य-हेतु में एक अभ्यास भी है कि आप अधिक से अधिक पढ़ें...

हाँ, इसका तो कोई अन्त नहीं है। कहीं से भी कविता आ सकती है...

'हस्ताक्षर' में प्रकाशित, 2012

कविता हमारे सुख-दुःख की भाषा है

संध्या सिंह

आपकी 'कविता के बहाने' शीर्षक कविता बच्चों की किताबों में शामिल है। उनके मन में सवाल उठता है कि आप कविता की दुनिया में कैसे आए?

कविता लिखना तो मैंने बहुत बाद में शुरू किया लेकिन उस ओर आकृष्ट तब हुआ जब कविता पढ़ना शुरू किया। ये शब्दों की दुनिया है और शब्द भी एक माध्यम है जिसके द्वारा हम जीवन में प्रवेश करते हैं।

पहली बार जब कविता छपी तो उसकी ख़ुशी आज इतनी भाषाओं में छपने की ख़ुशी से अलग रही होगी?

पहली बार मेरी कविताएँ तब छपी थीं जब मैं हाईस्कूल में पढ़ता था। मऊ की एक हिन्दी पत्रिका निकलती थी, उसमें कुछ कविताएँ छपी थीं। लेकिन मुझे ठीक वो कविताएँ याद नहीं। यह याद है कि छपी पहली बार जब मैं स्कूल में था।

अच्छा, आप जब लिखते हैं तो आपके सामने कोई पाठक होता है? कौन है वह पाठक?

लिखते समय पाठक नहीं होता है। मैं समझता हूँ लिखते समय सिर्फ़ कुछ

विचार या कुछ भाव हैं, जो मन में उठते हैं और लिखने का कारण कोई भी चीज़ हो सकती है—एक शब्द मात्र हो सकता है या एक ध्वनि मात्र हो सकती है; एक बिम्ब हो सकता है, एक घटना हो सकती है। कविता जब शुरू होती है उसके आगे की कविता ख़ुद लिखवाती है अपने आपको, शुरुआत बहुत छोटे से कारण से हो सकती है।

कोई ऐसी याद, जैसे कविता के बनने की प्रक्रिया, कविता कैसे बनी, कैसे आपके मन में आई?

मेरी एक कविता 'सागर के किनारे' बहुत पहले छपी थी *चक्रव्यूह* में। काफ़ी समय मैं जूहू रहा शुरुआती दिनों में। अकसर घूमने जाता था तो समुद्र के किनारे बैठा रहता था। उस समय नहीं मालूम हुआ कि कविता का रूप क्या होगा लेकिन इतना ज़रूर लगता था कि ये समुद्र है, सागर है, तट है, लोग हैं। इन सब में कोई अन्तर्प्रक्रिया होती रहती थी। फिर जब लिखने बैठे या कभी ऐसा लगा कि लिखना चाहते हैं तो उस दृश्य के कुछ बिन्दु दिमाग़ में आते रहते। यह प्रक्रिया वहीं ख़त्म नहीं हो गई जब पहली कविता लिखी। सागर के ये बिम्ब बाद में भी तमाम कविताओं में आते रहते हैं। शायद कह सकते हैं कि इस तरह शुरू होती है। ये हो सकता है। एक भाव भी हो सकता है।

आप कई वर्षों से लिख रहे हैं। इस दौरान आप कह रहे हैं मेरे सामने कोई पाठक नहीं होता है। लेकिन क्या अब आपको ऐसा लगता है, क्योंकि शुरुआत जब कोई कवि करता है तो स्वांतः सुखाय ही लिखता है। जैसा कि तुलसीदास जी ने कहा है। लेकिन कहीं न कहीं मन में होता है कि छपेगी यह कविता, किसी के सामने जाएगी, वो कौन है? वह लक्ष्य कहीं तो होता होगा। आज कुछ बदलाव अगर हुआ हो। कुछ ऐसा नहीं महसूस होता है?

आपके सवाल की शुरुआत अच्छी है। 'स्वांतःसुखाय' ज़रूर होता है चाहे वह बाद में 'रघुनाथ गाथा' में ही विकसित हो जाए। लेकिन शुरू में जब तक हमें अपने अन्दर से यह प्रेरणा नहीं मिलती कि हम ये लिखना चाहते हैं,

लिखना नहीं होता। लिखना हो सकता है कि बहुत निजी हो, बहुत पर्सनल हो, लिखते समय उसका साधारणीकरण हो और हमारे मन में आए कि इसको सुनने वाले, इसको पढ़ने वाले और लोग भी हैं। तो ये 'और लोगों' का जो आभास है, उनकी जो उपस्थिति है, वह कहीं ज़रूर एक कविता के बनने में भी सहायक होती है। और कभी-कभी बाधक भी होती है।

लेकिन इन 'और लोगों' में क्या कभी बच्चे और किशोर भी होते हैं आपके सामने?

ज़रूर होते हैं। माध्यम भाषा है जिसमें हम लिखते हैं। उस भाषा को जो भी बोलता है वह एक तरह से हमारा पाठक हो जाता है। उस पाठक में छोटे से बड़े तक, स्त्री, पुरुष, बच्चे सभी शामिल होते हैं। इसकी अवेरनेस (awareness) बहुत सीधी अवेरनेस तो नहीं होती, लेकिन परोक्ष रूप से भाषा के माध्यम से ज़रूर हम कभी-कभी थोड़ा सचेत होते हैं कि इसको पढ़ने वाले कई तरह के लोग हो सकते हैं।

आपने तो कविताएँ, गद्य सब कुछ लिखा है। कविता लिखना ज़्यादा अच्छा लगता है आपको या गद्य लिखना?

कविता ही मेरी विधा है। वैसे गद्य में भी मुझे कोई कठिनाई नहीं होती है। लेकिन मैं प्रमुख रूप से कविता लिखता हूँ।

क्या कभी ये भी लगता है कि कोई ख़ास भाव, कोई ख़ास विचार केवल कविता में ही लिख सकते हैं, गद्य में नहीं; ऐसा कुछ?

ऐसा अकसर लगता है। जो बहुत ज़्यादा कल्पनाप्रधान चीज़ें होती हैं या जिनको हम अन्तर्दृष्टि से देखते हैं, उसके लिए लगता है कि शायद मेरे लिए कविता ज़्यादा उपयुक्त माध्यम है।

आत्मजयी लिखते वक़्त मेरे मन में था कि उस समय जीवन और मृत्यु का जो भी अनुभव मुझे हुआ, उसके लिए शायद कविता सबसे उपयुक्त माध्यम है। उसे अगर गद्य में लिखूँगा तो फैल-बिखर जाएगा, वो बात पूरी तरह पकड़

में नहीं आएगी। ऐसा मुझे कई कविताओं में महसूस हुआ कि इनकी प्रकृति कविताओं की है। ख़ुद मालूम हो जाता है लिखते समय कि यह बात कविता में अपने को लिखवाना चाहती है या गद्य में। तो इसके संकेत स्वयं ही जिस माध्यम में लिख रहा हूँ उससे मिल जाते हैं। जैसे कहानियाँ लिखते समय मुझे अकसर लगा कि इस बात को शायद मैं कविता में बेहतर कहूँगा, फिर संकेत मिला कहानी से कि नहीं, और आगे बढ़ो, शायद ये बात मेरे माध्यम से बेहतर आएगी। इस तरह का एक संवाद कविता या दूसरे माध्यमों के साथ बराबर चलता रहता है।

अच्छा, जब आप कविता लिखते हैं उस वक़्त आपके मन में ध्वनियाँ पहले आती हैं, शब्द पहले आते हैं, या बिम्ब, या क्या पहले आता है?

इतना क्रम से नहीं होता। कई बार ये संकेत मिल जाता है कि इसमें हमें कौन-सी ध्वनियाँ लानी हैं, कौन-से भाव, कौन-से विचार लाने हैं। मैंने हमेशा, जैसे अभी आपसे कहा कि कविता के साथ एक संवाद रखना बराबर ज़रूरी समझा। यह सोच कर नहीं कि मैं कविता लिख रहा हूँ, बल्कि यह भी सोच के कि कविता अपने आपको मुझसे लिखवा रही है। ऐसे में एक बहुत ही दिलचस्प और जीवंत संवाद उस माध्यम के साथ बनता है, जिसमें अपनी बात कहना चाहता हूँ।

एक अजीब-सी स्थिति आ गई है कि लगता है जैसे सदी के अन्त तक पता नहीं कविता के पाठक बचेंगे कि नहीं। यानी कविता से पाठक का संवाद नहीं हो पा रहा है। कहीं ऐसा भी कुछ लगने लगा है आपको?

यह सवाल मुझसे कई बार पूछा जा चुका है, फिर भी मैं इसका उत्तर यही देता हूँ कि कविता ख़त्म नहीं होगी, उस पर कोई अपार संकट टूटने वाला नहीं है। जब तक जीवन सलामत है—शब्द, भाषा और दोनों का छपा हुआ रूप भी सलामत रहेगा। और हाशिया कविता के लिए बुरी जगह नहीं है। वो वही है जिसे कबीर राम झरोखा कहते हैं। वहाँ से तो पूरी दुनिया दिखाई देती है और भीड़-भाड़ में अगर कविता चलेगी, बीच सड़क पर, तब तो कुचल जाएगी या खो जाएगी। तो ये तो बड़ी अच्छी जगह है देखने के लिए।

इससे जुड़ी हुई एक बात है। आज का नया पाठक कविता को सिर्फ़ किताबों में क़ैद एक पाठ की तरह देखने लगा है। कविता से उसका संवाद नहीं हो रहा है। ऐसा क्या होना चाहिए कि कविता से संवाद बन पाए नए पाठकों का?

इसमें भाषा की कुछ भूमिका हो सकती है। मीडिया की भी बड़ी भूमिका हो सकती है। मीडिया कविता या साहित्य को पाठक तक पहुँचा सकता है। दूसरी चीज़—एक सीधा संवाद कवि और श्रोताओं का होना चाहिए, बातचीत होनी चाहिए। इन चीज़ों का कविता लिखने से ताल्लुक़ नहीं है--ये बहुत ही व्यावहारिक ढंग की ज़रूरतें हैं जिनसे शायद कविता लोगों तक पहुँचे। मैंने जहाँ भी थोड़ा-बहुत काव्य-पाठ किया वहाँ देखा कि लोगों का रिस्पॉन्स मिलता है।

आप क्यों लिखते हैं?

कविता मनुष्य और मनुष्य के बीच सम्बन्धों की एक अलग तरह की भाषा है जो आज की व्यावसायिक दुनिया में बनने वाले सम्बन्धों की भाषा से थोड़ा अलग है। इसे जीवित रखना ज़रूरी है और यह काम कविता बख़ूबी कर सकती है। लिखने का एक बड़ा कारण मेरे साथ रहा है कि यह बनी रहे। ऐसा नहीं हो कि बहुत ज़्यादा व्यावसायिक, व्यावहारिक दुनिया में रहते-रहते हमारी जो अन्तरंग भाषा है, हमारे सुख-दुःख की भाषा है, हमारे आपसी सम्बन्धों की भाषा है वह विलुप्त हो जाए। इसको जीवित रखने की बड़ी लालसा है जिसकी वजह से भी मुझे कविता आकृष्ट करती है।

एन.सी.ई.आर.टी. के तहत प्रसारित, 2012

प्रेम बाँधता है, मृत्यु मुक्त करती है

लताश्री

आप अपने बचपन की यादों को किस तरह सोचना चाहेंगे?

बचपन को प्रमुखतः घटना-प्रधान ढंग से नहीं, बल्कि स्मृतियों के वृहत् अवकाश में सोचता हूँ। जो तब जिया उतना भौतिक नहीं था, जितना बाद में मानसिक हो गया। और बाद के जीवन में इस मानसिक का कहीं अधिक महत्त्व है। वह भौतिक की तरह बीत नहीं जाता, बहुत कुछ बचा रहता है आज की मन:स्थितियों में। कविता में, साहित्य में, स्मृतियों का यही प्रतिदिन-प्रतिक्षण बढ़ता हुआ समय उसका विशिष्ट कालबोध बनाता है। इसे ही कविता के माध्यम से पाठकों के साथ, दूसरों के साथ तरह-तरह जीता हूँ। इसमें जो पढ़ा और दूसरों के अनुभवों से जाना-सुना, वह भी उतना ही निजी है जितना वह जिसे अपना कहता हूँ।

आपकी दृष्टि में जीवन में अर्थ की तलाश का क्या महत्त्व है?

हर जीवन अपनी तरह सार्थक या निरर्थक है। जिसे मैं सार्थक मानता हूँ, दूसरे के लिए वह बिल्कुल बेमानी या निरर्थक हो सकता है। एक व्यापारी, गृहस्थ, क़लमजीवी, किसान या मज़दूर का जीवन अपनी जगह अपनी तरह सार्थक है। अपने कार्य की साधना में सार्थकता का जीवन-दर्शन निहित है। उस कार्यक्षेत्र को संकुचित करके भी जिया जा सकता है और उसके आशय को बड़ा करके भी। एक कुटुंब का अर्थ जब 'वसुधैव कुटुंबकम' में विस्तृत होता है तो सार्थकता के उसी आदर्श को छूता है जो जीवन का अर्थ है।

इस जीवन का क्या कोई महत्तर उद्देश्य है?

हम जिसके सम्पर्क में आएँ, उसमें लघुता नहीं महत्ता का भाव जगा सकें—यह काफ़ी बड़ा उद्देश्य है।

क्या आपके जीवन में कभी ऐसा वक़्त आया जब जीवन ही अर्थहीन लगा हो?

अकसर। तब इस अर्थहीनता से उबरने के प्रयास में ही जीवन की सार्थकता नज़र आई है।

क्या साहित्य जीवन को कोई अर्थ देता है?

अर्थ देने की चेष्टा में हम जीवन से अर्थ पाते भी हैं। साहित्य उसका एक उदाहरण है।

आपकी कविताएँ ज़िन्दगी के गहरे अर्थ तलाश करती लगती हैं : क्या है वह अर्थ?

जीवन का उतना ही अर्थ है जितना हम उसे दे पाते हैं। उसे दे सकने की कोई सीमा नहीं। कभी नीत्शे ने कहा था, "महान क्षण हैं वे हमारे जीवन के जब हम अपनी कमियों को भी ख़ूबियों में बदल सकने का बीड़ा उठाते हैं।" कविता इसी सामर्थ्य को सम्बोधित करती है। वह दुखदायी लगती है किन्तु उस पीड़ा में भी एक संकल्प-शक्ति होती है। उद्देश्य तक पहुँच पाना अनिवार्य नहीं, उसके लिए जीना ही पर्याप्त सार्थकता है। उससे हमारी जीवन-दृष्टि बड़ी होती है तो जीवन की क्षुद्रताएँ कम घेरती हैं।

आज के जीवन में इतनी अर्थहीनता क्यों है?

जैसा मैंने कहा, अर्थवत्ता देने से मिलती है। हम चीज़ों के पीछे भाग रहे हैं, उन्हें अधिकाधिक पाना चाहते हैं। अन्ततः हम ख़ुद चीज़ों का ढेर होकर रह जाते हैं। आपसी सम्बन्धों—निजता की गरिमा—को विकसित करने के

बजाए हम बहुत सारी चीज़ों से सम्बन्ध बना रहे हैं। हमारे सोच-विचार पर भी चीज़ों की निर्जीव चमक-दमक का सतही प्रभाव हावी है। मनुष्य को सोचो तो मनुष्य की तरह सोचो। चीज़ों को सोचो तो चीज़ों की तरह सोचो। बिल्कुल विरक्त होकर।

कविता में सबसे ज़्यादा प्रेम और मृत्यु के बारे में लिखा गया है। आप इस बात से कितना सहमत हैं?

मैं पूरी तरह सहमत हूँ। शायद कविता में प्रेम की अपेक्षा मृत्यु के बारे में ज़्यादा लिखा गया है। मसलन अगर तुम ग़ालिब को देखो तो उनके सबसे ज़्यादा अश्आर मृत्यु को लेकर हैं—प्रेम से कहीं अधिक। या फिर अध्यात्म या सूफ़ी सम्बन्धी जिसे 'ख़याल' या 'तसव्वुफ़' कहते हैं। मीर में भी ऐसा ही है। प्रेम बाँधता है, मृत्यु मुक्त करती है। मेरा मानना है कि जीवन का प्रतीक—प्रेम; तथा जीवन की मुक्ति—मृत्यु; दोनों में कहीं गहरा सम्बन्ध है जो बार-बार जीवन में यथार्थ के बरअक्स ख़याल को लाकर खड़ा कर देता है। ग़ालिब के कितने ही शे'र इसके उदाहरण हैं—

क़ैद-ए-हयात ओ बन्द-ए-ग़म अस्ल में दोनों एक हैं
मौत से पहले आदमी ग़म से निजात पाए क्यूँ

या फिर,

मुनहसिर मरने पे हो जिस की उमीद
ना-उमीदी उस की देखा चाहिए

ऐसा नहीं कि महज़ ग़ालिब में मृत्यु को लेकर ये 'ऑब्सेशन' या सम्मोहन है। बल्कि तमाम कवियों में है और मैं स्वयं को भी इसमें शामिल पाता हूँ।

आपका कहना है कि आपकी प्रत्येक कविता प्रेम कविता है। किन्तु आपको नहीं लगता उनमें वैसी उष्णता, या डॉ. देवराज के शब्दों में कहें तो, "वह ताप नहीं जो अपेक्षित प्रेम कविताओं में होना चाहिए।" आपको इनकी कमी नहीं अखरती?

प्रेम को विशेष रूप से जीवन-ऊर्जा के तौर पर देखता हूँ। वह केवल शारीरिक प्रेम नहीं है, जीवन के प्रति एक उत्साह, एक उन्मेष है। वह सब में फैला-

बिखरा है। जिसे हम जीवन-शक्ति या जीवन-ऊर्जा कहते हैं, वह शांत भी हो सकती है और अशांत भी। जब वह शांत होती है तो लगता है कि है ही नहीं, लेकिन वह रहती है। उसकी एक दृढ़ता है मनुष्य के अन्दर जो उसके चरित्र या व्यवहार में रहती ही है। पर जब वह उद्विग्न होती है तब एक विस्फोट की तरह दिखाई पड़ती है। इसीलिए मैं कहता हूँ कि मेरी काफ़ी कविताओं में जीवन-ऊर्जा या जिजीविषा एक प्रमुख अंग है। इसमें मैं मृत्यु को भी दुश्मन की तरह नहीं देखता। बन्धन और मुक्ति एक साथ हैं, अर्थात् बन्धन न हो तो मुक्ति निरर्थक है। हमारे यहाँ पुरुषार्थ की जो परिभाषा है, उसमें धर्म, अर्थ, काम के बाद फिर मोक्ष है, 'मृत्यु' नहीं। यह एक अद्‌भुत संयोग है। मृत्यु को हमारे यहाँ ऐसा नहीं मानते कि वह एक समाप्ति है, बल्कि उसे मुक्ति माना गया है।

क्या प्यार सिर्फ़ मुक्ति का माध्यम भर है?

प्यार एक माध्यम नहीं, वह तो जीवन है, जिजीविषा है, अदृश्य रूप में सर्वत्र विद्यमान है : जिस तरह जीवन हर एक चीज़ में व्याप्त है। हम प्यार की ऊर्जा को, उसके संचरण को अपने व्यवहार, भाषा, जीवन, चरित्र सब में समाहित देख सकते हैं। लिखने के क्रम में मेरी दृष्टि में एक बात सदैव रहती है : भावनाओं के वश में होकर लिखना या भावनाओं को अपने वश में करके लिखना। प्यार के कितने ही रूप हैं! सवाल यह है कि उसे ग्रहण करनेवाली चेतना स्वयं कितना परिपक्व है। लोगों की प्रतिक्रिया को अपनी रचनाशीलता से बाहर नहीं मानता। यह भी मेरी रचना-प्रक्रिया के अन्तर्गत है।

पाठक की सीमा के कारण अपनी कविताओं को सीमित करना कहाँ तक उचित है?

नहीं। मैं इसे सीमा नहीं, स्तर मानता हूँ। पाठक कई स्तर के होते हैं। कई पाठक बहुत परिपक्व होते हैं, कुछ कम और कुछ बिल्कुल अपरिपक्व। कविता ऐसे नहीं लिखी जाती कि वह सिर्फ़ बच्चों के लिए हो या केवल प्रौढ़ों के लिए। इसके बावजूद मैंने कितनी ही कविताओं में प्यार के आवेग और

उसकी अन्तरंगता को मुखरित किया है। बल्कि उस हद तक किया है जहाँ तक ज़्यादातर लोग नहीं करते। मेरे लिखने की सीमा नहीं, पर छपने की ज़रूर है।

***अन्धा युग* की स्थापित प्रतिष्ठा को आपने *आत्मजयी* के द्वारा कैसे चुनौती दी तथा इसके लिए किन परिस्थितियों ने आपको तैयार किया?**

पहले तो यह कहूँगा कि मैं इसे चुनौती नहीं मानता। दूसरी, और सबसे महत्त्वपूर्ण बात यह कि तुलना का दायरा बहुत बड़ा होना चाहिए, अर्थात् तुलनात्मक अध्ययन में दायरे और सन्दर्भों को बहुत विस्तृत करके देखना चाहिए। तुमने यहाँ *अन्धा युग* और *आत्मजयी* को साथ रखा है। तुलना के तौर पर यदि भारती के स्वरचित *अन्धा युग* और *कनुप्रिया* को ही आपस में लें तो बात नहीं बनेगी। मेरा मानना है कि विश्व साहित्य के मिथक-काव्यों और उनके सन्दर्भों को ध्यान में रखकर तुलनात्मक अध्ययन करना चाहिए। तभी हम पूरे परिप्रेक्ष्य को समझ पाएँगे। *अन्धा युग* और *आत्मजयी* दो फ़र्क़ तरह की कृतियाँ हैं। एक का आधार *महाभारत* है, दूसरे का *कठोपनिषद्*।

वर्तमान जीवन में जटिलता परत-दर-परत जड़ जमाए बैठी है। इसके बावजूद आदमी की आदिम भावनाएँ आलोड़ित करती हैं। पर आज की कविता इससे थोड़ी दूरी बनाए खड़ी है, क्या यह अच्छी स्थिति है?

'आदिम' शब्द से इतना परहेज़ क्यों? शरीर भी तो आदिम है, जीवन और यह प्रकृति भी, जो हमें चारों ओर से घेरे हुए है। हम इससे अलग नहीं हो सकते। बस सवाल यह है कि हमारी जो बुनियादी भावनाएँ हैं उन्हें हम जीवन, साहित्य और कलाओं में किस तरह और कहाँ रखें। रॉबर्ट लॉवल (Robert Lowell) का उदाहरण देकर हमने तुम्हें बताया था कि इन आदिम भावनाओं का हमारे जीवन में आनुपातिक महत्त्व है। एक पत्ती की बनावट में उसकी कोमलता को कहाँ रखें और कहाँ उसकी दृढ़ता को, इसका एक आनुपातिक महत्त्व है। अगर हम पत्ती में किनारों को मज़बूत और रीढ़ को मुलायम कर दें तो वह पत्ती नहीं रह जाएगी, बल्कि कुछ और ही बन जाएगी। पत्ती का सौन्दर्य और उसकी उपयोगिता—दोनों इसी में हैं।

वैसे ही हर चीज़ जो जिस तरह गठित है उसका एक आदिम महत्त्व भी है और उसको हम आज के जीवन में जिस तरह लाते हैं, उसका भी महत्त्व है। यह हमारे दृष्टिकोण पर निर्भर है कि हम उसे अपने जीवन और रचनाशीलता में कैसे लाते हैं। यदि हम चीज़ों को सीमित कर दें तो कविता की पकड़ भी सीमित हो जाएगी। आदिम का भी उतना ही महत्त्व है जितना अर्वाचीन का।

2012

कविता जादू करती है, और जादू तोड़ती भी है

कथाक्रम पत्रिका

कविता आख़िर क्या करती है?

कविता जादू करती है तो उससे अधिक शायद जीवन के उस जादू को तोड़ती भी है जो हम पर पहले से ही हावी है। कविता और कलाओं का यह दूसरा संसार—एक परा-यथार्थ, 'यूटोपिया' या कल्पना-लोक—न हो तो जीना दुश्वार हो जाएगा। कविता हमें उदात्त सपने देती है। इनमें भी जीवनदायक शक्ति होती है। पाँवों तले कँकरीली ज़मीन हो तो सिर के ऊपर बादलों की छाँव राहत देती है। 'अमर काव्य' आदमी के भौतिक जीवन और उसकी आकांक्षाओं के बीच सरल और अ-सरल सम्बन्धों के दीर्घकालिक दस्तावेज़ हैं।

कविता में अनुभूतियों की स्थिति क्या होती है?

अनुभूतियों का एक अलग संसार, एक अलग यथार्थ भी होता है जिसमें दूसरों के सुख-दुःख, अनुभव-अनुभूतियाँ, सोच-विचार शामिल होते हैं—सिर्फ़ कवि का अपना ही जीवनानुभव नहीं। बड़े काव्य में यह बड़ा जीवन प्रतिबिंबित होता है। एक कवि ने जो जिया और बरता वह तो आधार है ही, लेकिन जो उसने देखा, जाना, सोचा और आत्मसात किया वह केवल उस तक सीमित नहीं रहता। यह सब जीवन और मृत्यु के वृहत्तर आयाम धारण करता है उसकी रचनाओं में। एक संवेदनशील मन में सब या सर्व के अनुभवों का सार भी सम्मिलित होता है। कर्म में ग़लतियाँ हो सकती हैं, सोच फिर भी सही हो सकता

है। *महाभारत* इसके उदाहरणों से भरा पड़ा है। कथनी और करनी के बीच की यह खाई कभी पट नहीं पाती—शायद यही जीवन की सबसे बड़ी विडम्बना और त्रासदी है। बुनियादी उत्तेजनाएँ दुर्दमनीय हैं, लेकिन उन्हें नियंत्रित रखने में काव्य और कलाओं की एक सहायक भूमिका हो सकती है।

एक कवि होने के नाते आप जीवन और यथार्थ के अन्तर्विरोधों को कैसे देखते हैं?

दुनिया में हिंसाएँ और क्रूरताएँ हैं तो सुन्दरताएँ भी हैं—वे हमेशा रही हैं और आज भी बची हैं। उन पर भी ध्यान देना चाहिए। बड़े-बड़े रेगिस्तान हैं तो छोटे-छोटे मरुद्यान भी। उनमें जीवन है और जीवन को सहारा दे सकने की विनम्र शक्ति भी। प्रकृति में उनकी रक्षा की युक्तियाँ मौजूद हैं। कविता और अन्य कलाएँ अपनी तरह उन युक्तियों का एहसास कराती हैं। जो विनम्र है, वह अशक्त नहीं। अनियंत्रित उग्रता आत्म-नाशक भी है और सर्वनाशक भी। एक लम्बे कविकर्म को जीते हुए मैंने इस 'विनम्र शक्ति' को केवल अपने में ही नहीं, दूसरों में भी बार-बार पहचाना है। मेरे लिए साहित्यिक जीवन एक ऐसे स्पेस की रचना या निर्मिति भी रही है जहाँ से जीवन को एक ज़्यादा बड़े परिप्रेक्ष्य में रखकर देखा जा सके। यद्यपि वह भी सर्वथा निरापद जगह नहीं।

हिन्दी भाषा की वर्तमान अवस्थिति पर आप क्या टिप्पणी करेंगे?

दुनिया की तमाम क्षेत्रीय भाषाओं ने विश्वस्तरीय साहित्य दिया है और आज भी दे रही हैं। हमें इस भावना से ऊपर उठना होगा कि स्थानीय भाषाएँ महान साहित्य नहीं दे सकतीं। हिन्दी अब दुनिया की प्रमुख भाषाओं में गिनी जाती है, लेकिन साहित्यिक कारणों से नहीं। एक भाषा की साहित्यिक जड़ें गुख्यतः उन मानवीय सम्बन्धों, आपसी व्यवहार, सौहार्द, मेलजोल आदि में बेहतर सुरक्षित रहती हैं; जिन्हें व्यापारिक समझौतों की भाषा से थोड़ा अलग रखकर सोचना होगा। हिन्दी को अपने साहित्यिक और सांस्कृतिक सरोकारों को भी विस्तृत करना होगा।

क्या अंग्रेज़ी सबसे महत्त्वपूर्ण भाषा हो गई है—यदि नहीं तो हमारी भाषा के सन्दर्भ में उसकी महत्ता क्या है?

नहीं। किन्तु हिन्दी साहित्य के दूसरी भाषाओं में, विशेषकर अंग्रेज़ी में, अनुवादों को विशेष महत्त्व देता हूँ। यह एक तरीक़ा है जिससे हिन्दी-साहित्य की गुणवत्ता पहचानी जा सकेगी। आख़िर हमने भी विश्व-साहित्य को अंग्रेज़ी अनुवादों के माध्यम से ही जाना है। अंग्रेज़ी सहायक हो सकती है : एक मित्र भाषा की तरह।

आम शिकायत है कि कविता के पाठक कम होते हैं। क्या इस दिशा में बाज़ार या प्रकाशक कोई सकारात्मक भूमिका निभा सकते हैं?

कविता के पाठक कम नहीं हैं, शायद ख़रीदार कम हैं। समाज की ऐसी अनेक मूल्यवान चेष्टाओं को बचाना पड़ता है जो आदमी के मानसिक और सांस्कृतिक जीवन को समृद्ध करती हैं। यह कवियों से नहीं प्रकाशकों से पूछा जाना चाहिए कि वे क्या कर सकते हैं। ये व्यावहारिक क़िस्म की दिक़्क़तें हैं। प्रकाशक मिलकर अपने संसाधनों के बेहतर प्रबन्धन द्वारा इन्हें किसी हद तक दूर कर सकते हैं। होड़ नहीं, सहयोग के तरीक़ों से। कविता बिकती है, दरअसल उसके विक्रेता ढीले हैं। दिल्ली तो बड़ा शहर है और एक प्रमुख हिन्दीभाषी क्षेत्र में है, फिर भी यहाँ हिन्दी पुस्तकों के बिक्री केन्द्र इतने कम क्यों हैं? कोई ऐसा छोटा-बड़ा शहर नहीं जहाँ स्टेशनरी की दुकानें तथा अख़बार और मैगज़ीनों के डिपो न हों। क्या इन्हें किताबें रखने के लिए आकर्षक सुविधाएँ और शर्तें देकर प्रोत्साहित नहीं किया जा सकता? 'जो बिकता है हम उसे बेचते हैं' वाली मानसिकता से बाहर निकलकर इस पर ध्यान क्यों नहीं दिया जाता कि 'जो कम बिकता है पर मूल्यवान है' उसे और किन उपायों से बेचा जाए?

क्या कविता समाज-निरपेक्ष हो सकती है?

कविता कभी भी समाज-निरपेक्ष नहीं रही, न रह सकती है। कविता के 'निज' और 'सर्व' को जीवन के समावेशी परिवेश में रखकर सोचना चाहिए,

उनका ध्रुवीकरण करके नहीं। अन्याय और आतंक से समाज का हर व्यक्ति उत्पीड़ित है। ऐसे में कविता समाज-निरपेक्ष कैसे हो सकती है? वह एक व्यक्ति के चित्रण में भी पूरे समाज की व्यथा को व्यंजित कर सकती है और ठीक इसके उलट ढंग से भी।

कविता में कथ्य महत्त्वपूर्ण होता है या फ़ॉर्म?

ये बेहद थकी हुई बहसें हैं। बेदम हो चुकी हैं। इन पर अनन्त काल तक बहसें जारी रखी जा सकती हैं बिना किसी निर्णायक फ़ैसले पर पहुँचे। इन बहसों पर ऊर्जा सिर्फ़ ख़र्च होती है, उसका कोई वापसी उपार्जन नहीं होता। पूछते हैं तो फिर दोहरा देता हूँ—गद्य या पद्य, छन्द या स्वच्छन्द, कविता के लिए इनका कोई बन्धन नहीं। 'उक्ति वैशिष्ट्य', 'ढाई आखर', 'अन्दाज़-ए-बयाँ', 'बात बोलेगी' जैसे कथन शायद कविता की बुनियादी प्रकृति को बेहतर व्यक्त करते हैं लेकिन तब भी और इनसे बाहर भी बहुत कुछ ऐसा छूट जाता है जो कविता हो सकता है। इसी तरह कविता में कथ्य और फ़ॉर्म की वैकल्पिक नहीं, संयुक्त स्थिति बनती है। उनका ध्रुवीकरण होता है तो एक काव्यकृति अपनी संगति खो देती है।

प्रश्न सम्पादित रूप में

संतुलन ही असली साधना है

पूनम सिंह

[कुँवर नारायण : हिन्दी साहित्य की अतिविशिष्ट उपस्थिति, जिनकी समूची काव्य-दृष्टि और सृष्टि मानव-नियति की चिन्ता और मनुष्यता में केन्द्रीभूत है। वैचारिक गहनता तथा संवेदन की तरलता कुँवर जी की कविता के मुख्य आधार रहे हैं। वे बहुविध प्रश्नों के साथ-साथ घोर अमानवीयता का प्रत्याख्यान करते हुए वैश्विक उत्तर-आधुनिक युग में मानव-मूल्यों और नैतिकता की प्रतिष्ठा को प्रमुख रूप से स्थापित करते हैं। अपने सद्यःप्रकाशित खंडकाव्य 'कुमारजीव' में इन्होंने सृजन के बिल्कुल नए आयामों को स्पर्श किया है। कुँवर नारायण तमाम विश्व-संस्कृतियों में व्याप्त सामाजिक विषमता और पूँजीवाद के चक्रव्यूह में पिसती मनुष्यता और नैतिक जड़ता को अपनी कविताओं के माध्यम से बख़ूबी तोड़ते हैं। अपनी कविताओं में निरंतर एक ऐसे नैतिक आयाम और जीवन के स्थायी मूल्यों की खोज करते हैं, जिनका आज सर्वथा अभाव है। उनके समस्त लेखन में बौद्धिक उजास का एक दुर्लभ सौन्दर्य देखने को मिलता है। सुखद संयोग है कि हम आज कुँवर जी की स्मृतियों के संसार से रू-ब-रू होने के लिए, उनसे कुछ बातचीत करने के लिए उनके सान्निध्य में उपस्थित हो सके हैं।]

कुँवर जी, हिन्दी कविता के क्षेत्र में आपका लम्बा अनुभव रहा है, छह-सात दशकों का। अपनी सृजन-यात्रा के कुछ शुरुआती पड़ावों के बारे में बताइए।

मेरे साहित्यिक जीवन के लगभग साठ वर्ष, जिनके बारे में मैं स्पष्टता से सोच पाता हूँ, बीसवीं सदी में बीते हैं। कई मायनों में बीसवीं सदी वैचारिक घटनाओं की दृष्टि से बहुत ही बेचैन और उथल-पुथलवाली रही है। उस

शताब्दी को आज जब सोचता हूँ तो ऐसा लगता है जैसे मैं अपने जीवन में ही नहीं, इतिहास के बहुत महत्त्वपूर्ण समय में प्रवेश कर रहा हूँ। मेरे लिए जीवन का अनुभव केवल भारत तक सीमित नहीं रहा, उसका वैश्विक पक्ष भी उतना ही महत्त्वपूर्ण रहा। शुरू से मुझे पढ़ने-लिखने का बहुत शौक़ था। उस समय एक व्यापक और बड़े संसार में मेरा प्रवेश सम्भव हो सका। मैंने हमेशा ही यह कोशिश की कि संसार कभी छोटा न हो, इसको बड़े-से-बड़ा रखूँ और वह तभी सम्भव है जब हम एक उदार दृष्टि रखकर, खुली आँखों से दुनिया के साहित्य और घटनाओं को देखें और उन पर विचार करें। इसीलिए विचारशीलता और पठन-पाठन मेरे लेखन का एक संश्लिष्ट अंग रहा है। उसको मैं 'दो' में विभाजित करके नहीं देख पाता हूँ।

मेरे जीवन के लगभग साठ वर्ष, चालीस के दशक से लेकर बीसवीं सदी के अन्त तक, लखनऊ में बीते। लखनऊ का जीवन उस समय शैक्षिक और साहित्यिक दृष्टि से समृद्ध था, उसमें खुलापन था, जो मुझे अच्छा लगता था। वहीं मेरे मन में यह बात आयी कि अगर हमें सचमुच ही साहित्य में काम करना है तो उसके लिए बहुलतावादी दृष्टिकोण सबसे अच्छा है; जिसे एक्लेक्टिक ऐटिट्यूड कहते हैं। उसके बिना हम ठीक से साहित्य के विभिन्न पक्षों को पकड़ नहीं पाएँगे। इस माने में मुझे अपने शिक्षकों से बहुत सहायता मिली। यहाँ पर मैं इस बात पर ज़ोर देना चाहता हूँ कि एक साहित्यकार के जीवन में उसके शिक्षकों का भी बहुत बड़ा प्रभाव पड़ सकता है। पहली बार इतिहास में सांस्कृतिक तत्त्वों के बारे में मुझे प्रोफ़ेसर राधा कुमुद मुखर्जी की एक किताब—*Men and Thought in Ancient India*—पढ़ने को मिली। आगे चलकर मैंने नव-इतिहासवाद, या 'कल्चरल पोएटिक्स', पर अध्ययन किया और आज भी मुझे यह महत्वपूर्ण लगता है।

शुरू-शुरू में समाजवाद पर बात होती थी : हम लोगों का एक छोटा-सा ग्रुप था, जिसमें साही, रघुवीर सहाय, मैं, कृष्णनाथ और कमलेश थे : ये सब लोग आकृष्ट हुए थे, इसके बहुलतावादी और सहिष्णु दृष्टिकोण के प्रति। यह हम लोगों के बीच एक बड़ा बॉन्ड था, जिसने हमें इस दिशा में प्रेरित किया और हमारे साहित्य के पूरे स्वभाव को रचा। मेरे साहित्यिक जीवन की शुरुआत लगभग 1943 के आसपास से मान सकते हैं, जब *तार सप्तक* निकला। *तीसरा सप्तक* में अज्ञेय ने मुझे भी शामिल किया। लेकिन एक

बात कहना चाहता हूँ कि मैंने बराबर अपनी इस आज़ादी को इंटैक्ट रखा कि हम किसी भी विचार या विचारधारा के अनुयायी बनकर नहीं, बल्कि उसके साथी की तरह रहेंगे। उससे एक मैत्री भाव हो, बराबर का संवाद होता रहे। इसके अनेक अवसर भी मिलते रहे, जिससे हमारी साहित्यिक संस्कृति समृद्ध होती गई।

आपने जिस दौर में लिखना शुरू किया, वह भारत की आज़ादी के तुरन्त बाद का समय था। उसके बारे में कुछ बताइए।

जिस समय मैंने लिखना शुरू किया : भारत में, सन् बयालीस की अगस्त क्रांति शुरू हो गई थी। हमारे यहाँ आने-जाने वाले लोगों में से कई ऐसे थे जो इस मूवमेंट से जुड़े हुए थे। मैं सीधे-सीधे तो उससे नहीं जुड़ा था लेकिन मेरे एक भाई जेल भी गए थे, इसी सिलसिले में। हम लोगों की बातचीत इस मूवमेंट, उपनिवेशवाद की समाप्ति और गाँधी जी के विचारों पर होती थी, जो बहुत दूर तक जाती थी। इन सबका एक मिला-जुला असर मेरे साहित्यिक लेखन के ऊपर भी पड़ता रहा और सबसे बड़ी चीज़ यह है कि मैंने उनमें से केवल कुछ चुनिंदा चीज़ों को नहीं लिया, बल्कि भरसक यह कोशिश की कि कई विषयों से प्रेरणा ली जाए जो जीवन से सम्बन्धित हैं—चाहे विज्ञान हो, दर्शन हो या साहित्य हो।

आप विदेशों में आते-जाते रहे हैं। वहाँ के शुरुआती साहित्यिक या सांस्कृतिक अनुभव किस तरह से आपकी रचनाओं में आए?

मुझे विदेश जाने का पहला अवसर 1955 में मिला जब मैं यूरोप गया था। वहाँ एक फ़ेस्टिवल होता था, 'वर्ल्ड यूथ फ़ेस्टिवल', जिसमें मैं शामिल हुआ था। वह मेरा पहला सम्पर्क था यूरोप से। उस समय यूरोप, यानी युद्ध के बाद का यूरोप, काफ़ी तहस-नहस अवस्था में था। वहाँ सबकुछ देखकर पहली बार मैंने युद्ध की त्रासदी को इतने निकट से जाना। लेकिन इसके साथ दूसरी चीज़ भी जानी, कि आदमी सारी त्रासदी के बाद भी अगर मनोयोग से लग जाए तो कैसे वह फिर से अपने आप का उद्धार कर लेता है! पोलैंड के लोग, तथा और भी देश जो विध्वंस की चपेट में आ गये थे, उन्होंने फिर से अपने आपको

रीबिल्ट (rebuilt) किया। तो इस तरह की 'सरवाइवल' की जो शक्ति आदमी में है, उसने मुझे बहुत प्रभावित किया।

विश्व-स्तर के किन कवि-लेखकों से आपका सम्पर्क हुआ उस समय?

पोलैंड में मुझे कुछ समय रुकने का मौक़ा मिला और इस दौरान मेरी मुलाक़ात नाज़िम हिकमत और पाब्लो नेरुदा से भी हुई, जिनके बारे में मैं लिख चुका हूँ। और बहुत-से लेखक थे लेकिन एक नाम अभी याद आ रहा है, पोलिश लेखक एंतोनी स्वोनिमस्की का, जो वहाँ साहित्यकारों के स्कामान्दर ग्रुप (Skamander Group) के प्रमुख सदस्य थे। उनके साथ काफ़ी बातचीत होती थी। और भी तमाम नए लेखक थे जिनसे बातचीत होती थी। ख़ास बात यह है कि एक ओर तो उन सबके मन में युद्ध की त्रासदी थी, दूसरी ओर यह उत्कंठा कि कैसे ऐसा संसार बनाया जाए जो न्यायप्रिय हो, जहाँ पर इस तरह के युद्ध और वीभत्स घटनाएँ न हों और विश्व-मैत्री का एक वातावरण बने। अलग-अलग तरीक़ों से यही चिन्ता उन लोगों की होती थी। वहीं एक और लेखक येर्ज़े लाऊ और उनकी पत्नी मेरी लाऊ से काफ़ी बात होती थी। बाद में इन लोगों से पत्राचार भी रहा। पर जब मैं लम्बे अन्तराल के बाद दोबारा गया और उनके बारे में जानने की कोशिश की तो उन लोगों का पता नहीं लग पाया।

अज्ञेय से आपके सम्बन्ध कैसे रहे? साहित्य में उनके योगदान को आप किस रूप में देखते हैं? मुक्तिबोध, शमशेर बहादुर सिंह, विजयदेव नारायण साही और रघुवीर सहाय के बारे में भी बताइए।

अज्ञेय से मेरी मुलाक़ात कब हुई यह तो ठीक याद नहीं है। तब उनकी किताबें *चिन्ता* और *शेखर : एक जीवनी* आ गई थीं, और उनकी कुछ कहानियाँ भी मुझे पढ़ने को मिली थीं। *इत्यलम* बाद में आई थी। तो लगभग वही समय है, जब अज्ञेय से मेरी मुलाक़ात हुई और उन्हें निकट से जानने का मौक़ा मिला। अज्ञेय ने जिस ओर हम लोगों का ध्यान खींचा, हालाँकि वह कहलाता प्रयोगवाद है, लेकिन मुख्य बात है आधुनिकता की ओर सबका ध्यान जाना। भारतीय आधुनिकता को रूप देने में अज्ञेय का बड़ा कंट्रीब्यूशन मानता हूँ।

शमशेर जी से ज़्यादा नहीं मुलाक़ात हुई। दो-एक बार ही मैं मिला, घर पर भी वो आए, लेकिन मुझे उनकी कविताएँ बहुत पसन्द थीं। मुक्तिबोध से मैं कभी नहीं मिला लेकिन उन्होंने, जब मेरा *परिवेश : हम-तुम* संग्रह निकला, तो उस पर इतनी सुन्दर समीक्षा लिखी कि आज तक कोई इस तरह से नहीं लिख पाया। वह केवल मेरा दूसरा संग्रह था, लेकिन उसके माध्यम से उन्होंने जैसे मेरे पूरे भविष्य के लेखन का एक जाएज़ा ले लिया हो।

विजयदेव नारायण साही और रघुवीर सहाय मेरे प्रिय साथी कवियों में रहे हैं। रघुवीर सहाय मेरे सहपाठी थे एम.ए. अंग्रेज़ी में और दो-तीन साल साथ ही पढ़े। साही से तो बहुत बाद तक काफ़ी मिलना-जुलना रहा।

आपने मुक्तिबोध की बात की, कि उनकी आलोचनात्मक ऊर्जा बहुत अलग तरह की थी—चाहे वह नवोदित लेखक हो या कोई स्थापित लेखक, सब पर बहुत गहरे अध्ययन-चिन्तन के बाद समीक्षा लिखते थे और उसे साहित्यिक विमर्श में लेकर आते थे। इसके मद्देनज़र अगर आज की हिन्दी आलोचना की हम बात करें, तो वह आपको कहाँ और किस मुक़ाम पर खड़ी दिखाई देती है?

मुक्तिबोध की अपनी प्रतिबद्धता थी, लेकिन प्रतिबद्धता के बावजूद उन्होंने एक कृति के गुणात्मक पक्षों को (चाहे वह उससे सहमत न हों, तो भी) कभी भी 'मिस' नहीं किया। चाहे वह प्रसाद पर लिख रहे हों या मुझ पर लिख रहे हों या किसी और पर—उनमें जो विश्लेषणात्मक शक्ति थी, या स्कॉलरली डिसिप्लिन कहें, वह अद्भुत थी। आज जो समीक्षाएँ लिखी जा रही हैं, मुझे लगता है कि आम तौर पर उनमें यह अकैडमिक डिसिप्लिन ज़रा शिथिल है। इसका कारण शायद यह है कि लोग पढ़ते-लिखते कम हैं और एक प्रभाववादी ढंग की समीक्षा ज़्यादा लिखते हैं। यह भी लगता है कि समीक्षा के कुछ गिने-चुने 'पद' हैं, जिनकी जकड़ में जैसे हिन्दी की पूरी समीक्षा चली गई हो। उस तरह का मौलिक चिन्तन नहीं मिल पाता है, जैसा कि तुम्हें नेमिचन्द्र जैन के लेखन में मिलेगा, उनकी किताब *अधूरे साक्षात्कार* में। इस तरह की समीक्षा इधर ज़रा मुश्किल हो गई है। जब रामस्वरूप चतुर्वेदी जैसे लोग लिख रहे थे तो इनकी समीक्षा में व्यावहारिक आलोचना के साथ एक शास्त्रीय अनुशासन

भी होता था, जो शायद इधर की समीक्षा में कम है। हालाँकि इधर कुछ नए लोग लिख रहे हैं जिनकी समीक्षा मुझे पसन्द आ रही है। मेरा मानना है कि केवल विचारधारात्मक ढंग से नहीं, वैचारिक और बौद्धिक ढंग से सोचना पड़ेगा। भावनात्मक ढंग से ही नहीं, कल्पनाशील और मननशील ढंग से भी सोचना पड़ेगा और जब तक इन सब को मिलाकर नहीं सोचा जाएगा, तब तक कोई कृति की अन्तरात्मा तक नहीं पहुँच पाएगा। मुक्तिबोध में ये गुण थे। हमारे समीक्षकों को अगर उनसे कुछ सीखना है तो यह सीखें।

आपकी कविताओं में संवेदना की एक व्यापक दुनिया का आभास होता है—प्रेम, सौन्दर्य, इतिहास, राजनीति और मानवीय नियति का गहरा बोध आपके यहाँ है। इन सब को अपनी कविताओं में 'टूल्स' के रूप में आपने कैसे बरता?

मुझे लगता है कि जब हम खुला, शान्त दिमाग़ रखकर जीते हैं, पढ़ते हैं, सोचते हैं, तो इनके लिए प्रयास नहीं करना पड़ता। ये सब अपने आप ही कविता में प्रकट होते हैं। अगर हम संकुचित दिमाग़ से सोचेंगे तो फिर वही चीज़ कविता में भी प्रतिबिम्बित होगी। मैंने हमेशा यही कोशिश की कि इतिहास, जीवन, समाज, राजनीति आदि को लेकर मेरा जो दृष्टिकोण है, वह संकुचित न हो। इसी तरह की कोशिश रही कि यह सब हमारे सोच और व्यक्तित्व का हिस्सा बन गए, जो कविता में भी प्रकट होना स्वाभाविक था।

अपनी कविताओं में आप इतिहास को एक ज़रूरी अवयव के रूप में क्यों महसूस करते हैं?

जैसा कि मैंने कई जगह लिखा भी है, तुरन्त का लेखन तो हो ही नहीं सकता। सब हम जो लिखते हैं, स्मृति का ही लेखन है। मुझे इतिहास ज़रूरी भी लगता है। एक व्यक्ति ने (या बहुत-से व्यक्तियों ने) जो किया, या जो-जो हुआ, उस सबका एक पूरा दस्तावेज़ हमारे सामने खुलता है। उससे हमें उसके मनोविज्ञान, चरित्र, उसकी रचनाशीलता, और उसके दूसरे पक्षों—नृशंसताएँ, हिंसा आदि का एक दिग्दर्शन हो जाता है। जब इतना बड़ा 'डेटा का कैनवस' हमारे सामने रहता है, तो स्वयं लेखन के भी कई आयाम खुलते हैं।

आपकी कविताओं में एक ख़ास बात उभरकर आयी है, ख़ासकर *कोई दूसरा नहीं* संग्रह में, कि एक कवि होने के नाते आपने 'मॉडर्न सेंसिबिलिटि' के नैतिक आयाम को महत्व दिया है, एक 'कॉमन मैन' के लिए। क्या यह पहले नहीं था?

पहले भी था और अब भी है। आदमी के अन्दर नैतिक बोध है, लेकिन वह दूसरे कारणों से दब जाता है। कभी-कभी तो स्वार्थ, लालच या दुश्मनी की वजह से। इस तरह की तमाम चीज़ों की वजह से आदमी कहीं भटक जाता है, ग़लत कर बैठता है। वहाँ उसके नैतिक आयाम दब जाते हैं, लेकिन मरते नहीं। जीवित रहते हैं। हमारा अपना विश्वास है कि साहित्य का एक काम जहाँ यह है कि वह इस तरह की कुत्सित भावनाओं को 'कंडेम' करे, वहीं दूसरी ओर उसका यह भी दायित्व है कि स्वस्थ वृत्तियों को पूरी तरह से 'प्रोटेक्ट' करे : कुछ इस तरह कि वह आदमी के मनोविज्ञान और मानसिकता को बदले।

आपने अपने पहले संग्रह *चक्रव्यूह* में ही वैज्ञानिक दृष्टिकोण की बात की है। तब से आज तक आधी से अधिक सदी बीत चुकी है। आज पूरा परिदृश्य बदल गया है। वैज्ञानिकता के अलावा तमाम अन्य विचारधाराएँ और 'टर्म्स' आ गए हैं। इन सबके साथ हिन्दी कविता को अन्तःसंघर्ष करते हुए आप किस तरह देखते हैं?

हिन्दी कविता को मैं उसी तरह से देखता हूँ, जैसे जीवन को एक वैश्विक आयाम पाता हुआ देखता हूँ। एक समय था कि जीवन घोर रूप से स्थानिक था, अब यह समय आ गया है कि व्यक्ति चौबीस घंटे में दुनिया के किसी भी कोने में पहुँच सकता है। एक तरह से तुम देखोगी कि हमारे जीवन और हमारे विचार, क्षणों में ही पूरे विश्व के ओर-छोर को मिला लेते हैं। एक बहुत बड़ी दुनिया बन गई है लेकिन ज़रूरी बात यह है कि यह दुनिया असाध्य नहीं है। भौगोलिक ही नहीं, पूरा वैचारिक विश्व भी हमारे नज़दीक आ गया है। यह जो नज़दीकी है उसे एक तरह की 'हार्दिकता' कहना मुझे ठीक लगता है, जो कविता के माध्यम से भी प्रकट हो सकती है और होती है।

इस विज्ञान और तकनीकी के साथ कविता का जुड़ाव कहीं-न-कहीं उसकी संवेदना को क्षरित करता हुआ दिखाई देता है?

नहीं, ऐसा नहीं है। ये जो माध्यम हैं केवल सूचनाएँ देते हैं या बाक़ी दुनिया से हमारा सम्पर्क कराते हैं : हम उन्हें लेकर कैसी प्रतिक्रिया करते हैं, यह तो हमारे ऊपर निर्भर है न! यहाँ साधन को ही दोष नहीं देना चाहिए, मुख्य बात यह है कि हम उस साधन का उपयोग कैसे करते हैं। अणु बम का दुरुपयोग हुआ। आज उसी अणु ऊर्जा का सदुपयोग भी हो रहा है। दुनिया की कोई भी नई 'डिस्कवरी' होती है, तो उसके साथ ये दोनों सम्भावनाएँ जुड़ी होती हैं। आज हम साहित्य की यह भूमिका मानते हैं कि वह विज्ञान की हमारी सदुपयोग करने की प्रवृत्ति को प्रोत्साहित करे। नकारात्मक नहीं, उसकी सकारात्मक प्रवृत्तियों को प्रभावित करे।

हम आपको कुछ पुरानी यादों की तरफ़ ले जाना चाह रहे हैं। लखनऊ से आपका ताल्लुक़ है। तब के लखनऊ और आज के लखनऊ में काफ़ी अन्तर आ गया है। अयोध्या से आप जब लखनऊ गए तो क्या परिवेश था? इसके अलावा लखनऊ, वहाँ अपना एक घर होने के नाते, किस तरह आपको बार-बार याद आता है?

मुझे लगता है कि हमारे समय का लखनऊ, मोटे तौर पर, सांस्कृतिक लखनऊ था जिसमें हम बड़े हुए। आज का लखनऊ, शायद बहुत संकुचित अर्थ में, एक राजनीतिक लखनऊ सा मालूम होता है। क्योंकि वहाँ की जो तमाम प्रतिभाएँ थीं—साहित्य, कला व अन्य क्षेत्रों में—वे सब स्थानांतरण करके या तो दिल्ली आ गईं या और जगहों पर चली गईं। इस वजह से वहाँ एक ख़ास तरह का ख़ालीपन महसूस होता है। बाद में जब कभी मैं गया तो मुझे पहले जैसा वह माहौल नहीं मिल पाया, जिसमें संस्कृति, साहित्य या कलाओं की आवाजाही और संजीदगी मौजूद हो। अब आपको राजनीति मिलेगी, और संकुचित ढंग की। उदार राजनीति नहीं मिलेगी। यह मुझे एक बड़ा अन्तर दिखाई देता है।

कविता किस तरह से मानवीय जीवन के साथ जुड़ी हुई है? क्योंकि आपकी जो गहन चिन्ता है, वह मानव-मूल्यों की स्थापना और मानवीय नियति को लेकर है, जो बार-बार आपकी कविताओं में गूँजती रहती है।

मैं तो इसका बहुत घनिष्ठ सम्बन्ध मानता हूँ। मैं जब जीता हूँ, तो उसमें कविता की तमाम पंक्तियाँ मेरी मदद करती हैं। मेरे लिए कबीर, ग़ालिब या शेक्सपीयर केवल कवि नहीं हैं, ये जीवन-साथी हैं और इनसे मुझे संकट के समय में बहुत कुछ मिलता रहा है, अब भी मिलता है। जब भी किसी परेशानी में होता हूँ तो महाकाव्यों की ओर देखता हूँ। मुझे लगता है कि ये हमारा जीवन हैं, केवल पुस्तकें नहीं। इस दृष्टि से इन सबका जीवन से एक बहुत घनिष्ठ रिश्ता मानता हूँ।

आपके दो महत्त्वपूर्ण खंडकाव्यों *आत्मजयी* और *वाजश्रवा के बहाने* में आपने जीवन को दो तरह से देखना चाहा है—एक, मृत्यु के निकट आया हुआ जीवन; और दूसरा, मृत्यु की तरफ़ से जीवन को देखना। दोनों कृतियाँ एक दूसरे को पूर्ण करती हुई दिखाई देती हैं और एक अद्भुत ढंग से पिता-पुत्र के सम्बन्धों की व्याख्या भी करती हैं।

ठीक बात है। असल में इनमें मैंने अतिवाद के विरुद्ध कुछ बातें कही हैं। *वाजश्रवा के बहाने* के 'पूर्वकथन' में दोनों दृष्टियों में जो विभाजन है उसकी ओर मैंने संकेत किया है। उनमें एक अति है। जैसे नचिकेता, भौतिकता को बिलकुल 'रिजेक्ट' करता है, यह उसकी एक अति है। वाजश्रवा, आधुनिकता को बिलकुल रिजेक्ट करता है, यह दूसरी अति है। लेकिन *वाजश्रवा के बहाने* में कोशिश की है कि दोनों के बीच समझौते की एक ज़मीन बने। जीवन में भी यही होता है कि हम लोग चीज़ों को धीरे-धीरे दो में विभाजित करके, उनके द्वंद्वात्मक रिश्ते को ही देखते हैं। जबकि ऐसा नहीं है। दोनों के बीच समझौते के रिश्ते, बहुत सुखद समझौते सम्भव हैं। वहाँ पर जीवन में शान्ति का, सुख का और एक विशालता का अनुभव होता है, जहाँ हम संतुलन ढूँढ़ लेते हैं।

मेरा जो नया काव्य है *कुमारजीव*, उसमें मैंने इस थीम को लिया है और बताया है कि असल खोज तो यही है। बुद्ध वग़ैरह क्या हैं? एक बार जाते हैं

तो सब छोड़ के चले जाते हैं। फिर जब भूखों मरने लगते हैं, तब सुजाता की खीर खाते हैं। तब आँखें खुलती हैं। फिर एकदम से कहते हैं कि "नहीं, यह तो अति है। अति में नहीं, हमें कहीं मध्यम मार्ग में आना है।" बुद्ध के साथ मध्यम मार्ग का कॉन्सेप्ट जुड़ा हुआ है। इस संतुलन को मैं बहुत महत्त्व देता हूँ। एक अणु है, वह एक संतुलन पर ही तो टिका हुआ है, स्थिर है, लेकिन जब हम उस संतुलन को बिगाड़ देते हैं तब एकदम से वह 'एक्सप्लोड' कर जाता है और घातक हो जाता है। इसी तरह से प्रकृति में भी, हर चीज़ में तनाव है और तनाव के बीच एक संतुलन भी है। यह संतुलन ही असली साधना है और इसको जिसने साध लिया, उसने शान्ति पाई है।

आपकी रचनाओं में मिथकों का बहुत प्रयोग आया है और पढ़ते हुए ऐसा लगता है कि आपके लिए मिथक सिर्फ़ मिथक नहीं, कविता के आवश्यक अवयव के रूप में एक विचारधारा भी है।

नहीं, विचारधारा नहीं है। मेरे लिए मिथक एक भाषा है, जिससे हम दूसरों के साथ सम्प्रेषण कर सकते हैं। ये सम्प्रेषण के माध्यम बनते हैं। आज राम-कथा या कृष्ण-कथा लाखों-करोड़ों लोगों के हृदय में बसी हुई है। जब कोई बात हम इनके माध्यम से कहते हैं तो सबके हृदय में तुरन्त उसका 'रिस्पॉन्स' होता है। हालाँकि इसमें ख़तरे भी हैं। इसका दुरुपयोग हो तो बाबरी मस्जिद जैसी दुर्घटनाएँ हो सकती हैं और सदुपयोग हो तो यह आदमी को एक बहुत अच्छी ज़िन्दगी जीने की प्रेरणा दे सकती है। मिथकों को मैं इस रूप में अधिक देखता हूँ कि ये आज हमारे लिए दूसरों से बातचीत करने के, दूसरों तक अपनी बात पहुँचाने के बड़े कारगर साधन हैं।

आपकी कविताओं में, ख़ासतौर से प्रकृति से सम्बन्धित जो कविताएँ हैं, पर्यावरण की चिन्ता बहुत मुखर रूप से दिखाई देती है। यह प्राकृतिक संवेदना आपको क्यों इतनी महत्त्वपूर्ण लगती है?

इसी पर हमारा जीवन निर्भर है। हम चाहते हैं कि हमारा वातावरण स्वच्छ रहे, हमें साफ़ हवा, साफ़ पानी तो मिल सके। अगर हम इन्हीं को नष्ट कर

देंगे, तो यह एक आत्मघाती तरीक़ा होगा जीने का। थोड़े दिन तो चल जाएगा, लेकिन बहुत समय तक नहीं। इसीलिए इसकी चिन्ता होती है। ख़ासकर कवि की चिन्ता तो और भी प्रमुख होगी, जिसके लिए प्रकृति केवल प्रकृति नहीं है, एक आत्मिक अनुभव भी है। इसीलिए मैं इस बात को बहुत महत्त्व देता हूँ। छोटी-छोटी चीज़ों से लेकर बड़ी चीज़ों तक, हमें इसको विनाश की कगार पर पहुँचने से रोकना होगा। मेरी कई कविताएँ हैं, जिनमें मैंने वृक्षों का ज़िक्र किया है, प्रकृति, पानी, हवा का ज़िक्र किया है। शायद संयोग है कि आरेंज़ानो (Arenzano) शहर में मेरे कविता संग्रह *कोई दूसरा नहीं* के इतालवी अनुवाद पर जो आयोजन हुआ, वह वहाँ की एक संस्था के तहत हुआ जो पर्यावरण के लिए काम करती है।

पर्यावरण की चिन्ता के साथ-साथ आपने भाषा की ध्वस्त पारिस्थितिकी की बात भी उठाई है। लेकिन आज भाषा की पारिस्थितिकी का संकट तो यह है कि हमारी हिन्दी, हिंग्लिश होती जा रही है और हमारी जो प्रकृति है, वह बोनसाई में सिमटती जा रही है। इसको आप कैसे देखते हैं? जैसे आपने प्रकृति को बचाने की बात की, वैसे मरती हुई भाषा को किस तरह से बचाया जाए?

अगर विस्तार से सोचो तो कोई भाषा एक स्तर पर नहीं, कई स्तरों पर जीवित रहती है। कई स्तरों पर वह विकसित होती है और बची रहती है। शास्त्रीय स्तर पर, काव्य के स्तर पर और बोलचाल के स्तर पर भी बची रहती है। भाषा में परिवर्तन सबसे पहले हम लोगों के व्यवहार की भाषा में आते हैं। वह 'स्टैंडर्ड' नहीं है। तुम देखोगी कि धीरे-धीरे भाषा स्थिर होने लगती है। उसका अपना एक स्वरूप बनता है, उसका अपना एक क्लासिसिज़्म (classicism) बनता है। इस रूप में यह एक स्वस्थ संकेत है कि हिन्दी कई स्तरों पर विकसित हो रही है। अंग्रेज़ी भी कई Englishes में विकसित हो रही है और अपनी-अपनी तरह हर देश उसको विकसित कर रहा है। आज हमारे पास जो हिन्दी आयी, उसमें संस्कृत के साथ उर्दू शामिल हुई, अरबी और पर्शियन तक शामिल हुई। इन सब के मिश्रण से एक भाषा मिली जो आज हमें इतनी स्वाभाविक लगती है।

आज अगर हम लेखक या रचनाकार की ज़िम्मेदारियों की बात करें, तो हमारी धरोहर को, संस्कृति को सहेजने में, उसको बनाए रखने में कहाँ तक उसका योगदान महत्त्वपूर्ण हो सकता है?

जो हमारी बची हुई धरोहर है, उसमें दोनों तरह की चीज़ें हैं : कुछ तो बिलकुल पतनशील हैं, उनको अक़्लमन्दी से बाहर कर देना चाहिए : जो स्वस्थ तत्त्व हैं, उन्हें बचाकर रखना चाहिए। जब मैंने कहा कि मैं स्थायी जीवन-मूल्यों को खोजता हूँ तो मेरा यही मतलब था कि जो स्वस्थ चीज़ें हैं, बची रह जाएँ। यह प्रयास करना चाहिए। हाँ, उसके धोखे में हम अस्वस्थ और कुत्सित चीज़ों को इकट्ठा करते न चले जाएँ, इधर भी सावधान रहना चाहिए।

नवोदित हिन्दी रचनाकारों को, चाहे वे कवि हों या कहानी-लेखक, आप किस रूप में देख रहे हैं? आपकी जो विरासत है, क्या उसको आगे ले जाने में वे सक्षम हैं?

हैं। जैसा मैंने कहा, मुझे लगता है कि आज नहीं तो कल वे लोग इस बात को महसूस करेंगे कि साहित्य का बहुत बड़ा काम है आदमी के स्वस्थ तत्त्वों को बचाए रखना। और जब साहित्य अपने ढंग से इन्हें भाषा में बचाएगा, तो भाषा से छनकर फिर वह हमारे व्यवहार में भी आ जाएगा। मेरा ध्यान हमेशा अच्छे लेखन के ऊपर रहा है। हम लोगों का ध्यान लेखकों के नाम पर नहीं, अच्छे लेखन पर रहना चाहिए। उसकी हमारी पहचान पक्की होनी चाहिए।

आपने हमेशा से अपने लिए कविता की एक ऊँचाई तय कर रखी है, जिसमें एक 'क्लासिक टेम्परामेंट' और वैचारिक गहनता के साथ मानव और मानवीयता को विभिन्न रूपों में परिभाषित और आख्यायित किया है। इसके साथ-साथ आपने अपनी काव्य-भाषा को भी लगातार गढ़ा है, तोड़ा है और पुनःसृजित किया है। इस क्रमबद्ध बदलाव ने आज लिख रही चौथी पीढ़ी के बीच भी आपको लगातार प्रासंगिक

बनाए रखा है जो कि अपने आप में एक उपलब्धि है। आपके लिए यह सब कैसे सम्भव होता रहा?

मैंने कभी भी एक तरह के विचार का अनुयायी भाव से समर्थन नहीं किया है। इस बात की पूरी कोशिश की कि दृष्टिकोण खुला रहे। अनेक विषयों से प्रेरणाएँ लीं। यह भी लगा कि बहुत-से ऐसे विषय जिन्हें आमतौर पर हम 'अकाव्यात्मक' समझते हैं, उनमें भी बहुत सुन्दर कविता सम्भव हो सकती है। तो इस तरह से पढ़ते हुए, लिखते हुए अपनी दृष्टि को विकसित करते रहे, संशोधित करते रहे।

आज हिन्दी कविता जिस मुक़ाम पर है, एक वरिष्ठ कवि होने के नाते उसकी समग्र उपलब्धियों को आप किस तरह आँकते हैं?

हिन्दी के साहित्यिक भविष्य को बहुत ही आशापरक ढंग से देखता हूँ। किसी भी साहित्य में, भाषा में उतार-चढ़ाव आते रहते हैं, और बाद में वह अपने आप को उसके हिसाब से अनुकूलित कर लेती है। कोई भाषा कभी भी अचल नहीं होती, एक जगह जमी नहीं होती है। वह परिवर्तनशील होती है और परिवर्तन के अपने सांस्कृतिक नियम होते हैं। उनको बचाना या उनका बचना कई कारणों से होता है। प्रकृति की बात सोचें तो प्रकृति में बहुत नाज़ुक फूल भी हैं और बड़े नुकीले काँटे भी हैं, मगर दोनों ही बचे हुए हैं। हमारा काम यह है कि कम-से-कम यह कोशिश करें कि जो फूल हैं वे बने रहें, और साथ ही हम पूरे पौधे को नष्ट न कर दें।

2015

कुमारजीव की उपलब्धि जीने की एक कला है

रेखा सेठी

[साहित्य की दुनिया में कुँवर नारायण की उपस्थिति सदा बनी रहेगी। वे अपनी रचनाओं के लिए तो याद आएँगे ही, अपनी जीवन-दृष्टि के लिए भी सदा याद किए जाएँगे। एक कवि को उसकी कविताओं के ज़रिये जानने और असल ज़िन्दगी में जानने के बीच फ़र्क़ होता है पर कुँवर जी से मिलकर मैंने महसूस किया कि इनके यहाँ दोनों बातों में अद्वैत की स्थिति है। उनकी रचनाओं के शब्द-शब्द में झलकती पारदर्शिता, उनके कवित्व और व्यक्तित्व दोनों का हिस्सा है। उनसे मिलने के बाद ही जाना कि साहित्य और साहित्यकार के बीच पारदर्शी घनिष्ठता भी हो सकती है। कुँवर जी जैसा सोचते हैं और जैसा अपने साहित्य में अभिव्यक्त करते हैं, निजी जीवन में भी बिल्कुल वैसे ही हैं। उन्होंने अपने आपको जीवन की छोटी-बड़ी विसंगतियों से अलग कर, आकाश के शून्य-सा विस्तृत तथा सागर के समान गहरा मानसिक क्षितिज बुन लिया था जो लघुता में महानता के अनुभव की तरह आसपास की क्षुद्रताओं को अपने होने मात्र से ही खंडित करता रहता। कवि की यह अर्जित आत्म-चेतना कुँवर नारायण के व्यक्तित्व और साहित्य में साथ-साथ जगह पाती है। एक तरह से कहूँ तो जो भी उनके क़रीब जाता उसे यह अवसर अवश्य मिलता कि वह अपने जीवन को फिर से पहचान पाए और अपनी क्षुद्रताओं को भीतर की विराटता में घुलने दे। आज की स्वार्थी दुनिया में यह स्वयं को जानने-समझने और बदलने की प्रक्रिया है।

उनके पास जाते ही एक अधीर समय में धैर्य जगने लगता है... गम्भीरता और रागात्मकता का अतुलनीय समभाव। 'आत्मजयी' में कवि ने नचिकेता को सवाल पूछने और अपने जवाब ख़ुद ढूँढ़ने की जगह दी है। उसी तरह उनसे मिलनेवाला हर व्यक्ति सवाल पूछने और अपने उत्तर ख़ुद ढूँढ़ने का साहस कर सकता था। जिस तरह उनके लिए कविता मानवीयता का पर्याय है, उसी तरह जीवन भी मनुष्यत्व के परिष्कार की साधना : जिसमें बर्बर महत्त्वाकांक्षाएँ नहीं, विनम्र अभिलाषाएँ हैं। वे अपने पास आने वाले सभी लोगों की बातों में दिलचस्पी लेते, दूसरों को उत्सुकतापूर्ण जिज्ञासा से

सुनते। उनके व्यक्तित्व की बहुत-सी छोटी-बड़ी बातें मुझ जैसे मिलनेवालों को स्नेह से आश्वस्त करती थीं लेकिन उससे ज़्यादा महत्त्वपूर्ण था यह पहचानना कि ज्ञान, गुरुत्व के दम्भ को कैसे क्षीण कर देता है। मनुष्यत्व का परिष्कार सम्बन्धों की इस रागात्मकता व अनुभव के विस्तार में क्षण-क्षण घटित होता।

2014 के आस-पास जब मैं उनसे मिली, आँखों से दुनिया देखने की दृष्टि धुँधली हो चुकी थी लेकिन दुनिया के पार देखने और व्यक्ति के भीतर झाँकने की दृष्टि पूरी तरह रोशन थी। उनके पास बैठे हुए इस रोशनी का अहसास बना रहता। इसीलिए कुँवर जी से हर बार मिलने के बाद कुछ समृद्ध-सा महसूस होता जैसे अपना क़द, एक अंगुल बढ़ गया हो। इसी समय अपनी अन्तर्दृष्टि के सहारे वे अपने खंडकाव्य 'कुमारजीव' की रचना कर रहे थे... कुँवर जी के प्रबन्धकाव्यों की त्रयी में 'कुमारजीव' विलक्षण काव्य है। यह अजब संयोग था कि 'कुमारजीव' का प्रकाशन 2015 में हुआ और इसी वर्ष 'आत्मजयी' के 50 वर्ष पूरे हुए। जिस 'आत्म' का संधान 'आत्मजयी' के नचिकेता से शुरू होता है वह 'कुमारजीव' में भी उपस्थित है, जिसे बाहर से अधिक भीतर तलाशना और सँजोना होता है।

हमारी आँखें लपकती हैं / दूर चमकते तारों के लिए / पर देख नहीं पातीं /
कि तारों और अँधेरों का / पूरा चिदाकाश तो हमारे अन्दर ही है

वाजश्रवा और नचिकेता जहाँ औपनिषदिक पात्र हैं, वहीं कुमारजीव की उपस्थिति ऐतिहासिक है। ईसा की चौथी शताब्दी में उन्होंने बौद्ध-ग्रन्थों का चीनी भाषा में जो अनुवाद किया, उसके माध्यम से तथागत को अपने भीतर अर्जित कर पूरे एशिया में प्रसारित किया। कुँवर जी की दृष्टि में यह न केवल कविता और भाषा के क्षेत्र में एक कमाल था बल्कि विद्वत्ता के क्षेत्र में भी। कुँवर नारायण ज्ञान के मुक्त आदान-प्रदान एवं संस्कृति के बहुलतावाद को जिस तरह प्रश्रय देते रहे हैं, कुमारजीव उसी सबका प्रतीक पुरुष है। कई भाषाओं के बीच एक साथ जीते, संवाद करते हुए कुमारजीव संसार को एक नई संवेदनशीलता से पहचानता है। उसका नयापन भौतिक जगत का नहीं, दृष्टि और अनुभव का है। संघर्ष और समन्वय के द्वंद्व में कुँवर नारायण की दृष्टि सदा समन्वय को चुनती है। कुमारजीव की यात्रा बाहर से भीतर मुड़ जाती है। उसने अपने 'स्व' को देश-काल की सीमाओं से मुक्त कर एक उन्मुक्त असीम में लय कर लिया। उसका असीम विचार, कल्पना, भाषा, साहित्य, इतिहास, ज्ञान-विज्ञान का वह अद्वितीय लोक बन गया जिसने उसके अन्तरतम के अँधेरे को उजास से आलोकित किया—

पत्थर की दीवारों से / लड़ने के बजाए / उन दीवारों को /
पारदर्शी और दूरदर्शी बना लिया था

इस दृष्टि से, 'कुमारजीव' मुख्यत: ज्ञान द्वारा सम्भव मुक्ति के अनुभव का काव्य है। सत्ता और उसके सम्मुख बुद्धिजीवी की स्थिति के बनते-बिगड़ते समीकरण यहाँ देखे जा सकते हैं। इस काव्य के कलेवर का बहुत बड़ा भाग इन सन्दर्भों को उठाता है।

चिन्तन-मनन और अध्ययन से ज्ञान अर्जित करता कुमारजीव देश-काल की सीमाओं से स्वयं को पूर्णतः मुक्त कर लेता है। बुद्ध की ही तरह कुमारजीव विषमताओं के बीच जीवन के उच्चादर्शों का सूत्रधार है, जो इस तरह होने से ही जीवन की नश्वरता को अनश्वर में बदल देता है।

फिर से जिया जा सकता है कुमारजीव को / जैसे उसने जिया था तथागत को / क्योंकि कोई भी बुद्ध या कुमारजीव / कभी भी मरता नहीं

कुँवर नारायण से उनकी नई काव्य कृति 'कुमारजीव' पर एक छोटी-सी बातचीत।]

नमस्कार, कुँवर जी! अपने काव्य *कुमारजीव* के विषय में कुछ बताइए।

कुमारजीव मेरी इधर की बिल्कुल नई कृति है। बहुत समय से उस पर काम करता रहा हूँ, उसके बारे में पढ़ता रहा हूँ। कुमारजीव का चरित्र मुझे कई कारणों से आकृष्ट करता रहा। *कुमारजीव* अब जिस रूप में है आपके सामने, उसका पाठ कई तरह से किया जा सकता है। कुछ संकेत देता हूँ, जैसे मैंने उसके समय की समस्या को लेकर थोड़ी-सी बात की है। एक लेखक, कवि, विचारक एक समय में नहीं रहता, दो समयों में रहता है। एक तो उसका भौतिक समय है जिसमें उसका दैनिक जीवन बीतता है और जो नष्टधर्मा समय होता है। दूसरा उसकी 'रचनाओं का समय' है जिसमें वह रचना करता है, सोचता है। एक मानसिक जीवन या आत्मिक जीवन जीता है जो ज़्यादा स्थायी होता है। इसको मैंने उसका प्रति-समय कहा है। उसका भौतिक समय तो उसका दैनिक समय है; और जो उसका रचना-समय है, जिसमें उसकी रचनाएँ या विचार साकार होते हैं, वह उसका प्रति-समय है। जैसे बुद्ध हैं, उनका जो दैनिक समय था वह तो नष्टधर्मा था, उनकी अस्थियों के साथ ही नष्ट हो गया : लेकिन जो उनके विचारों का समय है, वह अमर समय है, आज भी जीवित है। उसकी एक परम्परा बराबर चलती रही है। यही बात कुमारजीव पर भी लागू होती है। एक तो उसका अपना दैनिक, शारीरिक जीवन था। एक उसके काम का समय था, जिसमें उसने तीन सौ से अधिक बौद्ध धर्मग्रन्थों का अनुवाद किया, बौद्ध धर्म की महायान शाखा का प्रचार किया। आज भी हम कुमारजीव को इसके लिए याद करते हैं। इस प्रकार समय की अवधारणा को लेकर काफ़ी कुछ कहा जा सकता है।

दूसरा है उसका सामाजिक और राजनीतिक जीवन। एक बहुत ही उथल-

पुथल वाले समय में कुमारजीव जीवित रहा। उस राजनीतिक और सामाजिक समय से समझौता करना आसान नहीं था लेकिन कुमारजीव ने सारी कठिनाइयों के बावजूद इतना बड़ा काम कर डाला। यह अपने आप में एक कमाल है। हमें देखना है कि आख़िर यह सम्भव कैसे हुआ? सबसे बड़ी बात है कि उसने अपना लक्ष्य निर्धारित किया कि मुझे अपने जीवन में यह काम करना ही है और फिर वह कभी विचलित नहीं हुआ। रोज़ की दैनिक और सामाजिक जीवन की समस्याएँ आती रहीं, उनसे लड़ाई करके उसने अपने को शहीद नहीं होने दिया क्योंकि उसका लक्ष्य स्पष्ट था कि उसे यह काम किसी भी तरह करना है। हम शुरू से आख़िर तक देखते हैं कि कुमारजीव के सामाजिक और दैनिक जीवन में जो उथल-पुथल है उसके साथ जीने की जो उसकी तकनीक है, वह कितनी सहिष्णु और कितनी बुद्धिमत्ता से भरी हुई है। अगर ऐसा न होता तो शायद वह कहीं भी तहस-नहस हो सकता था। हम देखते हैं कि यही धैर्य और निष्ठा जीवन में हमारा भी साथ दे सकती है। अगर हम अपने लक्ष्य के प्रति पक्के हैं, हमारा संकल्प दृढ़ है, शायद हम दुनिया की मुश्किलों में से कोई न कोई रास्ता निकाल लेंगे और काम को पूरा कर सकेंगे।

तीसरी बात मैंने रचनात्मकता के बारे में की है, जिसके विषय में सबको सोचना चाहिए। शुरू से ही मेरे मन में था कि जो उच्च कोटि की रचनाधर्मिता होती है उसमें एक आध्यात्मिक सन्तोष होता है। इसमें मैंने अध्यात्म को धर्म से न जोड़कर रचना से जोड़ने की कोशिश की है। एक हद तक हमारे पाठक भी सहमत होंगे कि रचनाधर्मिता में भी उसी आध्यात्मिक सन्तोष का आभास मिलता है। हमारा ख़याल है कि कुमारजीव को इस तरह से भी देखा जाए, पाठ किया जाए तो हम कई सत्यों की तरफ़ जाएँगे जो हमारे आज के जीवन में भी लागू होते हैं। जहाँ से हमको प्रेरणा मिल सकती है और रास्ते भी मिल सकते हैं।

इस काव्य में कुमारजीव की स्त्री-दृष्टि भी विशेष रूप से प्रभावित करती है। उसने स्त्रियों को भोग्या रूप में ग्रहण न कर अत्यन्त सम्मान के साथ अपनी संगिनी बनाया। इस विषय में कुछ बताइए, आप क्या सोचते हैं?

कुमारजीव के प्रारम्भिक जीवन में एक प्रसंग आता है जहाँ एक अरहन्त उसकी माँ से कहता है कि यह प्रतिभाशाली बालक अगर पैंतीस वर्षों तक जीवन

के भोग-विलास से अपने को बचाए रख सका तो अद्वितीय उपदेशक होगा। कुमारजीव इस पर विचार करता है और कहता है कि मेरा इरादा उपदेशक होने का नहीं है। मैं तो अनुवादक होना चाहता हूँ। बौद्ध धर्मग्रन्थों का विचारक होना चाहता हूँ। मेरी दुश्मनी इन्द्रियों से नहीं, अज्ञान से है। हम देखते हैं कि कुमारजीव इस बात को अपने जीवन में चरितार्थ करता चलता है। एक प्रसंग आता है कि छांग-आन में सम्राट की इच्छानुसार कुमारजीव को विवाह करना पड़ता है ताकि और भी कुमारजीव पैदा हों और यह परम्परा कुमारजीव के आगे भी बढ़े, पर कुमारजीव इसको भी स्वीकार करता है। लेकिन वह वहाँ स्त्रियों को दूसरी तरह सोचता है। उनको बराबरी का दर्जा देकर, उनको भी ज्ञान के योग्य समझकर उनसे बात करता है। यह बात कुमारजीव के पूरे चरित्र में व्याप्त है। वह कहीं भी ऊँच-नीच, स्त्री-पुरुष का भेद नहीं मानता, वह इस बात को प्रमुखता देता है कि ज्ञान का अधिकार सबको है। सबको ज्ञान और मुक्ति की बारीकियों तक पहुँचाया जाना चाहिए। यहाँ पर हम देखते हैं कि कुमारजीव के मन में जो बराबरी का उत्साह है वह कहीं भी कम नहीं होता। वह केवल भोग-विलास के लिए विवाह नहीं करता। वह बार-बार यह कहता है कि मैं तुमसे उसी तरह ज्ञान साझा करना चाहता हूँ, जैसे अपने अन्य शिष्यों से। कुमारजीव के लिए पत्नी अत्यन्त सम्मानजनक मित्र थी।

आपने अपने एक निबन्ध में अनुवादकों के ऐतिहासिक दाय को स्वीकार किया है। कुमारजीव के महत्त्व को प्रकाशित करते हुए भी आपने लिखा है, 'एक संस्कृति के बीज दूसरी संस्कृति में पहुँचकर विकसित हुए।' यह विचार इस काव्य में किस तरह पल्लवित होता है?

कुमारजीव के अनुवादों के प्रयास में हम देखते हैं कि भाषा के प्रति वह विशेष रूप से संवेदनशील है। उसको संस्कृत भाषा से बहुत प्यार था। संगीत की जो ध्वनियाँ संस्कृत भाषा में सुनाई देती थीं, वह अपने चीनी अनुवादों में भी उन ध्वनियों को लाना चाहता था। इसके लिए जहाँ भी आवश्यक हुआ, चीनी भाषा में संशोधन किया और उसके संशोधन को आज भी स्वीकार किया जाता है। यह बहुत साहसिक कार्य था। उसने जो किया बहुत सफलता के साथ किया और इसमें ख़ास बात यह है कि न तो चीनी और न ही संस्कृत उसकी

अपनी भाषा थी। इन दोनों सीखी हुई भाषाओं को लेकर उसने जो अनुवाद किए, उसमें भी यह साहस कि चीनी जैसी कठिन भाषा में संशोधन तक कर सके। इसीलिए उसमें जो संवेदनशीलता थी, ज्ञान के प्रति लगाव था, उसे आज हम कई तरह से देखते हैं। उसके कामों को भले ही कहें कि अनुवाद है लेकिन वह सिर्फ़ अनुवाद का काम नहीं है। कुमारजीव के लिए वह भाषा के पूरे संसार को पूरी गहराई से समझ सकने का सौहार्द था।

अब थोड़ा कठिन सवाल है। कुमारजीव विपरीत परिस्थितियों को जीते हुए भी उससे संघर्ष नहीं करता, जीवन से सीधे नहीं टकराता। उसका रास्ता समन्वय का है या बचकर निकल जाने की कोशिश? आपके निकट इसके क्या निहितार्थ हैं?

देखिए, जो आज के जीवन का संघर्ष है वह ख़ाली लड़ाई नहीं है। कुमारजीव की बड़ी उपलब्धि यह भी है कि कैसे अपने काम के लिए वह जीवित रहे। इस बात को जीने की एक कला के रूप में भी देखा जाना चाहिए। कुमारजीव कैसे-कैसे रास्ते निकालता है, मुझे उसकी यह बात अच्छी लगी। उसने कहा कि दो तरह से जीवन को जिया जा सकता है, एक तो लड़ करके, और एक जीवन के सकारात्मक पक्ष को सामने रख करके। अहमद फ़राज़ का एक शे'र याद आता है—

शिकवा-ए-ज़ुल्मत-ए-शब से तो कहीं बेहतर था
अपने हिस्से की कोई शम्अ' जलाते जाते

हम देखते हैं कि कुमारजीव ने इस बात को चरितार्थ किया। ऐसे मुश्किल समय में तीन-सौ बौद्ध धर्मग्रन्थों का अनुवाद और उस पर टीका-टिप्पणी करना कोई आसान रास्ता नहीं था। लेकिन उसने एक इतनी बड़ी धरोहर को, जीवन के अत्यन्त सकारात्मक पक्ष को उस समय में भी हमारे लिए बचाकर रखा। इसे मैं लड़ाई का एक दूसरे तरह का पक्ष मानता हूँ जो जीवन से पलायन नहीं, उससे भरपूर सामना है और बहुत ही सकारात्मक और कंस्ट्रक्टिव ढंग से है। यह जीवन से भागने की बात नहीं है : बल्कि रास्ता निकालकर जो काम करना है उसको कर सकने की कला का नाम ही जीवन है।

2016 ('समालोचन', सितम्बर 2020, में प्रकाशित)

साधारण जीवन में भी असाधारण

पंकज बोस

आपने उम्र का एक लम्बा पड़ाव पार किया है, क्या अब आपको कुछ बदलाव लगता है? चूँकि आदमी जब बुज़ुर्ग होता है तो कुछ इस तरह की भावनाएँ भी आ जाती हैं कि अपने आप को फिर से जी रहा हो।

ऐसा कुछ नहीं, मुझे तो लगता है कि कभी जीवन का सिलसिला टूटा ही नहीं। थोड़े से गैप्स आते रहे हैं, सेट्बैक्स होते रहे हैं, लेकिन किसी ना किसी तरह जीवन घूम-फिर कर अपना सिलसिला पकड़ लेता है। एक वृक्ष लगता है कि ख़त्म हो गया लेकिन ऐसा नहीं है, वो फिर से हरा हो जाता है। बीज से फिर नया वृक्ष उगता है, तो जीवन की चक्राकार गति कभी रुकती नहीं।

आपने कभी मुकम्मल रूप से अपने जीवन के बारे में नहीं लिखा, यानी आत्मकथा नहीं लिखी। लेकिन मुझे लगता है कि कुछ-कुछ कविताओं में, या खंडकाव्य में भी, उस तरह की चीज़ें आई हैं?

कुछ-कुछ नहीं, काफ़ी आई हैं। जीवन के अनुभव ही मेरी कविताओं में आए हैं, अलग से आत्मकथा नहीं लिखी।

उनमें पारिवारिक मूल्य, व्यक्ति की साधना या उसके परिश्रम जैसी चीज़ें काफ़ी आई हैं।

और उसकी जीवन-शक्ति। इसको मैंने काफ़ी महत्व दिया है, जो उसे टूटने से बचाती है।

आपकी कविताओं के सन्दर्भ में यह कहा जा सकता है कि उनका कंटेंट जीवन है। आपकी रचनाओं में जीवन तो सबसे बड़ी अन्तर्वस्तु है।

हाँ, ठीक बात है ये। मुझे लगता है साधारण जीवन में भी असाधारण जीवन-शक्ति होती है। कोई चीज़ साधारण नहीं है, अगर दृष्टि हो हमारे पास देखने की। तब उसमें हम बहुत बड़े-बड़े अर्थ देख सकते हैं, जिसको मैं बहुत महत्व देता हूँ। यह दृष्टि उदार होनी चाहिए जिससे समग्रता में दूसरों के अनुभव को भी वह समाहित कर सके।

जैसे आप के खंड-काव्य *आत्मजयी, वाजश्रवा के बहाने* और *कुमारजीव* में आप आगे बढ़ते गए हैं, उस तरह उनमें जीवन-दृष्टि की एक बड़ी फलक हमें मिलती गई है।

तीनों काव्यों में ही नहीं, छोटी कविताओं में भी मैंने इन जीवन-अनुभवों और दृष्टि की ओर ध्यान खींचना चाहा है।

एक जिज्ञासा और है। बड़ी कविताओं और खंडकाव्य में तो ये सम्भव है, उनमें स्पेस है कि बड़े अनुभव और जीवन-दृष्टि को समाहित किया जा सके। लेकिन छोटी कविताओं में आप उसे कैसे सम्भव बनाते हैं, क्योंकि वहाँ तो स्पेस बहुत कम होता है?

व्यक्तियों का मेरे लिए बहुत महत्व रहा है—जैसे कबीर, सरहपा, अमीर खुसरो, अभिनवगुप्त, आदि—जिनके माध्यम से मैंने छोटी कविताओं में भी बड़ी जीवन-दृष्टि को समाविष्ट करने की कोशिश की है। रचना को मैंने पूरे जीवन के साथ जोड़कर देखा है, केवल साहित्य-रचना और कलाओं के सन्दर्भ में नहीं। इस तरह देखने पर एक समृद्ध समावेशी दृष्टि बनती है। और यथार्थ-बोध के बहुआयामी पक्षों की ओर ध्यान जाता है। यथार्थ-बोध को सीमित करने के बजाए उसको विस्तृत करने में मदद मिलती है। कविता में एक ही चीज़ का वर्णन नहीं करके, उसके आंतरिक अर्थों को उद्घाटित कर सकें ऐसी भाषा तभी बन पाती है जब हमारी जीवन-दृष्टि व्यापक हो और हम

जीवन को कई स्तरों पर जी सकने में सक्षम हों, जिससे हमको एक साहस और शक्ति मिलती है।

दूसरी तरह की जो कविताएँ हैं, दैनिक अनुभवों का चित्रण या कोई घटना है, उसमें आप जीवन-दृष्टि कैसे लाते हैं?

जिस चीज़ को भी बहुत स्थायी रूप से अनुभव किया हो—चाहे स्थान हो या घटना या व्यक्ति—वह अपने आप कविता में आ जाएगी। छोटी कविता में भी वह अपने आप प्रवेश कर जाती है, इसके लिए अलग से कोशिश नहीं करनी पड़ती है।

बातचीत के कुछ अंश, 2016

यादों में सब से पहले आती है एक नदी...
कुछ शुरुआती स्मृतियाँ

सुनील कुमार मिश्र

कुँवर जी, आप जीवन को कैसे याद करते हैं, पीछे मुड़कर देखते हैं तो कौन-सी शुरुआती स्मृतियाँ ज़्यादा सघन हैं?

तीन सहज ग्रुप बनते हैं मेरे दिमाग़ में—जगह है, कुछ लोग हैं, कुछ घटनाएँ हैं। इन्हीं के इर्द-गिर्द यादें हैं। मेरी यादों में सबसे पहले आती है एक नदी—सरयू नदी—जिसके किनारे बसा एक छोटा-सा शहर है, अयोध्या-फ़ैज़ाबाद। अयोध्या प्राचीन नगर है, फ़ैज़ाबाद बाद में सफ़दरजंग ने बसाया था; मेरा बचपन इन दोनों ही जगहों में विभाजित है। सरयू के किनारे की सुबहों की जो चहल-पहल थी, ज़िन्दगी थी, उसकी बहुत-सी यादें हैं। एक जगह है वहाँ, गुप्तार घाट, जहाँ राम ने जल-समाधि ली थी। सुबह तमाम लोग वहाँ पर नहाने, पूजा-पाठ करने, घूमने-फिरने के लिए आया करते थे और ये शहर की दिनचर्या का बहुत ही घनिष्ठ हिस्सा था। वहाँ पर मैंने तैरना सीखा। उस जगह की कुछ और भी यादें हैं, जैसे पानी में डूबने की दो घटनाएँ। मैं बचा लिया गया था, लेकिन उसकी याद दिमाग़ में बनी रह गई। दूसरे, नदी के जो कई 'मूड्स' हैं, वो दिमाग़ में हैं। जैसे बरसात में नदी जब उफनती तो उसका पाट चौड़ा हो जाता था, क़रीब दो-ढाई मील तक का चौड़ा, और उसका जो शानदार दृश्य था वह बड़ा आकर्षक था। गर्मी और जाड़ों में नदी सूख जाती थी, कृशकाय हो जाती थी और उसमें बीच-बीच में बालू के तमाम टापू उभर आते थे। हम लोग नाव से जाकर उन टापू पर बैठते-खेलते थे, अच्छा लगता था।

कुछ परिवार की यादें, माँ और पिता की?

माँ का देहांत बहुत जल्दी हो गया, क्षय रोग से। टी.बी. का इलाज उस समय नहीं था। मैं तब शायद दस-ग्यारह साल का था। परिवार में क्षय रोग का प्रवेश एक बड़ी दुर्घटना थी और कई मृत्यु हुईं जिनकी बहुत दुखद स्मृति मेरे मन में है। कई ऐसे प्रियजन हैं जिनकी थोड़ी-थोड़ी याद है मगर वे लोग नहीं रहे। माँ की स्मृति अभी भी है, हालाँकि दस-ग्यारह साल ही उनके साथ रहा। याद है मुझे, जब वे बीमार पड़ीं थीं तो फ़ैज़ाबाद से अयोध्या के मकान में उन्हें रखा गया था। पिता वहीं चले गए थे, और बहन भी वहाँ चली जाती थीं। वहीं हमारी बहन को भी क्षय रोग ने पकड़ लिया था, जिससे उनकी आगे चलकर मृत्यु हुई। ये सब दुखद घटनाएँ आज भी याद हैं। वो मकान जिसमें मेरा जन्म हुआ, आज भी फ़ैज़ाबाद में है। जहाँ हमारी माँ की मृत्यु हुई वो कोठी भी अयोध्या में मौजूद है। मेरी याद में वैसे तो बहुत बड़ा परिवार था, पर जो ख़ास लोग हैं उनमें बाबा की स्मृति है, माँ, पिता, बहन की। यादों में इन सबकी अमिट जगह बन चुकी है। हमारी चाची, जो विधवा थीं, उन्होंने बहुत देख-भाल की हमारी। अपने बच्चे की तरह मुझको पाला। उनकी बड़ी मधुर यादें मेरे मन में हैं, बहुत स्नेह और श्रद्धा है। हमारे बड़े भाई थे जो बहुत जल्दी पढ़ने के लिए इलाहाबाद यूनिवर्सिटी चले गए थे। उनकी यादें हैं, पर बहुत दूर तक नहीं।

शुरुआती शिक्षा की कुछ यादें हैं?

पढ़ने में मैं अच्छा था शुरू से लेकिन वहाँ स्कूलों का जो वातावरण था वह मुझे पसन्द नहीं आता था। स्वभाव से थोड़ा अन्तर्मुखी मन था जो वहाँ खप नहीं पाता था। वहाँ का 'रेजिमेंटेशन', पढ़ाई, मुझे पसन्द नहीं थी। फिर भी घर के पास एक नॉर्मल स्कूल में हिन्दी, उर्दू, अंग्रेज़ी की प्रारंभिक शिक्षा हुई; उसके बाद वहाँ गवर्नमेंट कालेज में पढ़ा और वहाँ अच्छा विद्यार्थी रहा। उसके बाद लखनऊ चला गया था। हाई स्कूल लखनऊ में ही किया।

लखनऊ आकर आप संयुक्त परिवार में रहे, पिता से अलग?

क्षय रोग के कारण बहुत जल्दी हमारे बड़े चाचा बच्चों को लेकर लखनऊ

आ गए थे। वहाँ उन्होंने मोटर का कारोबार स्थापित किया, सारे बच्चों की ज़िम्मेदारी ली। उसके लिए उनको काफ़ी तकलीफ़ उठानी पड़ी, फिर भी हिम्मत नहीं हारी। विश्वेशरनाथ रोड पर एक छोटा मकान लिया जिसके साथ लगी छोटी-सी ज़मीन थी, जिसमें कारख़ाना बनाया। वहाँ उनका काम शुरू हुआ। हम लोगों की पढ़ाई-लिखाई की व्यवस्था छोटे-छोटे स्कूलों में कर दी गई। जिस स्कूल में मुझे भर्ती कराया, वह मुझे बिल्कुल पसन्द नहीं था। वहाँ छात्र बहुत ही उद्दंड और असभ्य थे; उनके साथ मैं घुल-मिल नहीं पाता था। एक अलग-सी ज़िन्दगी जीनी पड़ती थी और इससे मैं परेशान रहा करता था। लेकिन जो ट्यूटर घर पर पढ़ाने आते थे वो बहुत अच्छे थे, जिनकी वजह से पढ़ने-लिखने में रुचि बढ़ी। थोड़े अभाव की ज़िन्दगी थी, बहुत समृद्ध नहीं थी। लेकिन बड़े चाचा ने किसी काम को बुरा नहीं समझा। इस माने में उनका उदाहरण उच्च कोटि का रहा। बाद में शाहनजफ़ रोड पर घर और व्यवसाय स्थापित किया उन्होंने और यह बढ़ा।

बचपन हमारा लखनऊ में ही बीता, पर पिताजी अयोध्या में रहे। बहुत स्वतंत्र स्वभाव के थे वे, किसी की नहीं मानते थे। जो उनका मन करता था वही करते थे। इतनी सारी मौतें देखीं उन्होंने, टूट-से गए थे, पूरा जीवन तहस-नहस हो गया था। वे एक जगह ज़्यादा दिन नहीं रहते थे, घर बनाते-बदलते रहते थे। अन्त उनका अयोध्या में हुआ। कुछ-न-कुछ बनाते रहना उनके स्वभाव में था। हमारे बाबा के स्वभाव में भी। उन्होंने नैनीताल में भी मकान बनवाया था, और हम लोगों की गर्मियों की छुट्टियाँ वहीं बीतती थीं, जिसकी बड़ी यादें हैं। प्रकृति के साथ जो एक तादात्म्य बना, वो इसी वजह से। प्रति-वर्ष हम लोग छुट्टियाँ नैनीताल और पास के इलाक़े में बिताया करते थे।

आप अपनी बहन के बहुत क़रीब थे?

हाँ। जब बहन नहीं रहीं तो उसका बहुत सदमा पड़ा मेरे ऊपर। माँ के न रहने से ज़्यादा... मुझे याद है अभी तक। बहन मानती नहीं थीं, संवेदनशील थीं, माँ के पास बैठती थीं सट के, उसी में इन्फ़ेक्शन हो गया। एक तरह से मृत्यु का वरण ही किया उन्होंने। बहन की मृत्यु भुवाली के सैनेटोरियम में हुई। हम लखनऊ में थे। ख़बर मिली कि उनका देहांत हो गया है। छोटा ही

था, बहुत रोया। बहन भी लखनऊ आ गईं थीं, पढ़ती थीं, नाटकों में भाग लेती थीं। प्रसाद के नाटक प्रिय थे उन्हें, मेडल मिले थे। उन्हें बहुत शौक़ था कविता का, नाटक का। इसी समय हम लोगों को ट्यूशन पढ़ाते थे जो मास्टर साहब वो भी साहित्य के बड़े प्रेमी थे, उनके कारण भी मेरी और बहन की रुचि साहित्य में बनी। बहन की एंगेज्मेंट हो गई थी एक बनारस के घर में, पर उनकी टी.बी. से मृत्यु हो गई। जिनसे एंगेज्मेंट हुई थी उन्होंने आजीवन शादी ही नहीं की; बहन की फ़ोटो सिरहाने रखते थे। ये अपने आप में एक बड़ी बात थी।

वह समय स्वतंत्रता-संग्राम का भी था। उसकी कैसी स्मृतियाँ हैं?

देखो, मैंने शुरू में जो बात कही थी—कुछ जगहें, कुछ लोग और कुछ घटनाएँ होती हैं। तो यहाँ जो प्रोमिनेन्ट लोग थे उनमें आचार्य नरेन्द्र देव, आचार्य कृपलानी, डॉ. लोहिया का हम लोगों के घर पर बहुत आना-जाना था। इनके प्रभाव से गांधी के दर्शन और पढ़ने-लिखने में शौक़ पैदा हुआ। इसका बहुत प्रभाव मेरे लिखने और जीवन पर रहा। आज़ादी की लड़ाई की पूरी अवेयरनेस है मुझे। लखनऊ में *नेशनल हेराल्ड* छपता था, जो पंडित नेहरू ने निकाला था। उसके बहुत दिनों तक मैनेजिंग डाइरेक्टर हमारे चाचा ही थे। गांधी आश्रम का प्रबन्ध बहुत दिनों तक मेरे पिता देखते रहे। हम लोग उस समय के साथ बहुत घनिष्ठ रूप से जुड़े थे। जब नेहरू जेल से छूटे थे तो सबसे पहले हमारे शाहनज़फ़ वाले घर पर ही आकर ठहरे थे। वे हमेशा वहाँ आते थे और ठहरते थे।

साहित्य से आपका जुड़ाव कैसे हुआ, कैसे बढ़ा? उस दौर के कौन-से साथी थे?

कृपलानी जी ने जब देखा कि हमारा मन बिज़नेस में नहीं लगता था तो मुझे लखनऊ से दिल्ली ले आये थे। उस समय वो 30 पृथ्वीराज रोड पर रहते थे, अपने साथ ही रखा मुझे। वो *विजिल* नाम का अख़बार निकालते थे, उसमें मैं सहयोग देता था। उन्हीं दिनों रफ़ी अहमद किदवाई के ज़रिए *हिन्दुस्तान टाइम्स* में भी मुझे रखने की बात चल रही थी। लेकिन इस बीच मैं विदेश

चला गया, 1955 में। लौटकर मेरे मन में ये बात क़रीब-क़रीब पक्की हो गई थी कि मुझे साहित्य में रहना है। 1956 में मेरा संग्रह *चक्रव्यूह* आ चुका था। उसकी जो प्रतिक्रिया मिली उससे भी प्रोत्साहन मिला। बालकृष्ण राव ने लिखा था उस पर, *लीडर* में। डॉ. देवराज लिखते रहे। अज्ञेय जी ने लिखा तो नहीं लेकिन मुँहज़बानी उत्साहित करते रहे। इन्हीं दिनों, हमारे साथियों में भी बहुत इस तरह के लोग थे जिनको साहित्य में रुचि थी। रघुवीर सहाय से तो पहले ही मुलाक़ात हो गई थी। बाद में अमृतलाल नागर, यशपाल, भगवतीचरण वर्मा, इलाचन्द्र जोशी, मनोहर श्याम जोशी से परिचय हुआ। कैलाश वाजपेयी और कृष्ण नारायण कक्कर से भी उन्हीं दिनों मुलाक़ात हुई। इस तरह से एक नया ग्रुप बन रहा था, जिससे साहित्य में और रुचि बढ़ी। मैं लेखक संघ में भी जाता रहता था। इलाहाबाद के साहित्यकारों से भी सम्पर्क हुआ, विशेष रूप से श्रीलाल शुक्ल के साथ। फिर उन लोगों से घनिष्ठ सम्बन्ध होता चला गया, जिसमें साही, जगदीश गुप्त, डॉ. रघुवंश और धर्मवीर भारती थे। एक तरह से इलाहाबाद और लखनऊ के बीच साहित्यिक सम्बन्ध इन्हीं दिनों दृढ़ हुआ।

शायद इसी वक़्त *युग चेतना* आपने निकाली? रघुवीर सहाय का कोई प्रसंग था जिसके कारण पत्रिका बन्द हुई?

हाँ, *युग चेतना* में डॉ. देवराज, कृष्ण नारायण कक्कड़, प्रताप नारायण टंडन और कमलापति मिश्र के साथ पाँच सम्पादकों का मंडल था। पत्रिका चार-पाँच वर्ष चली और जल्दी इसकी साहित्य में महत्वपूर्ण जगह बन गई थी। मुक्तिबोध, हजारी प्रसाद द्विवेदी, आदि से लेकर अशोक वाजपेयी तक की रचनाएँ छपती थीं। दो-ढाई सौ प्रतियों की सरकारी ख़रीद होती थी शिक्षा विभाग के लिए, जिसके बूते पत्रिका का ख़र्च निकलता था। जब रघुवीर की कविता 'हमारी हिन्दी' छपी तो लोगों ने आपत्ति की, कि ये तो हिन्दी भाषा का अपमान है! सरकारी ख़रीद बन्द हो गई। उन्होंने 'अनकंडिशनल अपॉलजी' माँगी, जो हम लोगों ने नहीं दी। पत्रिका उसके बाद नहीं निकल पाई।

कुँवर जी, आप शायद ज़िन्दगी के किसी दूसरे आयाम के बारे में भी बता रहे थे...

मैं तुम्हें वह ज़रथुश्त्र की कहानी के माध्यम से बता रहा था। ज़रथुश्त्र टहलते हुए एक बार फ़ारस के किसी नगर में पहुँच गये। वहाँ देखा कि एक नट रस्सी के ऊपर चढ़ रहा है और नीचे भीड़ जमा है। इसी समय एक मसखरा जाकर रस्सी को हिला देता है और नट नीचे गिर के दम तोड़ने लगता है। जब वो मरने लगता है तो सारी भीड़ वहाँ से हट जाती है। तब ज़रथुश्त्र पास जाकर उसके सिर को अपनी गोद में रखकर कहते हैं कि, देखो, अब तुम्हारा अन्तिम समय है, मैं कुछ नहीं कर सकता तुम्हें बचाने के लिए। बस, दो बातें कहना चाहता हूँ जो शायद कुछ 'कन्सोल' करें। अव्वल तो यह कि इस ज़िन्दगी के बाद कोई ज़िन्दगी नहीं है। यह अन्त ही अन्तिम है, और छुटकारा है। दूसरी चीज़ ये कि मान लो कोई दुनिया अगर है भी तो इतना यक़ीन रखो कि वो इस दुनिया से बेहतर होगी।

बातचीत के कुछ अंश, 2016

मुझे जो कहना है, मेरी कविताएँ कहती हैं

नरेश सक्सेना

कुँवर जी, आपकी रचनाओं और विचारों में इतिहास और समय का इंटरैक्शन काफ़ी रहा है। आपकी नई पुस्तक जो आयी है, उसमें भी यह है। इसके बारे में कुछ बताएँ।

मेरा मानना है, नरेश, कि इतिहास केवल घटनाओं का सतही विवरण नहीं है, न उनकी कोई अनुक्रमणिका है। वह बहुआयामी पाठ समय की समस्याओं को साथ रखकर पढ़ा जाए तो उसके बहुत से रहस्य खुलते हैं। जैसे कि मेरी प्रेजुडिस कहो या रुचि, हमेशा सांस्कृतिक इतिहास की तरफ़ रही है। और इसे जब मैं इतिहास के पाठ में शामिल करके पढ़ता हूँ तो मुझे लगता है कि मैंने इतिहास को एक नई तरह से जाना है।

अब सांस्कृतिक घटनाएँ तो इतिहास में उस तरह से दाख़िल नहीं होतीं जिस तरह से युद्ध होते हैं, या सम्राट?

हर सभ्यता की अपनी एक सांस्कृतिक चेतना होती है और ये ज़रूरी है कि वो ऐक्टिवाइस (activise) हो। यह सम्भव है जब हम काव्य या कलाओं के माध्यम से दूसरे देशों के इतिहास को सोचते-पढ़ते हैं, उसके तमाम छिपे हुए आयाम सामने आते हैं। मुझे इस दृष्टि से भारतीय और एशियाई इतिहास के बीच भी बड़े दिलचस्प साम्य दिखाई देते रहे हैं। और इस सन्दर्भ में कल्चरल पोएटिक्स (cultural poetics) या नव-ऐतिहासिकतावादियों की व्याख्या भी अच्छी लगती है।

मैं आपसे लोक कलाओं के बारे में पूछूँगा। जो सांस्कृतिक रचनाओं या कलाओं या घटनाओं के परिष्कृत रूप आते हैं, वो बहुत कुछ व्यक्तिगत होते हैं। लेकिन जो लोक कलाएँ हैं उनमें समाज बोलता है, समाज का मन, समाज का विश्वास बोलता है। उन्हें आप किस तरह से देखते हैं अपनी रचनाओं और विचारों में?

लोक कलाएँ भी मानव-संस्कृति का एक हिस्सा हैं। उनको अलग नहीं मानना चाहिए। और कभी-कभी उनका प्रभाव बहुत सशक्त रहा है। जैसे जब सूफ़ीवाद भारत में आया तो उसने यहाँ की लोक कलाओं का इस्तेमाल करके एक बहुत परिष्कृत दार्शनिक विचार को जन-जन तक पहुँचाया। तो यह एक बहुत बड़ा सांस्कृतिक अभियान भी था।

शहर और जंगल और गाँव। इन सब को मिलाकर हमारा यह संसार बनता है, जिसमें समुद्र भी है, आकाश भी, वन भी, ग्राम भी और शहर भी। और इसमें जीव-जगत और मनुष्य का इंटरैक्शन भी आपकी रचनाओं और विचारों में आता है। इसके बारे में आप क्या कहना चाहेंगे?

जब हम चीज़ों को ह्यूमेन दृष्टि से देखते हैं तो हमारी जड़ प्रकृति, या जहाँ हम रह रहे हैं, उसके प्रति भी हमारे व्यवहार का एक मानवीय तरीक़ा सामने आता है। उसको हम एक अद्वैत ढंग से सोच पाते हैं, कि हमको उसकी उतनी ही रक्षा करनी है जितनी उसको हमारी रक्षा करनी है। इस तरह से हम देखते हैं कि कहीं न कहीं हमारी सांस्कृतिक और मानवीय चेतना हमारे लिए एक जीवन-रक्षण का साधन भी बन जाती है।

आपने शुरू में कुछ कहानियाँ लिखी थीं। और वो कहानियाँ, सृजनात्मक रूप से, कविता के बहुत निकट भी थीं। और मुझे तो वे कहानियाँ स्वयं बहुत अच्छी लगी थीं। लेकिन बाद में आपने कहानियाँ नहीं लिखीं। इसको लेकर आपका क्या कहना है?

कहानियाँ लिखना बन्द नहीं हुआ, न तब न अब। और कहानियाँ ही नहीं,

उनके साथ-साथ अन्य प्रकार का गद्य भी लिखता रहा हूँ। कुछ चीज़ें छपी भी हैं। पर ये ज़रूर है कि कविता मुझे ज़्यादा आकृष्ट करती रही है और ज़्यादा लिखता भी रहा हूँ। कविता में कम शब्द और कम जगह में ज़्यादा से ज़्यादा बात कह सकने की एक लैस रहती है, वो अपने को कहीं न कहीं एक प्रखर बिन्दु के उपर रेज़ॉल्व करती है। जबकि कहानियाँ एक ठंडे प्रकार का धीरज माँगती हैं। फिर भी मैं दोनों ही तरह की विधाओं में लिखता रहा। क्योंकि साहित्य की विभिन्न विधाएँ एक दूसरे का विकल्प नहीं होतीं बल्कि एक अलग तरह की ज़रूरत की उनसे आपूर्ति होती है। हम जानते हैं कि बहुत से हिन्दी के लेखक, जैसे निराला, प्रसाद वग़ैरह, आजीवन एक से अधिक विधाओं में लिखते रहे और उत्तम कोटि का लेखन करते रहे। हमारा भी प्रयास रहता है कि जो भी विधाएँ उस समय उपयुक्त लगें, उनमें लिखें।

अब तो कविता को भी लगभग गद्य में लिखा जा रहा है। फिर आलोचना के गद्य में, कहानी के गद्य में और कविता के गद्य में क्या फ़र्क़ कर सकते हैं?

तीनों तरह के गद्य को देखें तो उनकी ध्वनि, लय, उनका वाक्य-विन्यास... ये सब चीज़ों से मिलकर उनका एक भाव बनता है जिसको हम कविता के सन्दर्भ में काव्यमय कह सकते हैं। इसकी ओर लोगों ने पहले भी ध्यान दिया है, कि कविता में सबसे ज़रूरी चीज़ छन्द और तुक नहीं है बल्कि उसका पूरा जो वाक्य-गठन है, वो है। हमारे यहाँ इसको लेकर भर्तृहरि ने अपने वाक्यपदीय में बहुत काम किया था, और इधर भी काफ़ी काम हुआ है इस पर।

तो ऐसा तो नहीं कि कविता के गद्य से कहानी का गद्य कमज़ोर होता है?

ऐसा नहीं है। बहुत-सी अच्छी कहानियाँ तो गद्य में लिखी ही गई हैं, बहुत-सी अच्छी कविताएँ भी हैं जो गद्यात्मक हैं; छन्द में लिखी गई हैं पर गद्यात्मक हैं।

अभी तक आप ने जो काम किया, उससे कितना सन्तोष है? भविष्य में क्या चाहते हैं?

जो काम किया उसमें, देखो, जो बन गया उसकी ख़ुशी है; जो नहीं हो पाया उसकी कोई कचोट नहीं। मैं अन्तिम कड़ी नहीं हूँ अपने लेखन में—ये चीज़ मेरे मनोबल को दृढ़ करती है कि और लोग भी लिख रहे हैं, और जो मुझसे छूट जाएगा उसे दूसरे पूरा करेंगे। यह जब सोचता हूँ तो सबके प्रति एक सॉलिडैरिटी अनुभव करता हूँ।

क्या भविष्य में किसी विषय पर, और किसी विधा में, लिखने की इच्छा अभी शेष है?

हाँ, अभी है। जानता हूँ कि जब से मेरी आँखों की रोशनी जाती रही और सुनने में दिक़्क़त होने लगी, मेरा लिखना-पढ़ना बहुत विपरीत ढंग से प्रभावित हुआ। फिर भी मैं बोलकर लिखवाता रहता हूँ और जितना भी हो पाता है उसके लिए कृतज्ञ अनुभव करता हूँ। मेरा ख़याल है कि जितना भी बन पड़ेगा, आख़िरी दम तक मैं करता रहूँगा।

अपनी सबसे प्रिय कविताओं या पंक्तियों के बारे में कुछ बताएँ? अपनी भी और दूसरों की भी।

मैं शे'र पढ़ता हूँ ग़ालिब का, जो दूसरों पर भी लागू होता है और मेरे ऊपर भी :

है कहाँ तमन्ना का दूसरा क़दम या रब
हम ने दश्त-ए-इम्काँ को एक नक़्श-ए-पा पाया

वाह, वाह। बहुत अच्छा।

एक बात आपके बारे में यह कही जाती है कि लेखन में वैचारिकता और बौद्धिकता बहुत ज़्यादा होती है। तो यह ज़्यादा और कम क्या होता है कविता में?

नरेश, मैं किसी भी ऐसे समाज को नहीं सोच पाता जिसमें विचार और बौद्धिकता

अनावश्यक लगते हों। ये एक तरह से हर सभ्य समाज की बहुत ही प्रखर पहचान है कि वह किस हद तक सोच पाता है, चिन्तन की क्या स्थिति है, और कैसे वह दुनिया की दूसरी सभ्यताओं के साथ संवाद कर पाता है। इस माने में मैं इसको उतना ही ज़रूरी समझता हूँ साहित्य में भी जितना जीवन में। तो इसलिए मुझे नहीं लगता कि यह कोई ऐसी चीज़ है जो कविता-विरोधी है। कई मानों में यह कविता को समृद्ध करती है।

लेकिन, जिस भावना या जिस तर्क से यह बात कही जाती है, उसमें ऐसा लगता है कि ये एक आरोप की तरह से है कि इससे शायद कविता सहज न रहकर कुछ बोझिल हो जाती है। तो क्या यह सम्भव है कि विचार बहुत ऐसे स्तर का न हो जो सम्प्रेषण में बाधा उत्पन्न करे?

देखो, अगर विचार ठीक से पचते नहीं हैं, अगर वो हमारे जीवन और अनुभव का एक हिस्सा नहीं बन पाते हैं, तब वे ऊपर से थोपे हुए लगेंगे। अन्यथा वे उतने ही स्वाभाविक होंगे जितना एक जीवन है, एक विचारशील जीवन।

कहानी और आलोचना में जो विचार है और जो कविता में विचार है, वह कैसे बदलता है; कुछ बताएँगे इसके बारे में?

हमारे ख़याल में यह रचना से पहले की स्थिति है—कि किसी भी स्थिति पर जो हमारी प्रतिक्रिया है वह वैचारिक होती है, कि भावात्मक होती है, कि काल्पनिक होती है... इस पर बहुत कुछ निर्भर करता है उस कविता या कहानी का गठन कैसा होगा; यह भी निर्भर करता है कि उसे हम कहानी के रूप में रखना पसन्द करेंगे या कविता के रूप में।

कुँवर जी, ये बताइए कि कविता क्या इलहाम की तरह एक बार में उतरती है या उसे कुछ बाद में तब्दील करके, काट-पीट कर दुरुस्त करना होता है, जैसे कारीगर किसी कार्यशाला या लेबोरट्री में करता है?

इसका कोई हार्ड-एंड-फ़ास्ट नियम नहीं है। कभी-कभी तो एक बार में ही आ जाती है कविता; कभी आख़िर तक पकड़ में नहीं आती, चाहे जितनी

काट-छाँट करो। मगर आमतौर पर मेरे साथ यह रहा है कि एक बार में आने वाली कविता कम हैं; ज़्यादातर कई बार उनके पास लौटने की ज़रूरत होती है, तब मुझे सन्तोष होता है। कभी-कभी तो लिखकर डाल देता हूँ और महीनों बाद फिर उसे उठाता हूँ, तो लगता है कि मैं एक बिल्कुल नई कविता लिखने जा रहा हूँ।

अपनी रचना में किस चीज़ को महत्व देते हैं; तर्क और बुद्धि को, या भावना को? या एक साथ ही रखते हैं उनको?

इस तरह का सवाल बहुत ठीक नहीं लगता; मुझे लगता है कि तीनों का आपेक्षिक महत्व होता है। वे एक दूसरे को कमज़ोर भी कर सकते हैं, और स्ट्रेंथेन भी। तो उन तीनों का सही स्थान वही है कि वे एक दूसरे को मज़बूत करें।

तो अन्ततः कविता का उद्देश्य कोई विचार देना है, कोई तर्क प्रस्तुत करना है, कोई दृष्टि देना है, या भावनात्मक रूप से विचलित करना है?

नहीं, जैसा मैंने बताया कि कविता शायद इतनी कम्प्लीट होनी चाहिए कि वह अपने आप अपने उद्देश्य को ठीक-ठीक बता सके। पाठक को इन चीज़ों को लेकर दुविधा या शक-सन्देह में न छोड़े।

बहुत अच्छी बात, वाह। आख़िर में एक सवाल : आपके बहुत पाठक हैं, बहुत श्रोता हैं, जिनसे बहुत सम्मान आपको मिला। आप उनसे कुछ कहना चाहेंगे?

पाठकों से जो कहना है, वह मेरी कविताएँ कहती हैं। अगर उनको ध्यान से पढ़ा जाए तो पाठक पूरी तरह से समझेंगे कि मैं क्या कहना चाहता हूँ। और सन्देश तो मैं क्या दूँगा, इतना ही कह सकता हूँ कि वे जो भी करें पूरी सतर्कता, आत्मविश्वास और ईमानदारी से करें। शायद यही मैंने सीखा और यही कह सकता हूँ।

2017

जो नहीं हो सका उसकी भी एक दुनिया है

अमरेन्द्र नाथ त्रिपाठी

आप नवासी वर्ष के हैं—अभी भी आपकी क्या अभिलाषाएँ बची हैं?

अभिलाषाएँ तो अभी भी शायद वही हैं जो पहले थीं। किन्तु उम्मीदों और सामर्थ्य में भरोसा कम हो गया है।

फिर अभिलाषाओं को किस तरह बरतते हैं?

कभी उन्हें भौतिक से परे ले जाकर और उनका उदात्तीकरण करके; कभी उनके प्रति एकदम विरक्त और निराशी होकर। अपने भीतरी एकान्त में विचरता हूँ उनके साथ, जैसे विभिन्न ऋतुएँ विचरती हैं जंगल में।

आपकी लाइब्रेरी किताबों की एक पूरी दुनिया है। अत्यन्त समृद्ध और यत्नपूर्वक सँजोयी हुई। यादों के सहारे भी इस दुनिया में काफ़ी वक़्त रहना होता होगा...

एक घुमक्कड़ की तरह साहित्य की दुनिया में उन्मुक्त घूमता रहा हूँ—बेरोक-टोक। उनकी यादें आज भी मेरे साथ हैं, और साथ देती हैं एक दोस्त की तरह। जब तब आकर बैठ जाती हैं मेरे पास। उनसे गपशप अच्छी लगती है। बहुत-सी यादें तो हज़ारों साल पुरानी हैं जिनसे किताबों में मिला था। किताबी और दिमाग़ी मुलाक़ातों और सैरों को बहुत महत्त्व देता हूँ। एक अच्छी किताब कुछ इस तरह मेरे जीवन का हिस्सा हो जाती है जैसे वह ज़िन्दगी का अनुभव

हो। अनुभव जो किताब समाप्त करते समाप्त नहीं हो जाता, बल्कि विकसित होता रहता है।

एक दिन की बात है : कोई मुझसे मिलने आया अचानक। मुझे किताबों से घिरा देखकर बोला, "ओ हो आप व्यस्त हैं! अच्छा तो फिर कभी आऊँगा!" मैंने उसे साग्रह रोकते हुए कहा, "नहीं नहीं, मैं बिलकुल व्यस्त नहीं हूँ, यह तो मेरा रिलैक्स करने का तरीक़ा है—किताबों के साथ। व्यस्त होता तो तनाव में होता। किताबें तो तनाव दूर करती हैं।"

साहित्यकार के 'निजी' जीवन-प्रसंगों के सार्वजनिक करने को आप किस रूप में देखते हैं? आप अपने समकालीन लेखकों पर बहुत कम कहते या लिखते हैं—ऐसी राय लोगों की रही है। शायद पाठक आपको पढ़ते हुए आपके ही शब्दों में आपका परिवेश भी पढ़ना चाहते हों या जीवन के किसी अलक्षित को देखने की चाह रखते हों।

पाठक की यह जिज्ञासा स्वाभाविक है कि वह लेखक के निजी अनुभवों और उसके लेखन के बीच के सीधे सम्बन्धों को जानना चाहे। इसी तरह लेखक का यह संकोच भी स्वाभाविक है कि निजी को सार्वजनिक करने की कितनी छूट वह ले सकता है, ख़ासकर जब उसके निजी अनुभवों में कोई 'अन्य' (यानी दूसरा या तीसरा) शामिल हो। यह द्विविधा आत्मीय प्रसंगों, या प्रेम-सम्बन्धों, को लेकर और भी गहरी हो जाती है।

प्रेम-प्रसंगों को लेकर साहित्य में दोनों तरह के उदाहरण मौजूद हैं। शेक्सपीयर की अज्ञात प्रेमिका जिसका अस्पष्ट ज़िक्र उनके सौनेट्स तथा अन्य कविताओं में आता है, इतना अस्पष्ट है कि यह तक नहीं पता चलता कि वह कोई स्त्री थी या पुरुष। ग़ालिब की प्रेमिका कौन थी, इस बारे में वे स्पष्ट कुछ नहीं कहते—विभिन्न स्रोतों से यह संकेत मिलता है कि वह कोई 'डोमिनी' थी। ऐसे तमाम उदाहरण विश्व साहित्य में भरे पड़े हैं जहाँ एक लेखक ने अपने निजी सम्बन्धों के बारे में बहुत सांकेतिक ढंग से या नहीं के बराबर ही कुछ कहा है। वह कविता में एक रहस्य बना रहता है और यह रहस्य ही उस कविता को एक विशेष रंग देता है। ऐसे भी तमाम उदाहरण हैं जहाँ लेखक का निजी जीवन खुलकर उसके लेखन और जीवनी में प्रतिबिंबित हुआ है। काफ़्का के पत्र और

डायरियाँ इसका अच्छा उदाहरण हैं। यद्यपि यह कहना मुश्किल है कि यह निजी सामग्री जो उनकी मृत्यु के बाद छपी, कहाँ तक उनकी इच्छाओं के अनुकूल थी जो स्वयं चाहते थे कि उनका समग्र लेखन उनके बाद जला दिया जाए। ऑस्कर वाइल्ड और जेम्स जॉयस के निजी जीवन के वृत्तांत दस्तावेज़ी रूप में मौजूद हैं जिनमें अनेक प्रसंग उनकी मृत्यु के बाद प्रकाश में आए। संस्कृत साहित्य में 'काम' के खुले चित्रण हैं, पर ऐसे लेखकों की जीवनी कम है जिसमें निजी का बेपर्दा चित्रण हो। प्रेम प्रसंग हो चाहे मैत्री प्रसंग, मेरा मानना है कि निजी को सार्वजनिक करने का पूर्णाधिकार केवल लेखक का नहीं है, उस 'अन्य' या 'दूसरे' का भी है जो उस 'निजी' से जुड़ा है। लेखक अपनी एकतरफ़ा राय दे सकता है—समीक्षक की तरह। लेकिन वह फिर समीक्षा के प्रत्युत्तर की तरह होगा—महत्त्वहीन नहीं, लेकिन निष्पक्ष भी नहीं। मेरे मित्रों में ज़्यादातर ऐसे हैं जिनके प्रति उपकृत अनुभव करता हूँ, उनसे मतभेदों के बावजूद। मतभेद विचारोत्तेजक भी हो सकते हैं।

रचना में सामाजिक चित्रण पर, जिसे हिन्दी आलोचना में काफ़ी रेखांकित किया जाता है, आपका पक्ष जानना चाहूँगा।

जीवन की सचाइयों का अर्थ केवल सामाजिक यथार्थ तक सीमित नहीं है। सामाजिक यथार्थ भी उन सचाइयों का अहम हिस्सा है। साहित्य जिन सचाइयों की आवाज़ है वह सामाजिक यथार्थ भी है, और उससे अधिक भी है। अगर उससे अधिक न हो तो एक मानवीय दस्तावेज़ के रूप में उसकी उपयोगिता और प्रामाणिकता सन्दिग्ध होगी, केवल सामाजिक यथार्थ तक सीमित साहित्य समग्रता से कटा हुआ साहित्य होगा। समाज के पिछड़े और निचले वर्ग के चित्रणों में और उन वर्गों को लेकर गहरी चिन्ताओं में बुनियादी फ़र्क़ है। ग़रीबी को सजाकर पेश करना निर्दयता है, ग़रीबी को लेकर ईमानदार चिन्ताओं में दर्द और करुणा है।

क्या लेखक राजनीतिक या सामाजिक सच कहने के लिए निबन्धों-लेखों की तरफ़ जाए?

आज के समय में कविता, कहानी या उपन्यास सामाजिक और राजनीतिक

विषमताओं के विरोध के उतने कारगर माध्यम शायद नहीं बचे हैं। निबन्ध, लेख और पत्रकारिता विरोध और जन-चेतना को जगाने के ज़्यादा पुरअसर माध्यम साबित हुए हैं। वे समस्या पर तुरन्त और सीधा प्रहार करने में ज़्यादा सक्षम हैं। चॉम्स्की और अरुंधति राय के उदाहरण द्रष्टव्य हैं; जिन्होंने क्रमशः भाषाशास्त्र और उपन्यास के क्षेत्रों से बाहर निकलकर राजनीति और समकालीन सामाजिक परिस्थितियों पर तेज़तर्रार लेखन करके दुनिया का ध्यान समस्याओं पर केन्द्रित किया है। क्योंकि जिन समस्याओं पर उन्होंने लिखा है वे सीधी मुठभेड़ की अपेक्षा रखती हैं न कि अन्य किसी विषय को आड़ बनाकर। हम एक ऐसे समय में रह रहे हैं जब मीडिया अपनी शक्ति के चरमोत्कर्ष पर है। अपनी बात कहने के जो भी भाषाई साधन हमारे पास हैं उन्हें सशक्त मीडियाई रूप देना होगा, न कि साहित्य को ही पत्रकारिता का रूप दे देना।

निबन्ध और लेख अपेक्षाकृत साहित्य की उप-साहित्यिक कोटि की विधाएँ रही हैं; पर मौजूदा समय में उन्हें फिर से प्राणवान बनाना मुझे उचित लगता है। साहित्यकार की संवेदना या साहित्यिक संवेदना और लेखन-कौशल मददगार हो सकते हैं। प्रसंगवश ध्यान जाता है कि साहित्य की निबन्ध विधा, जो इन दिनों उपेक्षित-सी है, का शुरुआती विकास अठारहवीं सदी में प्रेस और पत्रकारिता के उत्थान के साथ अभिन्न रूप से जुड़ा है। *स्पेक्टेटर* और *टैट्लर* जैसे अख़बारों के ज़रिए एडिसन के निबन्धों/लेखों ने उस समय के अंग्रेज़ी समाज पर अपना गहरा असर डाला था और उन लेखों की साहित्यिक गुणवत्ता आज भी अपना स्थान रखती है। हमारे समय में अनेक ऐसे साहित्यकार हुए हैं जिन्होंने सीधे पत्रकारिता और अपने आलेखों द्वारा जनमानस तक अपनी बात पहुँचाने की कोशिश की—अज्ञेय, रघुवीर सहाय, सर्वेश्वर दयाल सक्सेना, श्रीकान्त वर्मा, मनोहर श्याम जोशी आदि नियमित रूप से पत्रिकाओं और अख़बारों में लिखते रहे हैं। यह लेखन अधिक जानदार और चुटीला हो सकता है।

लेखकों का आकलन करने में तुलनात्मक अध्ययन की सार्थकता पर क्या कहेंगे?

प्रश्न उठता है कि एक बड़े लेखक के बड़प्पन का आकलन किस तरह किया जाए। तुलनात्मक अध्ययन की अपनी सीमाएँ हैं जो दो लेखकों के क़द को

किसी हद तक छोटा करती हैं। हर मौलिक लेखक अपनी तरह का अनोखा होता है। जबकि दो के तुलनात्मक अध्ययन में हम एक को बड़ा और दूसरे को छोटा मानकर चलते हैं। हमें यह मानकर चलना पड़ेगा कि वे एक दूसरे की अपेक्षा में नहीं बल्कि अपने आप में विभिन्न गुणों के कारण बड़े लेखक हैं। साहित्य के इन गुणों के बारे में दृष्टि साफ़ होनी चाहिए। अगर आलोचक के अपने पूर्वग्रह हैं जिससे लेखक सहमत नहीं तो ज़ाहिर है उस लेखक की कृति का आकलन समीक्षक के विचारों के साथ एक दुविधात्मक रिश्ता बनाएगा। यह किसी हद तक स्वतंत्र विचार के एकाधिकार के विरुद्ध पड़ेगा।

एक ही समय में कई तरह के विचारों का अस्तित्व सम्भव है, बल्कि ज़रूरी है। इस माने में बीसवीं सदी का एक उदाहरण लें तो उसमें कई तरह के विचारों का समावेश है। इसी तरह एक व्यक्ति के अन्दर भी कई तरह के विचार एक साथ रह सकते हैं। उनमें विभिन्नता भी हो सकती है। ये मानकर चलें तो साहित्य में भी हम एक ज़्यादा बड़े रचनात्मक क्षेत्र को समझ सकेंगे। अगर दो लेखकों के समांतर अध्ययन जैसा कुछ सम्भव हो, और होना चाहिए मेरे हिसाब से, तो शायद तुलनात्मक अध्ययन की कमी को दूसरी तरह से पूरा किया जा सकता है।

साहित्य के मूल्यांकन में राजनीतिक दृष्टिकोण की भूमिका प्रश्नविद्ध होती रही है। इस विषय में आपका मत?

यह दुखद है कि इधर साहित्य के मूल्यांकन में राजनीतिक दृष्टिकोण ही प्रमुख रहा है। एक लेखक के मूल्यांकन में उसकी अपनी राजनीति या विश्व-राजनीति में उसकी स्थिति पर बातचीत साहित्य के बुनियादी मानवीय सरोकारों को दूसरे दर्जे का यथार्थ मानकर चलती है। मानो साहित्य की अपनी कोई स्वतंत्र हैसियत ही न हो। कुछ समय पहले की कविताओं में अपने सूफ़ी अंदाज़ और उनके वामपंथी रुझान पर प्रश्न किए जाने पर सीरिया के कवि अडोनिस ने एक कवि में दोनों के होने में कोई अन्तर्विरोध नहीं माना। यानी व्यावहारिक स्तर पर एक कवि की राजनीति जो भी हो, साहित्य की ज़रूरतों की भी अपनी अलग और बिलकुल जाएज़ माँगें हो सकती हैं। एक साहित्यकार की अपनी राजनीति भी हो सकती है। लेकिन साहित्य की उत्कृष्टता या श्रेष्ठता का सवाल उसकी राजनीति से नहीं, उसकी साहित्यिक

संवेदना और सोच-समझ से तय होगा।

वर्तमान में हिन्दी का व्यावहारिक रूप कई बदलावों से गुज़र रहा है। इन्हीं बदलावों के मद्‌देनज़र अंग्रेज़ी के हस्तक्षेप की शिकायत भी की जाती है।

हिन्दी का व्यावहारिक रूप विस्तृत हो रहा है। इस विस्तार के कारण हिन्दी बदल भी रही है। व्यवहार में भाषा का जो भी रूप होता है उसमें बदलाव आते रहना लाज़िम है क्योंकि वह सीधे हमारे जीवन-व्यापार से जुड़ी भाषा होती है। भाषा के इस तरह के इस्तेमाल में सभी तरह के लोग और सभी तरह की चेष्टाएँ शामिल होती हैं। इसीलिए बदलाव में अगर विकृतियाँ भी आ जाएँ तो आश्चर्य नहीं। वैचारिक स्तर पर, पांडित्य के स्तर पर हिन्दी विकसित नहीं हो रही है क्योंकि वह हमारी बोलचाल और लोक-व्यवहार की भाषा तो है, पर सोच-विचार और अध्ययन-विवेचन की उतनी नहीं है। गम्भीर चिन्तन की भाषा अभी भी अंग्रेज़ी है; क्योंकि विश्व का अधिकांश चिन्तन, साहित्य, तकनीकी लेन-देन, वैज्ञानिक और रचनात्मक साहित्य अंग्रेज़ी में ही उपलब्ध है, इस यथार्थ को अनदेखा नहीं किया जा सकता। अतः आज के वैश्विक परिदृश्य में केवल हमारे ही लिए नहीं, संसार के अनेक देशों के लिए अपनी भाषा के साथ-साथ अंग्रेज़ी की ज़रूरत भी अनिवार्य है। इस निकट सम्पर्क से हिन्दी का नुक़सान नहीं होगा, धीरे-धीरे उसमें वह वैचारिक सघनता और गम्भीरता प्रवेश करेगी जिसकी कमी को आज पढ़े-लिखे लोग महसूस कर रहे हैं। एक हिन्दी साहित्यकार होने के नाते मैंने अंग्रेज़ी के पड़ोस से कोई बाधा अनुभव नहीं की है, बल्कि उसके सान्निध्य से मुझे मदद ही मिली है। इसे अंग्रेज़ी की ग़ुलामी न मानकर उसका इस्तेमाल मानता हूँ।

जीवन से कविता और कथा-साहित्य का संवाद क्या अलग-अलग होता है?

हर जीवन एक छोटे या बड़े उपन्यास-भर की सामग्री होता है। लेकिन हर जीवन एक कविता नहीं होती। कविता इस एहसास की अनुभूति भी है, उस पर विचार

भी और किसी हद तक आपूर्ति भी। दोनों विधाओं के काम अलग-अलग हैं; इसलिए एक से दूसरे का आकलन नहीं किया जा सकता। सामान्य तौर पर उपन्यास प्रतिपल हमें उसकी याद दिलाता है 'जो है' : कविता उसकी 'जो हो सकता था' पर नहीं हो सका। जो नहीं हो सका उसकी भी एक दुनिया है—कहीं हमारी आकांक्षाओं में कसमसाती। कविता की उपयोगिता इसमें है कि कहीं वह हमारे लिए एक दूसरी दुनिया को जीवित रखती है एक आशा की तरह। आशाएँ झूठी-सच्ची नहीं होतीं—वे एक भरोसे की तरह होती हैं जिनसे हमें जीने के लिए बल मिलता है। जो कल्पित है, संकल्पित भी वही है।

'बोलने की आज़ादी' और 'भावनाओं का आहत होना'—ये बातें अकसर हमारी बहसों का हिस्सा हुआ करती हैं। कभी लगता है कि जान-बूझकर ऐसे वक्तव्य ध्यानाकर्षण के लिए दिए जा रहे हैं तो कभी लगता है कि संवाद का दायरा तंग हो रहा है।

साहित्य में, और वैसे भी, 'औचित्य विचार' को महत्त्व देता हूँ—उसका सीधा सम्बन्ध विवेक से है। एक विचारक के पूरे वक्तव्य को बिना ठीक से पढ़े, जाने और समझे कोई भी फ़ैसला देना अनुचित है। ऐसी स्थिति में किसी साहित्यिक या राजनीतिक संगठन द्वारा फ़ैसला देने में जल्दबाज़ी लगभग उसी तरह की जल्दबाज़ी है जैसी मीडिया कभी-कभी अधूरी बात पर फ़ैसला देने में करता है। उचित तो यह है कि सबसे पहले विवादित वक्तव्य को पूरा छापा जाए। फिर उसमें कोई कमी या खोट नज़र आए तो लेखक को अपनी सफ़ाई का मौक़ा दिया जाए। औचित्य-विचार मूलतः अनुभव ज्ञान पर निर्भर करता है—कुछ कुछ प्रैग्मैटिज़्म (pragmatism) की तरह। बोलने की आज़ादी के साथ ही सावधानी से बोलने की ज़िम्मेदारी अनिवार्य रूप से जुड़ी है। इस सावधानी में चूक हो तो उसका विपरीत असर आज़ादी पर पड़ना लाज़िम है।

आंचलिक पृष्ठभूमि के रूप में, आपका ताल्लुक़ अवध से है। यहाँ की भाषा आपकी साहित्यिक यात्रा में कितनी और किस तरह उपस्थित रही?

भाषा का मामला ज़िन्दगी की तरह उलझा हुआ है। इसका ऐसा कोई सीधा समाधान निकाल लेना सम्भव नहीं लगता जो सर्वमान्य हो। जीवन की तरह

भाषा की उलझनों को भी स्वीकार करके ही उसे लिखना-पढ़ना पड़ता है। इस माने में लिखना मेरे लिए एक छोटा-मोटा अडवेंचर रहा है जिसके अपने जोख़िम भी होते हैं और मज़े भी। जहाँ तक सोच पाता हूँ मेरे लेखन और जीवन में खड़ी बोली, अवधी, उर्दू, अंग्रेज़ी और संस्कृत भाषाओं की मिली-जुली ध्वनियाँ और प्रभाव रहे हैं।

आपका एक लम्बा दौर लखनऊ में बीता। लखनऊ पर सोचते हुए इस विचित्रता की ओर ध्यान जाता है कि लखनवी तहज़ीब का 'भाखा' में मज़ाक़ बार बार बनाया गया।

एक इतिहास है जो हमें किसी दिलचस्प, भयानक या हास्यास्पद घटना अथवा कहानी की तरह याद रह जाता है : दूसरा इतिहास है जिसके बारीक संस्कार हमारी भाषा, आचरण और सामाजिक तहज़ीब पर छूट जाते हैं। मेरे लिए दूसरे पक्ष का ज़्यादा महत्त्व रहा है यानी एक विनम्र संस्कृति जो इधर की राजनीति की जद में बुरी तरह आहत हुई। नज़ाकत-नफ़ासत की अति भी हास्यास्पद हो जाती है, किन्तु लखनवी संस्कृति के दूसरे माने को मैंने वहाँ के अनेक शैक्षिक संस्थानों और साहित्यिक परिवेश से जोड़कर देखना ज़्यादा पसन्द किया है।

हिन्दी के लिए हो रहे सरकारी और गैर-सरकारी प्रयासों की वर्तमान स्थिति कितनी सन्तोषजनक है?

यह बात थोड़ा खटकने वाली है कि बेहतर संसाधनों के बावजूद हिन्दी भाषा और साहित्य पर शोधपरक काम बहुत स्तरीय नहीं हो पा रहा है। बार-बार ध्यान उन कीर्तिमानों की ओर जाता है जिन्हें आज का लेखन छू नहीं पा रहा है। जिस स्तर का काम हिन्दी के शुरुआती वर्षों और द्विवेदी काल में हुआ उससे आज का अकादमिक काम बहुत आगे नहीं बढ़ पाया है। हिन्दी में काम करने वालों को आर्थिक आय पर्याप्त नहीं होती—यह शिकायत की जाती है। किन्तु सरकारी और ग़ैर-सरकारी संस्थानों में अब जहाँ बेहतर आर्थिक सुविधाएँ उपलब्ध हैं वहाँ भी बहुत भरोसेमन्द 'रिसर्च' का काम सामने नहीं आ रहा है। हिन्दी का प्रकाशन तंत्र भी बहुत पिछड़ा हुआ है। बावजूद इसके प्रकाशकीय टेक्नोलॉजी में क्रांतिकारी प्रगति हुई है, प्रूफ़-वर्तनी आदि की

अशुद्धता से भरी किताबों को देखकर ख़ासी कोफ़्त होती है। अच्छी कमाई के बावजूद प्रकाशक इस बात की ओर पर्याप्त ध्यान नहीं दे रहे हैं कि पुस्तकें शुद्ध छपें और लेखकों का शोषण न हो। इस कमी को केवल आकर्षक छपाई से नहीं छिपाया जा सकता।

इस सबकी वजह जान पड़ती है कि अब ऐसे लेखकों और प्रकाशकों की संख्या कम होती जा रही है जिनमें हिन्दी के लिए एक समर्पित उत्साह हो। गम्भीर लेखन को बिकाऊ माल की तरह नहीं तैयार किया जा सकता। उसके लिए लगभग एक आध्यात्मिक क़िस्म की निष्ठा और साधना ज़रूरी है। इसके अनेक उदाहरण हमें अपने ही देश में मिल जाएँगे।

2017 ('हंस', जनवरी 2018, में प्रकाशित)

कोई भी भाषा छोटी नहीं

अरुण साधू

You have truly honoured us by accepting this award, thank you so much. I will begin by saying that you are such a big poet, your poetic and creative world is so huge and diverse, in which there is poetry, story, criticism, and so much more. My question is about the status of Hindi poetry. Where does Hindi poetry stand in the context of world poetry today?

I think that the status of Hindi poetry—in fact of Indian poetry, which includes poetry in the many languages of the country—is comparable to the poetry of any other country in the world. There is, among the writers and poets here, at least some awareness of what's being written internationally. But I sometimes feel that we perhaps know less about ourselves than what we know about outside the country. That's a thing to be taken care of. Unless we know about the literature in our own regional languages, we will not see the power and authenticity of our writing. We can strengthen ourselves from the outside, but strength also lies in knowing ourselves well. And this doesn't mean knowing just Hindi literature; it is to know the entire literary world that we call Indian.

A bit about your childhood and Lucknow—the cultural capital of the day. You came into contact with great people like Narendra Dev, Acharya Kripalani, Ram Manohar Lohia and more. What kind of influences inspired you?

These people were like family at the time. My father studied at Kashi Vidyapeeth in Varanasi, and all these people were connected to it. So I came into contact with them much before I came to Lucknow. Their influence was formative in the sense that they were a sort of model for me then. Later, too, when I came to Lucknow, Narendra Dev became the Vice Chancellor of Lucknow University, and also stayed with us at our joint family house for some time. I had constant contact with him then. I feel that Kashi Vidyapeeth and the people attached to it played an important role in forming the political conscience of the country. They were keenly associated with the Congress movement, although Narendra Dev and Lohia were socialists. They were deeply embedded in Indian culture and that was important for me, because it was for the first time I realised that politics—to be humanised—needed literature, the arts, the sciences; it could not be exclusively political. Later, my disillusionment with politics was partly because of this—lots of politics entered literature, but no literature entered politics.

That was a disheartening state of affairs. So, more than politics, it was their influence in the humanities and arts that played a role in my creative endeavours. When I spent time with Narendra Dev or Dr. Lohia, we never talked of politics. You see, on the one hand Narendra Dev was a great scholar of Buddhism, and on the other hand of Marxism. And apparently there was no contradiction for him in the two… he could carry them simultaneously. The same with Dr. Lohia. Alongside socialist ideas, he would talk about Rama and Krishna, about the Indian psyche, and about how this mythological past of the country was a part of the Indian mind. I also worked with Acharya Kripalani when he was bringing out the journal *Vigil* from Delhi and spent quite some time with him. I found that his core consciousness was more literary, more of a thinker than of a politician. These things indirectly influenced my own attitudes in literature; that despite diversity, there was some kind of unity in all these pursuits. This played an important role in my creative endeavours. I was earlier a science student, then came to English literature, and only later started writing in Hindi. So, apparently, all this diversity didn't disturb me. On the contrary, I thought it was an asset. I felt the same way about Hindi. It was derived from so many languages, like Sanskrit, Arabic, Persian… all these were assets.

One would have expected that with such close association with these people you might have been tempted to turn to politics. But, as you explained, that was not to be. Is there any specific incident that disillusioned you with politics then?

One incident was the defeat of Narendra Dev in elections, not once but twice. I had high regard for his scholarship, his personality, his honesty... Despite all this, he could not be elected because there was propaganda that he was an atheist. So that was a big disillusionment, rather a shock, for me. And I see the same thing happening now in politics. Sometimes very strange factors determine the destiny of not only a particular person but also people at large.

With this, you must have discussed the politics of that time with him. Are you still interested in politics? How does it relate to your poetry? I mean politics is the politics of people, politics related to people, and you

write about people… so how does it affect your poetry?

I think that a poet or writer, a conscientious writer, represents the people and their interests. In this sense, I consider myself a keen observer of what is going on in politics. As long as politics is pro-people, I am with that kind of politics. If it goes against the people, as it did during the Emergency, then I am against politics; and during Emergency, I did write against it despite so many threats that reached me indirectly. So, I think I value the freedom of a writer to change his position, political position, depending on how a particular politics is favoring or disfavoring people. That's my politics.

I am told that people were trying to influence you with Marxism, Marxist thoughts. What was your attitude towards them? When a Marxist meets a young man, the first question he asks is, "do you write any poetry?" That's what Marxists ask… my own experience (smiles).

You see, in the initial stages—it must have been the forties and fifties—Marxism convinced many of us, and we did think that its focus on people, their plight, their freedom, their exploitation… was on intimately humanist values. But as time progressed, many of the inner contradictions of Marxism became apparent. The way it was being applied… not growing out of people's needs in the country but almost imported Marxism that somehow could not take root here in the same way. The other thing was that here there was no self-criticism in it. In Europe, there was a lot of thinking being done on Marxism, but in India that seemed to be lacking. I consider that critical attitude to be important—not only in Marxism and literature but also in relation to the self. Unless one is self-critical, one cannot know what one is. So, that kind of blanket acceptance doesn't agree with my attitude.

Yes, that's quite understandable. Now, let's come back to poetry. We talked about the status of Indian poetry in relation to world poetry. I have a question on the technique of poetry. And an observation that Marathi, Hindi, Bengali poetry… is shedding its meter, trying to free itself from the bond of meters and *chanda* (छन्द). Do you think this affects the quality of poetry?

No, not at all. First, one should be clear about what poetry means and does not mean. It does not mean meter; meter is just one of its components. Good poetry is possible in meter as well as without meter. The word composition is used for art. A piece of music is composed, a painting is composed and, similarly, a poem is composed. So, what makes a good composition is the depth, balance, and use of the many components of it. Poetry in particular is a language- or word-based art. There are so many meanings, assonances, sounds… and all are important components. From the very beginning, you will see that the Vedic *ṛcā* (ऋचा) didn't adhere to strict meters. It is the sound, the sense, that was more important. It is interesting to note that sometimes meters were also used for non-poetic purposes, because they allowed easy memorization. For instance, an ayurvedic prescription could be in meter so that people could remember it. What is important in poetry is what it says, in a unique manner. I am fond of quoting Rajashekhar who went so far as to say that it is *ukti vaiśiṣṭya* (उक्ति वैशिष्ट्य) which is poetry. That was a big latitude he gave to poetry. I do believe, too, that it is the special way in which things are said that becomes important. As Ghalib said, *andāz-e-bayāṁ* (अन्दाज़-ए-बयाँ), the way of saying things.

Absolutely. I was going to ask you about the definition of poetry… but I think you already answered it. Kunwar ji,

you are known to us as a thinking poet—*vicarvaṁta kavivarya* (विचारवंत कविवर्य) in Marathi. How would you say is the core thought, or core feeling, projected in your poetry?

For me, thought and feeling are not opposed to each other in poetry. We think over what we experience. Besides, the feelings that we depict in poetry or in the other arts are connected to our biological nature. As you will see in Bharat Muni's *Nav Rasas* (नव रस)—he delineated eight, (the ninth *śānta rasa* (शान्त रस) was added later on); these rasas are the basics of so many arts, including poetry, dance, music, and so on… because they somehow represent our basic feelings. These are not enough. Everybody feels but, unless we can give a bigger meaning to it, as in the arts, basic feelings remain at a physical level. What do I mean by the higher purpose of art? Its function is not just the stimulation of our basic feelings. The arts refine our basic feelings, and sublimate them. A kind of sublimation happens. Unless art can do this, it is incomplete. Maybe this is entirely my personal opinion. But I think the first process is that it often addresses our basic feelings. The second step is that it refines those feelings and sublimates them, enabling us to experience them at a higher level—for instance, the experience of *ānanda* (आनन्द) or bliss. In this, I do not comprehend the role of just emotions or feelings but also an intellectual or even spiritual role.

आपने कलाओं की बात की, 'सब्लिमेशन' और उसके 'प्रोसेस' की भी बात की। नए कवियों को आप क्या बताएँगे? क्या उन्हें अन्य कलाओं (संगीत, चित्रकला, आदि) की समझ मदद करेगी? कवि की मूल अभिव्यक्ति का भी इन कलाओं से गहरा सम्बन्ध है न?

बिलकुल है। मैं कलाओं के इस अन्तर्सम्बन्ध को बहुत महत्व देता हूँ। मैंने

अभी कहा कि जैसे रस सिद्धान्त है, वह सारी कलाओं का आधार बनता है। उसी से हम यह महसूस कर पाते हैं कि जो हम कह रहे हैं, वह दूसरों तक कैसे पहुँचाएँ। क्योंकि उनमें भी अगर वही भावनाएँ नहीं होंगी, उसी तरह के अनुभव नहीं होंगे, तो हमारी बात उन तक नहीं पहुँच पाएगी। इस दृष्टि से यह ज़रूरी है कि हम इन अन्तर्सम्बन्धों को समझें। ये हमारी साहित्यिक संस्कृति को भी समृद्ध करेगा। मैंने स्वयं इस बात को अनुभव किया है कि शुरू से ही कम से कम दो-तीन ऐसी कलाएँ थीं जिनसे मुझे बहुत लगाव रहा, जैसे संगीत और सिनेमा। सिनेमा पर लिखता भी रहा हूँ। और मैंने इस चीज़ को भी महसूस किया कि मैं जब कविता लिखता हूँ तो अकसर जो भी मेरे दिमाग़ में आता है उसको नोट करता चलता हूँ; लेकिन असली काम तब होता है जब मैं उस नोट किए हुए को सम्पादित करता हूँ—कभी-कभी एक फ़िल्म की तरह।

इस तरह दूसरी कलाओं से हमको अपनी कला भी समृद्ध करने में, उसमें प्रयोग करने में, सहायता मिल सकती है। यह मैंने संगीत में भी अनुभव किया है। लगता है संगीत अलग-सी दुनिया है कविता से, लेकिन ऐसा नहीं है। संगीत में ध्वनियाँ हैं, और साहित्य में भी ध्वनि शब्द को आनन्दवर्धन ने *ध्वन्यालोक* में बहुत अच्छा परिभाषित किया है। एक अर्थ होता है जो सतही होता है और उससे जुड़े हुए तमाम अर्थ उससे ध्वनित और प्रतिध्वनित होते हैं। ये काव्य का एक बहुत महत्वपूर्ण गुण है। संगीत में भी एक ही राग होता है, लेकिन उसी राग की अवधारणा में, गाने में, विभिन्न गायक उसमें इनोवेशन्स (innovations) करते हैं और उस राग में नई गतियाँ पैदा करते हैं। एक बहुत अच्छे विचारक हैं यूरी लोटमन (Juri Lotman) जिन्होंने फ़िल्म की सेमीऑटिक्स (semiotics) पर काफ़ी काम किया है। उन्होंने एक जगह कहा था कि जो पारम्परिक फ़ॉर्म्ज़ हैं कलाओं के, उनके अन्दर ही प्रयोग की बहुत-सी गुंजाइशें मौजूद हैं; उनको तोड़ना ज़रूरी नहीं है। एक उदाहरण हैं केशव दास। उन्होंने छन्द की दुनिया में ही काम किया। मगर उनसे बड़ा प्रयोगशील कवि आपको दूसरा नहीं मिलेगा। जब *रामचन्द्रिका* लिखी उन्होंने, तो कहा कि एक भी मीटर रिपीट नहीं करूँगा। जब मीटर कम पड़े तो उन्होंने अपने मीटर का अन्वेषण किया। तो प्रयोग की गुंजाइश सब जगह है। हम पारम्परिक में समझते हैं कि नहीं है, लेकिन वहाँ भी है।

No wonder people call you a philosopher-poet, तत्त्वज्ञ कवि। कविता पर तो आप बहुत बता सकते हैं। अब भाषाओं पर आते हैं। भारतीय भाषा, भारतीय भाषा का साहित्य। आप समग्र रूप से भारतीय साहित्य की स्थिति के बारे में क्या सोचते हैं, विशेष रूप से भारतीय भाषाओं में लिखा जा रहा साहित्य?

इस समय शायद 28 से भी अधिक भारतीय भाषाओं में साहित्य लिखा जा रहा है। इसका मतलब इतनी भाषाओं की संवेदना साहित्य को मिल रही है जिससे वो व्यक्त हो रहा है। ये एक बहुत बड़ी साहित्य की दुनिया है। अभी ये पूरी तरह से विश्व स्तर पर पहुँची नहीं है। जहाँ अंग्रेज़ों के आने की बहुत-सी आपदाएँ हमारे दिमाग़ में हैं, तकलीफ़ें हैं, अंग्रेज़ी भाषा एक एसेट भी है। आज हम चाहें तो इसके माध्यम से अपनी भाषा के साहित्य को दुनिया तक पहुँचा सकते हैं और ये पहुँचाया भी जा रहा है, चाहे अनुवाद के ज़रिए या मौलिक साहित्य जो अंग्रेज़ी में लिखा जा रहा है। और उसके स्वागत को देखते हुए, मैं आश्वस्त हूँ कि इसमें शक्ति है। क्योंकि भारत कोई मामूली सभ्यता नहीं है। हज़ारों साल पुरानी सभ्यता है और हमारे पास अनुभव की जो सामग्री है, वह विपुल है—चाहे ऐतिहासिक, चाहे आज के भारत की। मुझे अभी भी लगता है इसका पूरी तरह इस्तेमाल नहीं हुआ है, अंशतः हुआ है। लेकिन यह बात आश्वस्त करती है कि धीरे-धीरे हमारी स्थिति बदल रही है। मुझे यह कहने में कोई हिचक नहीं है कि दुनिया की बहुत-सी छोटी-छोटी भाषाओं ने बहुत बड़ा साहित्य दिया है। इस माने में किसी भी भाषा को मैं छोटी भाषा नहीं मानता हूँ; उसमें सामर्थ्य है, उसमें एक जिये हुए जीवन की प्रामाणिकता है, असलियत है—ये आवाज़ जब आगे पहुँचेगी तो लोग अनुभव करेंगे कि एक दूसरे तरह की साहित्यिक संवेदना विश्व की साहित्यिक संवेदना में शामिल हुई।

आपने भारतीय भाषाओं की विविधता के बारे में बहुत सही कहा। सवाल ये है कि यहाँ अंग्रेज़ी भाषा में भी लिख रहे हैं लोग, जिसको इंडो-एंग्लियन साहित्य कहते हैं। उनमें से कुछ का दावा है कि यह साहित्य (भारतीय भाषाओं का साहित्य नहीं) वास्तव में भारत की आत्मा को दर्शाता है। वे भारतीय भाषाओं के साहित्य को गौण मानते हैं,

और छोटी संस्कृतियों में निहित या समाहित। दूसरे शब्दों में, वे भारतीय भाषा के साहित्य को कुछ तिरस्कार से देखते हैं।

That is ignorance. Pure, simple ignorance. I don't think they know their own selves very well. अगर अपनी भाषाओं के साहित्य के बारे में पूरी जानकारी रखते, तो ऐसी बात नहीं कहते। जिस साहित्य ने कबीर, तुलसी, जाएसी जैसे कवि दिए हैं, वो भाषा कमज़ोर नहीं है। ये उनके समझने की बात है जो समझते हैं कि ये देहाती या प्रादेशिक भाषा है। जब हमें बताया गया कि तुम्हारे पास संस्कृत का इतना साहित्य है, तब हम ले उड़े कि हमारे पास तो बहुत है—इसके पहले हमको क्यों नहीं ये जानकारी हुई? आजकल अगर बी.ए. में अंग्रेज़ी अनुवाद पढ़ करके वो कहें कि बहुत बड़ा साहित्य है, सब उसके गुण गाने लगेंगे। इसी को कालिदास प्रत्यय बुद्धि कहते थे।

भारतीय भाषाओं का साहित्य हम कैसे पढ़ें? जब तक उनका अनुवाद हिन्दी या अंग्रेज़ी में नहीं होता हमें पता नहीं चलता कि मलयालम में क्या चल रहा था और असमिया में क्या? Do you think there is a proper mechanism in India to facilitate the exchange between literatures in different languages?

No, there isn't. And that is what I have been repeatedly saying—a body like that the Sahitya Akademi should take strong steps and see to it that regional-language literatures are properly translated into other languages, as well as into English. Recently, I was reading Satchidanandan and Ananthamurthy, and was amazed that such powerful work is being written in our regional languages; and there are many others. Think of Ramanujan's poetry, for instance. Or a poet-friend, Arun Kolatkar; we were in Sweden together. A wonderful poet, he wrote both in English and Marathi. These are instances that demonstrate the power of literature in the regional languages. So, yes, this exchange between Indian languages and literatures is of utmost importance.

That's true. For me, it is easy to understand something translated from Hindi or Bengali into Marathi or Gujarati. Do you think that you have to make certain compromises while translating or accepting the translation of poetry?

The compromises are inevitable. In poetry, you can translate the meaning of a poem but it is most difficult to translate its culture. And poetry is one genre which is very culture-specific. So, I think, slowly language itself has to develop to receive this kind of poetry, as I said earlier. Take the instance of Kumarajiva. He translated the Buddhist *Lotus Sūtra* which is still considered an authentic translation. At that time, in the fifth century, he felt the need for a new kind of Chinese language to translate the Buddhist scripture. Because the existing language was already overloaded with the influence of Confucius and Lao-Tzu. And he dared (although Chinese was not his mother tongue) to modify the language. Translation is not an ordinary thing—it is also a science. It has to be updated, and it must realize its responsibility in translating qualitative and literary texts. If there were no Arabic translations of the Greek philosophers, today we would not even know that something like the Greek philosophers existed. So it is not an ordinary role for the translator, it needs to be re-understood.

इसी बारे में पूछना चाहता हूँ कि आपके साहित्य का, आपकी कविताओं का, कई भाषाओं में अनुवाद हुआ है। आपने भी अनुवाद किए हैं। आपका क्या अनुभव रहा है?

मेरा अनुभव है कि कठिनाइयाँ हैं। उदाहरण के लिए भारतीय भाषाओं का अंग्रेज़ी अनुवाद करने में जो दिक़्क़तें हैं वे आसान नहीं हैं। लेकिन धीरे-धीरे एक दूसरे तरह की अंग्रेज़ी बनेगी जो इस साहित्य को 'रिसीव' कर सकेगी। इसी तरह, मुझे लगता है कि कोई भाषा, बड़ी से बड़ी भाषा, दुनिया की सारी

कविता को रिसीव करने के लिए समर्थ नहीं है। उसको समर्थ बनाना पड़ता है। एक भाषा सिर्फ़ वही भाषा नहीं है जिससे मौलिक साहित्य बनता है, वो भाषा भी है जिसे अनुवादकों ने बनाया है। और ये अनुवादकों की बड़ी प्रशस्त परम्परा है, हज़ारों साल पुरानी, और इन्होंने तमाम भाषाओं की रचना की है अनुवाद की ज़रूरत के हिसाब से। मुझे लगता है कि भारत में भी ऐसा होगा और तब एक ज़्यादा प्रामाणिक साहित्य अनुवादों के माध्यम से दूसरों तक पहुँच सकेगा। मैं ख़ुद भी जब अनुवाद करता हूँ, इसको ध्यान में रखता हूँ।

कुँवर जी, आपने अपने ज्ञान, संवेदनशील समझ, प्रज्ञा और दर्शन से हमें बहुत अनुग्रहित किया है। आपको पुणे पंडित पुरस्कार मिला, उसके बारे में आपको क्या लगता है?

कोई भी पुरस्कार या सम्मान, मैं समझता हूँ, व्यक्ति का सम्मान नहीं होता है—कार्य का, साहित्य का, या कलाओं का सम्मान होता है। ये संस्था मूल रूप से कलाओं को समर्पित संस्था है। इसमें संगीत अब तक प्रमुख रहा है। जब मुझे पता चला कि कविता को भी इसमें शामिल करना चाहते हैं तो मुझे लगा कि उनका साथ देना चाहिए। और भारतीय परम्परा ही यही है कि सारी कलाएँ—संगीत, शब्द, कविता—हमेशा एकजुट रही हैं। मुझे ये प्रयास इस माने में अच्छा लगा और मुझे कृतज्ञता का अनुभव हुआ कि कविता को भी सम्मानित जगह दी जा रही है।

आपका बहुत-बहुत धन्यवाद, कुँवर जी।

'द आर्ट एंड म्यूज़िक फ़ाउंडेशन' द्वारा 'पुणे पंडित' सम्मान दिए जाने पर
हिन्दी-अंग्रेज़ी में ट्रान्स्क्राइब्ड बातचीत, 2011

The Overall Concern of Poetry Has Changed with Time

Anamika

[The work of literature, as we all understand, is surrounded by concentric circles. There is the author's character, his biographical titbits, his health or illness, his place within his family and immediate social circumstances, his receptivity to the ideas and ideologies current in his times, his place in literary tradition, which may extend backward for thousands of years. There is also, and importantly, the writer's relation to his own times. In addition to all these there is that special quirk of his own creativity, that special feature which is unique to him, the unique mantra through which he enters his cave of treasures, his time and space. To be able to read literature well one must be perceptive and sensitive to all these factors.

One way of interviewing Kunwar Narain could be to deconstruct his key lines, key concepts, decode his language and worldview. The dual self of the 'doer' and the 'observer', the interviewer and the interviewed, the poet and the thinker, could be imagined sitting face to face. Taking the hint from Shamsher's 'bāt bolegī... bāt hī', I let his words speak for him. Because his poems are already replete with enquiries and self-questionings, my job became easier. I welcomed the texts in my inner space and put my questions to his poems and other reflective pieces; and most of my queries they answered with Kunwar ji's elegance and grace... Not that I didn't see him at all; I did pay him a visit, where I was warmly received by him and Bharati ji, the superb couple.]

As Foucault puts it, the idea of self becomes a metaphor for the regulatory and coercive methods of modern society at large. Do you sometimes feel imprisoned?

I have a feeling that I am always in a lockup, wanting to break loose... break loose of so many pressures. Where does a poet stand in relation to society? In the context of Indian society, one is tempted to ask the question the other way round as well—where does a society stand in relation to poetry?

In the 'Eleventh Thesis on Feuerbach', Marx explained that philosophy is there not merely to interpret the world but to change it as well. The poet must abjure lyricism, at least in part, in favour of 'philosophical ideology'. When I started writing, exploration of new themes, intense experimentation with poetic form, and a probing of its technical resources were some salient features of Hindi poetry. This tremendous effort to update, and perhaps also to antedate, Hindi poetry, put extraordinary pressures on language. Poetry could express what it wanted to, but could not communicate all it could express. With the unprecedented growth of media and literacy, the general use of Hindi increased manifold but, sadly enough, in academic and intellectual circles, its use is still marginal. It is not only the language of everyday living which sustains creative writing; equally important is a living feedback from the language of thought generated by a society reflecting upon itself, upon its culture and history, upon the world and times. Unless the meaning of social interaction expands to include the larger contexts of living as well as thinking, beyond the self, poetic resources cannot be vitalized and enriched. Poetry must remain close to life, as also to the ideas that affect life today. All my life I have been trying to maintain a proper ecology in our linguistic environment, to keep alive what is essentially human and aesthetic from erosion and obliteration. But the hurdles are too many, and I suffocate.

Time, in most of your writings, remains a psychic labyrinth from which one cannot escape. Time is the substance you are made of, or as Borges would have it—time is the river which sweeps you along, but you are the river; it is the tiger that destroys you, but you are the tiger; it is the fire that consumes you, but you are the fire. This world, unfortunately, is real, and you, unfortunately, are Kunwar Narain. How do you visualize social time?

The notion of social time has fed symbiotically into reflections on the nature of collective memory, and is reconstituted in historical narrative. Poetry is language-bound and language life-bound, both as an experience of the living present and as the memories of a past that it cannot shake off.

Poetry, and the process of writing it, is intimately linked to the total context of living. I have liked and written poetry in both Hindi and English, but to write in an Indian language was like writing in a language whose direct links with its own past were under severe strain. English, as an official language and medium of education, was making all the difference to an Indian writer, who was feeling alienated in his own mother tongue. However, the British were not the first Europeans to have come to India—the Greeks and others in ancient times had close contacts with us, and what today looks typically Indian may have elements derived from many non-Indian sources. At least three distinct cultural traits—Hindu, Indo-Islamic and Indo-European—co-exist and overlap in the modern Indian writer's consciousness of her or his past. This awareness can be biased in favour of, or against, any of these traits; but it cannot ignore their constant presence in our psyche and realities. No particular epoch in Indian history can be termed typically Indian except in a polyethnic and polycultural sense. The essence and resilience of Indian tradition, I feel, does not lie so much in its continuity as in its innate pacifism and eclectic propensities, which tend to absorb the most vital rather than the superficially glittering aspects of modernism.

If a good deal of Indian poetry in the fifties and sixties was drawn to the old epics, Hindu mythology or ancient philosophical tenets, the reason is not far to seek. Research in the fields of psychology, anthropology, linguistics and genetics, etc.—the exploration of our past and its vital links with our present—were adding new expressive, referential and connotative dimensions to language. The father-son relationship has always been a complex relationship the world over. The Nachiketa-Vajashrava episode gave me ample food for new thought, also because it could be treated as a launching ground for many debates on our 'social time'. Liberal debates, polemics, analyses, and criticisms, have been some of the most significant features of our philosophical and literary heritage, and I tried building upon some of them. The vitality of a tradition depends not only on its rigidity to conserve and perpetuate old debates but also upon its capacity to meet new challenges.

Most young people, like Nachiketa, really think what they are doing is for the best of motives, without self-seeking. Revolt and authenticity are aspects of fashion today. The radicals also did believe in a kind of millenarian virtue; they thought they had come to cleanse the world, truth would be spoken for the first time, an authentic individual would emerge as a new self, pure, unalloyed, transcendental. How do you tackle this new Emersonianism in *Vājaśravā ke bahane*? What is the central strategy here?

To carry truth by means of a continuous narrative through a series of different environments, structured by contrasting regimes of power and knowledge. Vajashrava is Nachiketa's father, and the one who is supposed to be most practical and down-to-earth.

He is also reflective in his own way; his disjointed reflections are dialogic in the deepest sense of the term!

In shorter poems, you are akin more to the Movement poets like Larkin, i.e. cool, detached, impersonal, grim, quite in control of yourself, aiming to root your poems in the everyday and to use a language not removed from ordinary people, but your longer poems are classically rooted in mythology.

Indian art over the centuries has been absorbing many foreign influences, without losing its typical Indianness. This attitude is one of the ways an Indian author comes to terms with a past which is too varied and too long to be interpreted as a single, coherent tradition. Longer poems evoke a greater share of cultural memory. They have a larger scope.

When it comes to writing shorter poems, I like my work to give me a pleasant feedback, not an exhausting sense of duty or struggle. Ours is a tender, symbiotic relationship—a love affair in the profoundest sense of the term.

Freedom is not an autonomous but a conditional category. In physics and political science, art and verse libre, every freedom is a personal adventure, an acquisition of freedom. How could you earn your freedom from the given postulates, especially in the early years when there were a series of calamities in the family and, struggling against the pangs of separation, you wrote *Ātmajayī*?

Fear of illness, age and death are primary anxieties of the human mind. A series of deaths in the family and war-fronts all over the world had left me gloomy. My first visit to Eastern Europe, particularly Poland, in 1955 was an experience of death and mass-destruction and yet, already, there were signs of human resilience, of reconstruction. Conditions in India were no less depressing, yet 1947 saw the country free and promised new hope. But just as anxiety about death tends to devitalize us, in love we locate an amazing vitality to survive personal or collective catastrophe, a source of freedom.

An intense realization of life and an unwavering fear of death have often been two counterpoised emotions involved in creativity—poetic or otherwise. In an endeavour to sublimate and balance the transitoriness of life, we have tried to create lasting symbols of life and explore hidden energy centers in the self against oblivion—a theme that was personally poignant at the time I began writing *Ātmajayī*. Its reflection in the Nachiketa mystery attracted me, and reading Indian metaphysics in terms of contemporary life was quite an exploration.

Politics is the lowest level of spiritual life; and freedom, at least in countries like India, is no picnic. We look before and after, and pine 'for what is not'; even mythology helps us structure our emotions/ideals/thoughts.

Quite so. There is utter dejection and rejection of life in Nachiketa's attitude; Yama restores his faith in life, not by reason and logic alone but by recourse to much that may be called 'mythological' in mythology. In fact, he lays down a primary condition before he agrees to answer Nachiketa's questions: suspend your reasoning and listen to me with your heart and soul. One is reminded of Hamlet: "there are more things in heaven and earth, Horatio, than are dreamt of in your philosophy".

So you do not believe in the infinite ability of the rational? Taking a simplistic or reductionist look at the Indian past has never been a part of your scheme of things.

Well, trivialization is against my grain, but let me be very clear on this that I chose the episode of Nachiketa for its ontological rather than religious implications. Layering of an old myth with new retellings is a familiar device by which an old myth is recharged with new meanings and new life. This layering—to borrow a term from Levi Strauss—plays an important role in the structuring of a myth in different contexts. The layered versions form a composite whole, and yet each version has a separate identity of its own. Two observations of Levi Strauss can be of special interest in this context: one, if a myth is made up of all its variants, structural analysis should take care of all of them and, two, the function cf repetition is to render the structure of the myth apparent—a myth exhibits a 'slated' structure which comes to the surface, so to speak, through the process of repetition. Nirala's *'Rāma kī śaktipūjā'* is a classic example of retelling the Rama story in a robust, grand style, with a strong *śakti*-bias.

Poetry is an incurably semantic art. You have to make sense. Is that what distinguishes it from all other arts?

Poetry, of all the verbal and semantic arts, is the earliest, and has close links with music and dance, sound and rhythm. The vedic hymns communicate and evoke emotions by a subtle patterning of sound. What is evoked are images lying deep in human psyche and in memories of our experiences of living with nature, with each other, and with ourselves. These experiences were benevolent, as well as bitter and terrifying—memories of hard struggle to survive, of birth and death, war and destruction. Man not only lived his fears and hopes but also dreamt about them. Thus were born mysterious myths and symbols; and that strange astral self, the soul. Poetry absorbed them all in essence.

The overall concerns of poetry have changed with

time, and the techniques of expressing them have become more sophisticated. For one, the atavistic roots of poetry, its mythological and rhythmic patterns, are less visible in today's poetry, and the rhetoric survives only in a tonal manner. Yet, they are very much there in a way that makes it pleasantly different from ordinary speech or prose.

Status, like charity, begins at home, but what status do writers have at home, in their individual countries? When I say status, I don't actually have mundane privileges like fame and glory in mind, but the opportunity to open up lives to the power and beauty of imagination, a revelation of themselves by the writer as the repository of a people's ethos?

Human nature has changed little in centuries but our physical environment, under the impact of science and technology, has been changing fast, perhaps faster than what the human mind can emotionally cope with. The poetic response to these changes has been mixed, but mostly cautious, critical and sober. In India, the modernisation process, as in several other third world countries, has been slow, and its living effect on Indian sensibilities has reached only a few. For many, it is still only an unrealised dream and an unaffordable luxury. It is modernist ideas more than modern living that Indian writing has been reacting to. The idea of opening up lives to the power and beauty of imagination takes its root there.

To survey a writer's writings in totality and chart the contours of their 'inner landscape' is a critical aim of structuralists and phenomenologists. All these approaches recognise, as a general principle, that every writer has his own configuration of ideas and sentiments, capacities and devices. Is a critic a Sherlock Holmes

then, deducing from a writer's immensely rich cultural experience, instantly recognizing the fingerprints of one cultural reference upon another?

(With a smile) A poet is his or her own first critic, never fully satisfied with his/her creation. Perhaps, some sort of a living attachment grows with a poem while working on it. Like watching a child grow, playing with its various whims and fancies, and seeing it slowly mature into a grown work—but, when the time comes to part with it, one wonders if it is quite ready to move out into the world yet. Poetry for me is a special way of looking critically at life, and through life, without losing touch with the most humane and the sublime. Critics are friends with a higher wisdom quotient.

[I decided to fold up here, the words of his son Apurva ringing in my ears: "In an unguarded moment with him, or his poems, one is reminded of Kafka's gigantic ears making sense of sound waves from an absurd world, or of Wallace Stevens incessantly examining some object in his hands prodded by some hidden aesthetic somewhere. His sensibility is modern and derives from diverse world literatures, yet the rubric of his imagination remains a mindscape of Indian thought and history... his technique, in fact, is egalitarian. Dichotomies are not problematic but stimulating for the poet calling not for dualities but, ultimately emergent non-dualities."]

Excerpts from a conversation in the journal 'Hindi: Language, Discourse, Writing', 2009

I Talk to Words and They Also Talk

Renata Czekalska

Which language would you call your mother tongue? Is it only one or are you bi-/poly-lingual? Do you write in all languages you speak?

Hindi is my mother-tongue, I feel confident and comfortable writing in it. But I am also comfortable with English. Of course, Hindi is one language but derived from several. Its early sources and resources are deeply rooted in Sanskrit, Arabic, Turkic, Persian and other Central Asian languages; and its present form, Khariboli, has evolved slowly over centuries as the local dialects of North India intermixed and interacted with the languages of visiting ethnic groups who kept coming to India from Eurasia either as migrant settlers or as camp followers of invading rulers like the Turkish and Mogul (Mongol). Sanskrit itself (and later Pali, Prakrit, Apabhransha, etc.), from which present day Hindi is derived, had close connections with (Bactrian) Greek and Latin languages. Thus a close and fascinating ancestry of Eurasian and South Asian languages can be traced. It points to a strange kind of cultural unity, which I have tried to read in my poems by trying to expand my time sense from local to universal history. Words and languages for me are not just inert symbols of communication. They are free living entities and communicative in their own rights.

In which language were you writing at the beginning?

Hindi and English.

Do you write in Urdu?

I speak and write mainly in Hindi, but also in English and occasionally in Urdu—the additional languages that I know reasonably well. I do not know the Urdu script, so use Devanagari instead. No problem there; a lot of Urdu literature is being published in Devanagari script now.

Is mixing languages an intentional stylistic device or does it simply happen?

Both—mostly unintentional, perhaps. But I often also mix them intentionally as an innovative device to move simultaneously on different levels of 'perception' and thus 'meaning'. To evoke associational echoes of different historical-cultural memories of the past, compulsively present in the present, linguistically speaking. The continuity of time is not linear, nor sequential, not in my poetry at least. It is contemplative and reflective, more resembling the nature of poetry and its imaginative wanderings that resist, or sort of scatter, any schematic ordering/indexing. Thus, in my poem *'Qutub kā parisar'*, a thirteenth-century riddle of Amir Khusro becomes a riddle of life today. Every word has a long past and an intense present at the same time. I talk to words and they also talk to me. They are not just tools of communication, they are great gossipers and revealers if we listen to them sympathetically.

Have you ever published your English poems?

No. Not yet.

Have you ever considered translating your Hindi works into English yourself?

Yes, I have tried it. But I soon started to think like a poet, rather than a translator, in the receiving language. Thus, what should be a faithful translation of the original soon becomes a transcreation and drifts away from the aims of a translation.

When you choose poems to translate, what are your criteria?

I am not a regular translator. When I choose to translate a poem, affinities between my concerns and the poet's play an important role. For that reason, Zbigniew Herbert or Borges were natural choices.

Would you consider it a betrayal to your own language if you started publishing in English?

No. Not at all. In fact, it proves to be a new kind of creative adventure. A safari into another language—an acquired linguistic area no less fascinating than writing in my own language.

What is your opinion about the language situation in Northern India, especially on the Hindi-Urdu-Hindustani controversy as seen through the eyes of a person brought up in Lucknow?

Lucknow's linguistic culture is, in a sense, polylinguistic

in a very accommodative, generous sense, as far as the Hindi-Urdu-Hindustani nexus is concerned. I view it as a living example of complexity that is not 'problematic' but enriching, culturally speaking. The political and communal divide is quite a different matter perhaps. Cultures and arts resist division the way 'people' can be divided or bounded politically.

If you were to give a name of a Hindi writer who has influenced you the most, who would it be?

In my case at least, influences do not work singularly. That would be too restrictive a way to define, or even describe, my way of writing. Influences work collectively, separately and differently at different times. My familiarity with other literatures of the world provides an open and wide context of literary experience. I welcome it. I would not like to restrict it by naming any one writer—Indian or foreign. Even a casual inventory of influences will have to include Kabir, Shakespeare, Ghalib, Mallarmé, Kafka… all for very different kinds of influence amalgamating in my writing, sometimes consciously, sometimes very unconsciously. Naming a single 'influence' would be a reductionism.

Would you say that Agyeya made such an impact on you that you turned to poetry writing?

I was very close to Agyeya but did not feel so close to his poetry in the long-run. It had its inspiring moments. The poetic diction and sentence formations in his poetry marked a break from earlier Hindi poetry. This pointed in different ways to the possibilities of fresh linguistic experiments. My own quest led me to not only ancient Indian but also world literatures, notably the Upanishads and the use of myth in works like Joyce's *Ulysses*. An influence can also work in this way that it leads to other kinds of influences. The influence of symbolist poets on Agyeya himself, partially aroused my interest in the symbolist theories of poetry.

How would you describe your artistic relationship to writers like Kalidas, Tulsidas, Kabir?

I have read Kalidas only in Hindi and English translation. No translation can do full, even fair, justice to the Sanskrit originals. Whatever little Sanskrit I know only made me feel that I was nowhere near the true Kalidasian excellence; yet, his poetry, even in snatches, did captivate the heart and mind. The vast life experiences he could capture through sensitive, vivid imagery left a deep impression. I have always missed a better knowledge of the Sanskrit language but love to play with Sanskrit words in whatever form they have come down to us in the Hindi language, almost miraculously intact, despite distortions in dialects.

Tulsidas wrote in the Awadhi dialect—the language of the region I was born and brought up in. A book I remember from my childhood is the *Rāmāyaṇa*. It was sung as folklore, and read as a classic. Its simple versification, through a deeply human story of Rama's character, has succeeded through the ages in presenting an ethical and aesthetic model deep-rooted in human nature. Its message has sustained despite many upheavals in Indian society. For me, it has been the tragic image of a wandering hero at home nowhere, a poetic symbolism with far-reaching atavistic memories.

Sufi sensibilities are inextricably dissolved in the texture and temper of Hindi and Urdu. The monotheism, *advaita* or non-dualism that are part of Sufism easily mixed with Bhakti poetry. The amalgamation, though started in 1000 AD with Mahmud Ghaznavi's invasion, matured slowly into a Bhakti movement in the 15th-16th century. Kabir is an apt example of this early merger. The earlier Sufi saint poets adapted a simple but ingenuous technique to popularize Sufi thoughts, by using popular folk lyrics and episodes drawn from the daily lives of common people. In the process, they could achieve a kind of rare emotional integration. For centuries, it served not only as a vehicle of mystical thought but also as a cementing force in keeping together Indian society torn by political strife. Orthodoxies and rituals apart, I have always felt that the natural mystic-romantic tendencies in human nature can be tamed to express themselves in ethical-aesthetic behaviour. Kabir's poetry seems to sum up this possibility. Harsh social realities and metaphysical imagination are not misfits in his poetry, but become a joint force. He is human first. Muslim or Hindu? He does not know. His religion is love like Buddha's is compassion.

What do you like about Ghalib, Faiz, Premchand, Nirala, Pant?

Ghalib's poetry is deeply embedded in the vital experiences of life, is eclectic in approach, and has exceptional expression (his *andāz-e-bayām̐*)—three qualities I admire in poetry generally, and in Ghalib particularly. It is impossible to talk about Ghalib without quoting a couplet or two from him. In one of his lesser known couplets, he says:

surmā-e-muft-e-nazar hū̃, mirī qīmat ye hai
ki rahe caśm-e-ḳharīdār pe ehsā̃ merā

सुर्मा-ए-मुफ़्त-ए-नज़र हूँ, मिरी क़ीमत ये है
कि रहे चश्म-ए-ख़रीदार पे एहसाँ मेरा

Eclecticism, deep experience of life, and deft versification, all woven into a couplet...

Faiz's politics hardly ever weighs on his poetry. To borrow a phrase from Milan Kundera, 'the lightness of being' in its lyrical splendour, in its sadness and joy, is never lost even when responding almost directly to the harsh socio-political realities he had to face. He is able to maintain a fine balance between the romantic and the real in a way that gives sustaining credibility to both.

As for Premchand, very few writers have been able to discover the 'power of simplicity' so well. Simple life and simple language merge so naturally and effortlessly that the two seem to be a single reality. The Hindi-Urdu divide vanishes in his writings. The non-violent power of his writings always reminds me of Gandhi more than Marx. The struggle against social and political injustice is as strongly moral as it is indefatigable, as much inner as outer. A Marxist by conviction but a Gandhian at heart. A popular writer, but not a propagandist. He used popular writing as a vehicle to reach the hearts and minds of the masses, not just to entertain but to sensitize them.

Nirala's mastery over the Hindi language is enviable. No other Hindi poet I can think of has explored and exploited the apparent and hidden possibilities of Hindi as well as Nirala has. From local dialects to highly sophisticated Sanskritist dictions and phrasing, the range of his creative imagination knows no limits. And so is the variety of social and personal themes he has touched. Noticeable are *'Rāma kī śaktipūjā'*, *'Jūhī kī kalī'*, *'Vah toṛtī patthar'*, *'Moscow Dialogues'*, *'Saroj smṛti'*, *'Khajohrā'* and many other poems. His novels also extend his linguistic and thematic range in fiction. To me, like Kabir, Nirala's treatment of the Hindi language has always been a pointer.

Pant and Prasad, two stalwarts of *Chāyāvād*, roughly the high point of the romantic movement in Hindi poetry, have added a new lyrical-romantic dimension to it in their own styles. They have almost invented a new kind of poetic diction—Prasad more than Pant—but never moved out of their own styles. Pant tried later in his *Grāmyā* not to imitate himself, but was rather uncomfortable in the new diction he adapted. I like some of his lyrics, but I do not think he was an inspiration or influence on me.

And your early contemporaries, Muktibodh and Agyeya?

I think Muktibodh has often been admired by the left, by the Progressives and Marxists, not always for the right reasons. There is the 'other' poet in Muktibodh who needs to be discovered—more a poet than a Marxist, as in the case of Shamsher too. In an article in my book *Āj aur āj se pehle*, I have tried to throw some light on this other Muktibodh I find nearer to my own understanding of poetry.

As I said, though I was close to Agyeya, I am not sure I was close enough to his poetry for it to have exerted a significant influence on me. I was still doing my M.A. in English literature when Raghuvir Sahay, my classmate, introduced me to Agyeya's *Harī ghās par kṣaṇa bhar* that had come out in 1949. It was something new in Hindi poetry. My interest in the symbolist poets and modern world poetry at that time attracted me to the experiments Agyeya had introduced. I had read his earlier collections *Ityalam* and *Cintā*, but his later poetry had taken a new direction. His poetry, as that of many of his contemporaries, was developing freely in many directions, more in keeping with modernism in the broader sense of the term. I benefitted by his close association, and of fellow poets, some pro-Agyeya, some anti-Agyeya. What attracted me to Agyeya was his sincere commitment to literature rather than to political creed. He remained controversial till the end, often condemned as a *kalāvādī* and a formalist, whatever that means. It is only in recent years that his writings are being reassessed to his advantage, but the stigma that he was an individualist persists, implying that he was anti-socialist. No doubt, Agyeya did pose an elitist profile but I think the many meanings of 'self' in poetry cannot be interpreted in a reductionist manner. 'Self' in Indian thinking suggests an expansion into the universal, and not the I-thou dichotomy. I found Foucault's *Technologies of the Self* interesting, and his last lectures before his death when he was thinking on the problems of self. I believe that, in poetry, it is possible to read the value of 'self-culture' as a primary social responsibility, a thought that captivated me while reading the Upanishads prior to working on *Ātmajayī*.

Was there a Hindi book which influenced you the most?

As I said, I always have difficulty in naming a single book or writer as an influence on me. Influences can be cumulative, even selective, but the idea of a single influence somehow goes against my temperament. I find it restrictive and unlike my poetic ideals, which tend to be expansive. Yet, for your satisfaction, I could say the works of Kabir or Ghalib, if you do not mind ignoring the Hindi-Urdu barrier.

Which other books or writers, not necessarily Indian, affected the shaping of your artistic personality?

Many. For very different reasons, of course. Mallarmé, Shakespeare, Kafka, Borges, Mann, the *Rāmāyaṇa,* the *Mahābhārata,* the Upanishads, Proust, Cervantes, Keats, Dante… the list is endless. The important point is how real the world of books is for a poet, in which one moves.

What is the importance of Indian tradition in your writing? Do you exploit themes from classical Indian literature in your writing?

Yes. I have talked about this in my article 'Pressures of the Ancient Past : The Redefinition of Tradition'.

How are your literary works born? Can you describe the process from the beginning to the published version?

There are several ways a literary work takes shape. In case of poetry, the process is different. I cannot think of a single process that may be applicable to all my poems. Creative imagination is very important in poetry and in life, of course; and so is the point where the two can meet. Much depends on the kind of use language is put to. A single word, idea, happening, image or sound can trigger a poem; a 'moment' when the poet becomes aware that something is in the making, insisting to be. In the beginning it is a vague feeling, but slowly develops, almost organically—like a seed growing into a plant or tree; or a particle attracting other particles to become a bigger mass. In my case, this bigger mass is not final. I like to sculpt it further to give it a desired shape or, perhaps it will be truer to say, to explore further or different possibilities not immediately visible. At times, the process is similar to editing film rushes, the 'montage' work. But it would be wrong to 'simplify' it to any one process. Several methods contribute to bringing about a poem.

When I started, for instance, *'Sarhapā'*, I had no definite idea or plan of how the poem will come into being. Maybe in Sarhapa, a high-caste Brahmin, falling in love with an untouchable girl, the 'untouchability' was not just caste-bound. She could be beyond reach for other reasons—social, personal or natural. Sarhapa's love transcends these physical barriers. What is common between them is their love for learning and for each other, which knew no bounds. I used in my poem echoes from Sarhapa's own poetry to reinforce his faith, and through him a poet's faith, in the universality of human love. Sarhapa's description of the human body is like the nascent beauty of a natural landscape:

> *... Like the moon and stars in the sky*
> *are the senses spread out on the body*
> *from a rare confluence*
> *seeds burst forth from flowers*
> *from the body blooms a spring...*
>
> *Both together play a game*
> *in which both win together*
> *saved only is*
> *that game's poetry,*
> *and, in the oneness of woman-man, high-low*
> *the meaning of being free.*

(trans. Apurva Narain)

What in your opinion makes a poem good?

There can be no fixed criteria, norms or measures for a 'good poem'. Just as a good person can be good for many different reasons, a poem can be good in many ways and for different reasons. This sounds illusive, but then this could be one of the qualities of a good poem!

Do you write metrical verse?

I do write metrical verses, sometimes.

Do you create and keep various versions of the same poem?

Yes, for some. If I am not satisfied with the first version, I leave it alone for some time and wait for it to come back to me. I hate to chase a poem.

How important in prose, in your opinion, is the rhythm?

Rhythm is as important in prose as in poetry. Broadly speaking, it is possible to identify emotional and intellectual rhythms both in poetry as well as in prose. The rhythm, for instance, of Nirmal Verma's prose is basically emotive/poetic. But when poetry takes in ideas and thoughts, it is not unusual for its tone or rhythm to become prosaic or, as Eliot said, to become 'felt thought'. Recent studies have yielded interesting insights into how the rules of sentence formation are applicable to poetry as much as to prose. In the sixth century, the Sanskrit linguist-grammarian Bhartrihari in his *Vākyapadīya* had discussed the placement of words in sentence-making to recharge their power (*śabda-śakti*). I think in recent Hindi poetry, studying the works of Nirala, Shamsher, Raghuvir Sahay, Vishnu Khare, Asad Zaidi, etc. can be fruitful. The rhythm is closely related to how the sound, tone and meaning are combined to generate apparent and latent senses (*dhvani*) of words.

How important is the sound compared to meaning?

Both have relative importance, in varying degrees. Significantly, in Anandvardhan's *Dhvanyālok*, *dhvani*, whose literal translation is sound, denotes meaning and sound both, implying that a word can 'echo' more meaning than its apparent or surface meaning. And that is what poetry aims at; using words in a way that they say by direct meaning, but much more in resonance. In ancient poetry, for instance Vedic poetry, sound is as important, if not more, as the meaning.

Do you remember your first poem and the circumstances in which it came to life?

I don't exactly remember. It could have been in the form of several scattered jottings, which still continue. Some of them later develop into a poem, but many do not. *'Sāgar ke kināre'* in *Cakravyūh* is one of my earliest poems that took shape this way. Early responses to love, nature and poetry are obvious inspirations shaping the poem. I do believe that what is often dismissed as 'romantic' does not always remain adolescent: it too matures into higher forms of metaphysics, mysticism, moral sense and philosophical attitude. My later readings and life experiences have confirmed my faith in the romantic imagination as a great source and energising factor for humanist values.

How does upbringing determine the way of thinking? How does the poet perceive the 'other'?

Our social environments may keep changing later, but our childhood memories of people and places, good or bad, rarely change. They are more or less like fixed starting points that we keep returning to. Like a tree, we grow outwardly but draw a kind of vague primeval sustenance from our roots too, deeply embedded in our first experience of mother tongue and early environment. Nostalgia plays an important role in poetry as in life; whether comforting or otherwise, we cannot shake it off. My own early experiences of death and the support from family are reflected in my poems, like *Ātmajayī.* To this real life-experience I would add my reading-experience, which was more subjective and emotional in the earlier years. Later, as we mature, our sense of the book-world expands, and the experiences of 'others, too, look less otherly', as in *Koī Dūsrā Nahīṁ.* This expansion of the 'self' has been a very real experience for me: it cannot be marginalised simply as imagined or intellectual. The way we respond to books and lives can at times be a soulful experience.

Have you ever belonged to any literary group/movement with a program/manifesto?

No, not really. But I have always been aware of what literary movements and groups were thinking. This is different from a programmed kind of writing. I have always believed in the writer's freedom of expression and her/his right to be critical. And self-criticism is as important as criticism of others, in a generous sense. This attitude for me involves an enlightened sense of social responsibility.

Should you preserve bad memories or only good memories in writing?

Good and bad memories are mixed in life. They cannot be separated, but we can choose to remember the best. That to me seems to be a way to salvage the best, in both life and history. That is how it seems the best has come down to us, still intact, despite all upheavals and catastrophes.

Have you had life experiences which were so traumatic that you were not able to write about them?

Traumatic experiences are difficult to respond to immediately. They take time to settle down and, in the process of settling down, slowly mature. Poetry, very often, is an after-thought, but not less of poetry for that reason, nor less relevant for humankind in the long-run. Great Polish poetry, for example, came out of World War II, but is an all-time witness to, and protest against, all wars. The role of poetry in our lives should be measured on a larger time-scale. No time limit can be set to it. I was too dazed to respond to the devastating effects of death I encountered in my early life. It was nearly two decades after that some of it found expression in *Ātmajayī,* in 1965, and the trauma would not leave me in later poems. It also happens on a larger, collective level. The traumatic experience of the world wars left a deep scar on human history, especially on the European psyche. There seems to be no end to art still coming out of Europe related to this shock.

What is your opinion about mixing literature and politics?

Politics cannot be kept out of literature the way literature, generally speaking, is kept out of politics! What is part of life, as politics is, is bound to be part of literary concerns as well. It is important how literature looks at politics and the position or positions it takes as an insider or outsider in politics. I have always tried to look at politics from the outside, feeling responsible primarily as a vigilant social being, and preserving for myself the freedom to change my 'positions' when necessary, to have a better all-round view of reality. This seems more in keeping with my total commitment to literature first.

Do you think literature should depict reality, and what is your opinion about the presence of social themes in a literary work?

Depiction of reality/social reality is, of course, an integral part of literature. But reality does not mean only physical realities. There are other dimensions and implications of reality, which literature tries to explore within us and without us. In this effort, the role of language is crucial—both as a means of communication, as well as a vast storehouse of memories and experiences preserved in words. Poetry, especially, appears to be a sensitive way of dealing with language to explore its creative and imaginative potential. Thus, it is hard to divide personal and social themes in a literary work; they can run parallel, and also crisscross.

Could you tell us about your interest in film and film-making?

My response to films has always been very positive, creatively speaking and otherwise too. In many ways it is a comprehensive art form that uses almost all available resources of art; what is most impressive is the final 'composition' it creates by combining so many diverse elements. I observed Satyajit Ray closely at work when he was making *Śatranj ke khilāṛī* in Lucknow. His way of working on Premchand's story reminded me of the 'auteurs' of New Wave Cinema, although his films are very differently constructed, following almost a linear narrative. Ray's basic sensibilities were literary, but he rarely did to the literary text what Kurosawa dared to do with Shakespearean plays—completely 'Japanising' Shakespeare to the extent of even replacing his words with powerful Japanese imagery, thus asserting the primacy of cinematic art and yet preserving the most crucial and human content of the plays. The milieu in Kurosawa, as in Tarkovsky and Angelopoulos, does not remain in the background—it becomes a powerful presence on the screen like live characters. In my poems, I have tried in my own way to let the background 'echo', if not actually speak—for instance in *'Śravasti'*.

Have your travels influenced your writing?

Travel has mattered a lot in my writings, physical travel and also mental travel, if I may extend its meaning to include imaginative wandering in time and place, using words as tiny time machines in my poems. Strangely, an idea keeps haunting me when I visit a new place anywhere; that it is not 'new', that I have been to this place before. Maybe, ideas are greater travellers than us, and to always keep their company is also a way of travelling!

Are there any cities especially important for you as a writer?

Several. My birthplace Ayodhya/Faizabad, Lucknow, Delhi, Warsaw, Krakow, Venice, to name a few…

Excerpts from an interview, 2011

Poetry Demands Eternal Patience

Urszula Król & Małgorzata Markoff

You like quoting Borges: "Life is, I am sure, made of poetry". Is your life made of poetry?

Perhaps Borges's statement is also a metaphorical reference to a 'poetic view of life'—a sensitive, compassionate worldview through the lens of poetry. The way Borges enters the spirit of things and the world, animate and inanimate, and brings them to life through a poetic dialogue, is unique. This is what he is emphasizing here in his own poetic way. In this sense, not just my life but all lives are made of poetry.

When you were starting, who were your models? Is there any particular period in world literature that you are particularly fond of?

In the forties and fifties, at the beginning of my poetic life, a range of literary writings meant a lot to me—even though it would be difficult to specify a particular model or period. The symbolist poets were an influence then. I was very fond of the French poets like Stephane Mallarmé, Paul Valéry and Charles Baudelaire, whom I also translated with the help of my French teacher André Levy—as also poets like Rilke, Yeats, Pasternak and others. Shakespeare, of course, from much earlier. In India, reformist poets like Kabir, Urdu poets like Ghalib, and Hindi poets like Nirala, were a great inspiration. I also liked the modernist period. T.S. Eliot, Ezra Pound, Dylan Thomas and Anna Akhmatova were among my favourites. Among prose writers, Dostoevsky, Kafka, Proust and Virginia Wolf were all influences.

The philosophical and moral issues that you touch in your poems... Do you think they appeal to modern readers?

I think so. An enlightened, liberal reader will always respond to a wide range of concerns, including philosophical and moral concerns, which are integral to the human consciousness. The philosophical and the moral are embedded in life and in poetry—not imposed on it—this is the connect for the reader.

Do you consider yourself a religious person?

No, not really. But the religious/spiritual spirit can work in many secular ways, too. I do have faith in God—in the sense that I have an abiding, deep faith in godliness—in the generous, often unknown, qualities that we, as human beings, attribute to God.

How distinct is the poetry tradition in India? In taking poetry of the Indian languages to the world, how much is lost in translation, even if it's very good?

The poetic tradition in India is very strong, going back thousands of years. Every language has its own distinct quality and a rich body of literature. Yet, there is a certain 'Indianness' common to them. Yes, it's true that poetry written in the regional languages—which is the real poetry of India—remains largely unknown to the world. The lack of translations is obviously a big reason. Only very recently have translations in some substantive form begun to appear. I am not sure of the quality of all translations because I do not know all the regional languages of India, nor is it possible to keep abreast of everything that comes out. But some translations can be very good. Generally speaking, a good translation can manage to keep a lot of the poetry intact, though some loss is inevitable. The loss can be minimal if the source and the target languages belong to the same cultural group. But there are also many other factors that play in a poem—language, form, music, construct, culture, etc.—which a translator has to manage in the receiving language.

Your poems were translated into English, but also into Russian, Polish, Italian, Estonian, etc. How does it feel to have your poems translated into a language that you cannot read?

It's a nice, mysterious feeling; like my poem being reborn in another language about which I do not know.

Do you think a translator should be a poet, too?

A translator of poetry should obviously have poetic sensibilities and a feel for poetry. It does not perhaps matter so much if she or he calls herself or himself a poet.

How do you work with a translator? Do you have the final say?

Not really—it should be more the translator's prerogative, I think. I only help if he/she needs it. In the case of Apurva, in *No Other World,* my translations of my poems were also sometimes very different from his translations.

Your writing has spanned decades. How has your poetry changed over those years?

When I started writing, Indian poetry was breaking out of its earlier romantic mould and I was, among others, part of what was known as the New Poetry in Hindi that was experimenting with form and content, adopting free verse, and taking into cognisance western and international literature. Those were heady times, too, just after India's independence and the world wars. At that time, I was also quite influenced by several Indian and international literatures. The result was a poetry that was quite experimental and linguistically complex compared to my later poetry—bridging the earlier period of Hindi poetry with the new, modern one. My first book of poetry, published in 1956, is probably the best example of this. My first epical poem, *Ātmajayī*, dealt with the themes of death, mythology, metaphysics, ritual… and, again, the language and form were relatively complex. This has gradually changed in my later works, where the exteriors of poems have become simpler and meanings more embedded, expecting a different kind of patience from the reader. This is evident not just in the shorter poems but also in *Vājaśravā ke bahāne* and the recent *Kumārajīva*. This progression has reflected a certain grounding or stability that I have tried to give to the universal, perennial concerns of a poet. One could also look at my newer poems as witnesses to a changing world.

What is the role of poetry in the modern, materialistic, computerized world?

A recent critical work on my writing by a poet, Pankaj Chaturvedi, is called *Jīne kā udātt āśay (The sublime intention of living)*. This has, in a sense, always been the role of poetry and, I suspect, always will. This is why I also feel that poetry will never disappear, no matter how materialistic or computerized the world becomes.

What brought you to Eastern Europe in the 1950s, including Poland? Were you familiar with Polish literary traditions?

As a young man in 1955, I went to Eastern Europe in the capacity of an observer at the Fifth World Youth Festival held in Poland and, apart from this region, also travelled in Russia via the trans-Siberian and came back via China and Hongkong. I was only sparingly familiar with Polish literature then but became much more interested in it after that. It was a trip of formative literary importance for me, and there were memorable meetings with poets like Pablo Neruda, Nazim Hikmet and Antoni Słonimski—some found their way into my poems fifty years later.

You are sometimes compared to Nobel laureates like Wisława Szymborska and Czesław Miłosz. You have also received honours in Poland. What do you think about Polish poetry?

I think very highly of Polish poetry and I think its reach is very wide. It is highly inventive poetry and the way it has reacted to World War II is especially redeeming. I can still recall the devastated post-war Poland of 1955 and how it rebuilt itself anew with a zest that is somehow reminiscent of its poetic ethos. I am also very fond of Poland as a country, and of the Polish people. They occupy a special place in my heart and I'm sure have played some role in shaping my own poetry.

You have also translated Tadeusz Różewicz, Anna Świrszczyńska and Zbigniew Herbert into Hindi. How

much, in your opinion, was lost in the translation?

I do not know the Polish language, so I cannot say. Something is inevitably lost in a translation. But compared to the English versions that I used, and also from what my Polish co-translators on some of the poems said, I am very satisfied with the Hindi versions. It also matters how much one likes the poetry one translates, I think it affects the quality of a translation. In this sense, I have no reason to doubt my translations.

Now, when eyesight is failing you, is the world experienced by hearing, touching, smelling, different? How does it shape your poetry now?

Now, when not just my eyesight but also my hearing and other faculties have been affected, the physical act of writing and reading has been affected. I always read a lot, visually interacted with my poems, and sometimes extensively revised them over time. These things are no longer possible, and I have to depend a lot on others. I am especially grateful to my wife on this front. So, it is not the same in terms of writing down a poem. Dictating or recording are not methods I've been habitually comfortable with. But now, I rely more and more on the materials, memories and resources stored in the mind rather than observing or feeling them out in the physical world. So, obviously, this world is different, but not necessarily less rich. For a poet, this inner world means a lot.

You have said in a poem:

...had to be saved—
river from becoming drain
air from becoming smoke
food from becoming poison
jungles from becoming deserts
people from becoming jungles.

Do you think we will manage to save us?

I always have a lot of hope that humanity and human wisdom will ultimately prevail. I still hope that we will learn to live with nature, which is why the human-nature interface features so much in my poetry. In this sense, I hope that the human survival instinct will not just be a mindless and physical one, but one that is also about nature's survival, about the survival of the moral, and the survival of an ecological whole. At the same time, one cannot help thinking of the sentiments in a recent poem of mine, where it feels that 'I reached this world a little late'.

What would be your message to the aspiring poets of today?

It is that they should first live a humane, compassionate, generous life. This is what will save, sustain and enrich not just us, but also poetry. They should cultivate an empathetic view of the world, read liberally, and question 'otherness' in human and nature relations. This is what will energise their poetry, and give it a life force that goes beyond looking at writing as a career. I have always seen poetry and literature as a way of life, a way of emancipation… a personal act, rather than something public to be commodified. But I am not sure if many poets today, when poetry increasingly flourishes in festivals and performances, will always be receptive to such advice. For me, however, poetry often demands a different kind of patience, an eternal patience.

2017

• • •